英汉语言对比与中西文化差异探究

曹盛华　著

内 容 提 要

本书围绕语言与文化两大关键词，对中西语言与文化进行了全面深入的对比。在语言对比方面，不仅从词汇、修辞、句法、语篇等层次对中西语言本身的差异进行了对比，还结合文化，论述了不同文化背景下语言的差异性表现。在文化对比方面，对中西文化差异的渊源以及具体表现，如习俗文化等进行了对比。此外，本书还尊重文化的多元性，提倡跨文化交际，强调跨文化交际意识的培养，并对相关问题进行了探讨。

图书在版编目（CIP）数据

英汉语言对比与中西文化差异探究 / 曹盛华著. -- 北京 : 中国水利水电出版社, 2014.12（2022.9重印）
ISBN 978-7-5170-2778-2

Ⅰ. ①英… Ⅱ. ①曹… Ⅲ. ①对比语言学—英语、汉语②比较文化—研究—中国、西方国家 Ⅳ. ①H31②H1③G04

中国版本图书馆CIP数据核字(2014)第309352号

策划编辑：杨庆川　责任编辑：陈洁　封面设计：崔蕾

书　　名	英汉语言对比与中西文化差异探究
作　　者	曹盛华　著
出版发行	中国水利水电出版社
	（北京市海淀区玉渊潭南路 1 号 D 座 100038）
	网址：www.waterpub.com.cn
	E-mail：mchannel@263.net（万水）
	sales@mwr.gov.cn
	电话：(010)68545888（营销中心）、82562819（万水）
经　　售	北京科水图书销售有限公司
	电话：(010)63202643、68545874
	全国各地新华书店和相关出版物销售网点
排　　版	北京鑫海胜蓝数码科技有限公司
印　　刷	天津光之彩印刷有限公司
规　　格	170mm×240mm　16 开本　15 印张　269 千字
版　　次	2015年6月第1版　2022年9月第2次印刷
印　　数	3001-4001册
定　　价	46.00 元

前　言

语言和文化是息息相关的。文化孕育语言，语言反映文化，语言体现着文化的变迁和进步。英汉两种语言产生于不同的文化背景之下，因此二者之间也存在着一定的差异性。众所周知，语言学习的最终目的是为了使用语言。成功的语言交际并不仅仅指使用适当的表述对思想进行表达，同时还需要对语言结构中的文化因素和文化背景知识进行渗透。因此，一个好的英语学习者不但要掌握具体的语言使用方式，而且需要对语言产生的文化有所了解。

但是受传统应试教育思想的影响，我国的英语教学偏重于向学生传授语言基础知识而忽视了语言背后的文化，导致很多学生"知其然不知其所以然"，也就是知道一些语言的使用方式，却不能在各种语境之下灵活地对其进行变通和创新。因此，语言的使用变得固定和刻意。同时，由于受汉语思维的影响，很多学生利用汉语的表述习惯进行英语表达，故而产生了很多不地道的"中国式英语"。上述这些情况的出现，在本质上都是由于学生对英汉语言的异同点不清楚，并且没有认识到文化差异对语言的影响所导致。鉴于此，作者在参考了大量资料之后精心撰写了《英汉语言对比与中西文化差异探究》一书，旨在帮助英语学习者了解英汉语言的异同点以及文化差异对语言的重要影响和渗透作用。

本书共包含十章内容。第一章是语言、文化概论，分别对语言与文化、语言与社会展开了探究。本章作为开篇章，深度挖掘了语言、文化的内涵与外延，为下面章节的展开奠定了基础。第二章对英汉语言差异的文化溯源进行了分析，通过分析英汉价值观念、思维模式以及语言表达的差异性，指出了不同的文化对语言产生和使用的重要影响。第三章和第四章从语言知识的角度出发，对英汉词汇、修辞、句法、语篇进行了对比，从而使读者了解英汉语言基础层面的差异。第五章到第九章为本书的重点内容，分别从中西文化的不同角度进行了对比分析。其中第五章从中西语言中有关词汇的文化内涵差异进行分析，分别从中西动物、植物、颜色以及一些自然现象词汇的文化内涵出发，对其进行差异探究。第六章则对中西节日文化从整体上进行了对比，第七章主要论述了中西习语与宗教的文化内涵差异。第八章分别从人名和地名两方面着手对中西专有名词的文化内涵进行分析。第九章对中西习俗方面的文化内涵差异进行分析，包含称谓、餐饮、社交习俗、婚礼习俗的对比。第十章为本书最后一章，对文化的多元性、跨文化交际及其能力的培养等问题进行了探讨。

《英汉语言对比与中西文化差异探究》一书在撰写过程中参阅了大量的文献资料，借鉴了很多专家和学者的研究成果，在此对他们表示衷心的感谢。同时，本书语言朴实严谨、条理清晰，旨在为广大英语学习者提供理论与实践指导，同时也为英语教师的语言教学提供一定参考，也为对英汉语言文化感兴趣的人士提供了些许可以借鉴的资料。

由于作者水平有限，书中难免有缺陷和不足之处，敬请同行专家和读者批评指正。

作　者

2014 年 10 月

目　录

第一章 语言、文化概论

人类社会的发展是不同文化交流的结果，而语言是文化的重要载体，文化的发展制约着语言的发展。总地来说，语言与文化的关系是相互依赖、相互影响的。不同肤色、不同文化、不同地域逐渐形成了各自独特的语言特点，这些特点究其原因还是因为不同的文化底蕴，文化的积淀为上千种各具特色的语言奠定了稳固的基石。随着世界全球化的发展，人们之间的交流日益频繁，商品经济的兴盛进一步拓宽了人类的视野。通过对语言的学习和借鉴进而了解一个民族文化及其发展已然成为社会进步的一大趋势，所以深入了解不同国家的语言及其文化背景已经成为融入全球化潮流的必修课。本章将深入系统地讲述一下语言和文化。

第一节 语言与文化

一、语言概述

语言是一门学问，是人们进行沟通表达的、具有多种形式的表达符号，是人类日常生活中不可或缺的交际工具。自人类诞生之日起，人们通过语言的交流来交换人类文明的成果。除此之外，语言是民族的重要特征之一，彰显着一个民族背后的社会文化。正是因为语言的多样性和灵活性才使得民族文化熠熠生辉。以下将介绍语言的定义、结构与建构、特征、功能等问题。

（一）语言的定义

从语言交流的功能上看，语言是双方思想感情交流的重要渠道，是彼此之间进行沟通的桥梁，是表达情意最普遍的方式，在交际中起着不可忽视的作用。语言作为一种表达工具，能随着时间、对象、场合的不同而变换出各种各样的信息和丰富多彩的思想观点。语言是实现人类信息互通的纽带，在人际交往中占据着最基本、最重要的地位。语言之所以能够顺利表达出来取决于了解并尊重对方的语义文化并灵活地结合自身的词语特点。因此,掌握说话分寸的语言礼仪非常重要。

从语言的实用性上来说,语言是为了满足交际和思想交流的需要而在劳动过程中产生的,也就是说劳动是语言产生的契机和关键,同时劳动也决定了产生语言的可能。人类发掘语言的功能经历了漫长的过程,从锻炼大脑、促进思维、直立行走到手脚分工,发音系统得以利用并具备说话的能力,这才产生了语言。当与文化相互作用的时候,它是文化信息的载体;当作用于人和客观世界关系的时候,它就成为一种剖析事物的工具;当作用于人与人关系的时候,它又成为表达和反映各自思想的中介系统。

从语言的整体结构上看,语言是以语音为外包装,由词汇与语法构成并能充分表达人类思想的符号系统,是人类所独有的最基础的交际工具,是一种特殊的表达符号。人们通过语言器官或身体器官,如手的活动把所想要表达的思想说出来或写出来,所以语言的表达主要包括说话和书写两种形式。

(二)语言的结构

语言是一种音义结合的词汇、语法体系,语言所涵盖的所有结构要素都是按照一定规律联系在一起的,它们构成了一个统一的整体。

在这一语言体系中,词汇如同语言的建筑材料。词汇包括词和熟语两种,其中的词是能够独立使用的最小单位,且由词素构成。而词素又是语言中的最小单位,不可以做进一步划分。例如,英语词汇 manly 是由词根 man 和后缀-ly 两个词素构成的;汉语"奶牛"一词是由"奶"和"牛"两个词素构成的。熟语是词的固定组合,如英语 cast pearls before swine,汉语"对牛弹琴"等。此外,词汇还离不开语法的支配,它只有在语法的支配下才有可理解的性质。

语法即语言的组织规律。在语法规则的支配下,词素可以构成词或词性,词可以构成词组,词组又能形成句子。词素构成词的规则称作"构词规则";词搭配成词组的规则称为"造词组规则"。语法规则是语言中固有的,它们构成语言的语法,用来组织词汇单位,因此可以将其称作"语言的建筑法"。[①] 构词规则即构词法,构形规则即构形法,那么构词法与构形法可以合称为"词法"。词法可大体分为词素分类和词类。构造词组的规则即词组构词法,造句规则即造句法,词组构词法和造句法可以统称为"句法"。句法可进一步分为词组类型和句型。具体来说,语言结构示意图如图 1-1

① 王德春.普通语言学.上海:上海外语教育出版社,2011

所示。

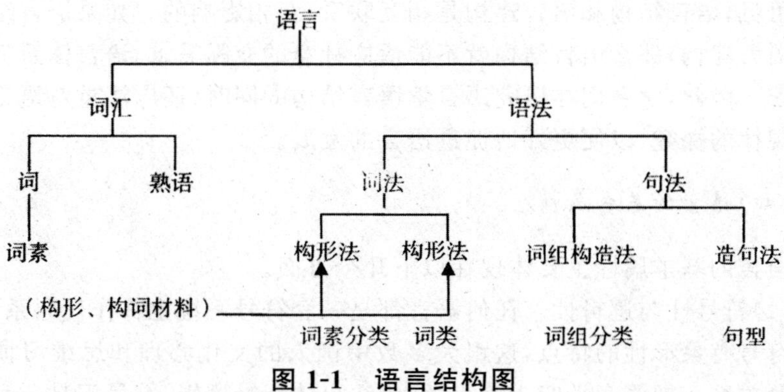

图 1-1　语言结构图

前文提到，词汇和语法都是音义结合的。这里的“音”是指语音，是作为语言的物质外壳而存在的，音素是它的最小单位。这里的“义”则是指语义，是语言的意义内容，主要包括词汇意义、语法意义和修辞意义三大方面。对于语义来说，语音是它的外在表现形式，没有语音的物质形式，也就谈不上语义；但是如果只有语义形式而没有语义内容，那么声音也就无法称之为语言单位。

总而言之，语言是以语音为物质外壳、以语义为意义内容、音义结合的词汇建筑材料和语法组织规律的体系。① 语言体系是在人类历史的演变和发展中形成的，是客观存在的，是约定俗成的，具有极强的稳定性。另外，各个语言体系还具有一定的民族性。因此，学者们在研究和学习语言的过程中应该给予语言体系及其结构要素间的关系更多的重视。

（三）语言的建构

建构主要涉及两个方面的含义，一是指利用语言体系中的材料构成话语，二是指利用话语中的创新，在其约定俗成之后充实语言结构体系。② 语言的建构具有两大特征：阶段性和连续性，两者是相统一的。语言建构的阶段性使得语言结构相对稳定，可以保证交际的需要；而语言建构的连续性则能使语言结构不断发展，进而满足交际者不断变化的交际需要。

所有语言的结构都是在交际和思维活动中建构起来的，且在使用中逐渐形成，一旦形成并非固定不变，而是不断发展的。因此，建构是动态发展的，在语言交际过程中，交际者在建构无数新话语的同时，其话语中的创新

① 王德春．普通语言学．上海：上海外语教育出版社，2011

② 同上

成分也在不断地丰富着语言的体系。

可见,语言结构和语言建构是相互联系、互相影响的。如果语言结构脱离了语言建构,那么语言结构就不能适应社会的交际需求,语言体系就会显得匮乏。因此,学者们在研究语言学语言结构的同时,还应注重对语言建构基本规律的探究,以便更好地促进语言的发展。

(四)语言的基本属性

语言的基本属性主要体现在以下几个方面。

(1)符号性与逻辑性。任何语言都是一套符号系统也称作代码系统,如汉语符号有象形性的特点,这跟大多数中国人的文化心理和思维习惯有着密切的关系。把语言学归为符号学,语法也体现着逻辑,符号不是杂乱无章的堆砌,而是有条理地排序,遵循内在的逻辑,如自然语言逻辑学、语法学、逻辑学等。

(2)天赋性与习得性。人类的语言功能是人类独一无二、与生俱来的。语言是人类大脑对客观世界所反映现象的描述,本族语的人拥有理解和构成合乎语法句子的先天能力,如语言的教学法和心理语言学的研究结果等,都可以为后天习得论的观点提供论据。

(3)普遍性与多样性。语言的使用遍布于全世界,其使用范围之广且语种多样。世界上有 5 000 多种语言,单单非洲、美洲就有上千种。不同的地域文明和生活环境造成语言表达符号的差异,方言也是如此。

(4)规范性与变异性。词语的多样性、密度、新颖性、复杂程度和偏误率都是在语言发展变化中需要考虑到的因素。语言系统必须要严谨规范,如普通话、共同语等都是讲究规范的,不能被随意篡改;但语言又不能保持静止不变的状态,需要根据时代的变化不断更新以适应人类的语言需求。语言处于不断变化发展的状态之中,语言的规范性也需要与时俱进,要时刻保持鲜活的时代色彩。

(5)任意性与约定性。符号与意义之间在没被具体分类之前是任意的,一种符号的表达并不能局限于单一的表达含义,但一旦确定了符号与意义之间的关系并为某一语言社团的成员所共同遵守时便转化为约定的关系。语言是社会约定俗成的,是所有成员以不同形式参与、约定和服从这种约定的结果,这种约定关系即约定性是不能轻易改变的。

(6)有限性与生成性。语言符号的创造是有限的,受时间和内在规则的限制,如现代汉语能区别不同意义的音节目前只有 1 300 个,但是需要表达的意义却是无止境的,即具有无限的生成性。在词汇的构成方面,如“网”可以构成“网络”、“网名”、“网迷”、“网民”、“网友”、“网页”、“网恋”、“网购”、

“网吧”、等。

(7)经济性与效用性。语言的存在价值就在于其交际作用,交际语言用于交际有个经济原则在制约它。语言可以通过多种途径取得经济性与效用性,主要包括两种形式:一是通过简写或缩略的形式来取得经济性与效用性,如中共、奥运、政协等;二是通过已有语言材料用隐喻或代指表达新生事物从而取得经济性与效用性,如“蚁族”一词来源于“蚂蚁”,“鼠标”是“老鼠”的衍生词等。但在运用语言来达到经济性和效用性时,必须考虑到语言的语境是否适合,注意语言的内在规律,必须以不影响交际为前提,同时要充分考虑到语境因素。

(8)工具性与人文性。人类通过语言这座桥梁得以实现信息的互通。语言是人类交流的重要平台,在此基础上达到思维、交际和认知的统一。作为传承和传输文化的载体,语言是文化不可缺少的组成部分。语言工具在日常生活运用的过程中,不断完善自己的系统功能,成为促进语言自身发展的动力。言语具有一种非本能性的、获得的、文化的功能,这体现了语言的人文性,人类是使用语言的主体且语言的来源主要是人类的日常生活。文化语言学的研究正是言语的这种非本能性的、获得的、文化的功能的最明显体现。

(9)开放性与发展性。语言的发展是社会发展的主要特征之一,是判断社会是否进步的重要标杆。因为社会是一个综合体,包含着人类生活的衣食住行,工作学习等方方面面。假如社会是开放的、向前的,新生事物层出不穷,新的概念也会不断更替,那么这些新颖的事物自然而然会在语言中彰显出来。不同的语言之间也需要相互借鉴以适应社会发展的需求,如汉语中的“纸老虎”、“风水”等均为西方国家所采用;汉语也不例外,如现今的新潮词汇“秀”、“克隆”、“拷贝”等外来音译词也均被纳入新兴的词汇中。语言的性质决定了语言的生存环境即在开放中求生存求发展,语言也只有不断更新和发展才不至于萎靡和消亡。①

二、文化概述

文化是一个民族自成立以来凝聚了千万人智慧结晶的载体,它包罗万象,来源于社会生活。文化本身是人类在发展过程中为满足社会生活中的实际需要创造出来的,是长期的经验储存和智慧成果,通过传播和继承,从而得到进一步发扬。

① 卢红梅.华夏文化与汉英翻译.武汉:武汉大学出版社,2006

（一）文化的定义

对于“文化”一词的定义，中西方国家有着不同的观点。

1. 国外对“文化”一词的理解

英语中的 culture 来源于拉丁文 cultura，原义是“耕作、培养、教育”。culture（文化）一词的基本含义包括两个方面，在物质活动方面意味着耕作，而在精神修养方面的含义则涉及宗教崇拜。随着社会以及近代科学的不断发展，尤其是文艺复兴、地理大发现和宗教改革的推动，使人们对形形色色文化的区分以及对文化内涵和外延的研究产生了浓厚的兴趣，并赋予“文化”新的内涵，使其成为一门为人们专门探讨的学问。

国外诸多学者对“文化”一词的定义是多种多样的。在众多观点中，人们都比较推崇英国文化人类学家爱德华・泰勒（E. B. Tylor）和马林诺夫斯基（Malinowski）的定义。泰勒在《原始文化》（1871）一书中，首次把文化作为一个概念提出来，并且将它的含义系统地表述为：“文化是一种复杂体，它包括知识、信仰、艺术道德、法律、风俗以及其余社会上学得的能力与习惯。”而马林诺夫斯基则认为文化是一种具有满足人类某种生存需要功能的“社会制度”，是“一群利用物质工具而固定生活于某一环境中的人们所推行的一套有组织的风俗与活动的体系”。

随后，其他社会学家、文化人类学家对泰勒的定义进行了修正：“文化是一种复杂体，包括实物、知识、信仰、艺术、道德、法律、风俗以及其余社会上习得的能力与习惯。由这一定义可以看出，文化的辐射范围十分广泛，凡人类所创造的一切知识、经验、感知、科学技术、理论以及财产制度、教育、语言等都是文化现象。小则如衣食住行、婚丧嫁娶，一切社会的生活方式、语言方式、行为方式、思维方式、等级观念、道德规范等，大则如宇宙观、时空观、人生观、价值观，都属于文化的范畴。”这一定义强调精神方面的文化，当然还未更为全面的解释，即文化不仅包括精神方面，还应该包括物质方面。

社会语言学家戈德朗夫和本尼迪克特（Goodenough & Benedict）在对跨文化语言交际进行研究时，指出了更为准确且直接的文化定义。戈德朗夫认为，“文化是由人们为了使自己的活动方式被社会的其他成员所接受、所必须知晓和相信的一切组成。作为人们不得不学习的一种有别于生物遗传的东西，文化必须由学习的终端产品‘知识’组成。”本尼迪克特则指出，“文化是通过某个民族的活动而表现出来的一种思维和行动方式，一种使这个民族不同于其他任何民族的方式。”这两种解释均说明文化具有民族性，但是前者突出的是民族内部的规范，而后者突出的则是民族之间的差异。

概况地说，文化是人们所觉、所思、所言、所为的总和，在不同的生态环境下，不同的民族创造了不同的文化，也被自己的文化所塑造。“文化”作为一个专门概念，有狭义和广义之分。狭义的文化着眼于精神方面，是指社会的意识形态、风俗习惯、语用规范以及与之相适应的社会制度和社会组织。广义的文化则涵盖精神和物质两个方面，即人类在历史发展中所创造的物质财富和精神财富的总和。如今，人们在提到“文化”一词时，首先想到的是它的狭义方面，即文化的精神形态方面。

2.国内对“文化”一词的理解

在汉语中，“文化”一词古已有之。“文”原本是指“各色交错的纹理”，有纹饰、文章之义。《说文解字》称：“文，错画也，象交文。”这里的“文”就是指各种象征符号以及文物典章、礼仪制度等。“化”原义是“交易、生成、造化”，如《易・系辞下》中的“万物化生”。“化”的引申义是“改造、教化、培育”等。

最早将“文”与“化”合在一起使用的古代典籍是《周易・贲卦》：“观乎天文、以察时变；观乎人文，以化成天下。”这句话中的“天文”，是指自然天体的构成及其规律；而“人文”则指人类社会的构成及其规律，包括文明礼仪、人伦道德在内。整句化的意思是：治理国家者既要观察天文，掌握自然发展规律，以明耕种渔猎之时序；又要观察人文，把握社会中的人伦秩序，使天下之人均能遵从文明礼仪，并进而推及天下，以成大化。这句话中“人文”与“化成天下”相结合，其实已经有了“文化”一词的基本含义，即通过人伦教化使人们自觉行动。

西汉以后，“文”与“化”真正合并成一个词语。西汉刘向《说苑・指武》中记载：“圣人之治天下也，先文德而后武力，凡武之兴，为不服也，文化不改，然后加诛。”这里的“文”和“诛”是两种根本不同的治理社会的手段。这段话的意思是：圣人治理天下，先施以文德教化，如不奏效，再施加武力，亦即先礼后兵的意思。此后，“文化”一词的用法延至后世，并进一步引申出多种含义，分别与天造地设的“自然”相对，或者与无教化的“质朴”、“野蛮”相对，取其人伦、人文之义。

综合以上论述，我们可以得出，汉语中的“文”、“化”两字联用具有下面两种含义。

(1)用作名词，是人类精神、智慧、意识及其创造成果的总称。

(2)用作动词，是一种过程，指以“文”化之，即使用一定的方法将文明礼仪普及教化。

因此，我国 20 世纪 70 年代出版的《辞海》中关于文化的定义是这样的：“文化，从广义上来说，指人类社会历史实践过程中所创造的物质财富和精神财富的总和。从狭义上来说，指社会的意识形态，以及与之相适应的制度和组织机构。”

（二）文化的特征

当今世界，文化是个使用频率很高的词，但对什么是文化这个问题人们似乎仍然没有达成一致意见，因为世界范围内对文化的定义多达两百多种，对于文化的定义很难得到统一的概述。不过目前人们比较乐于接受的定义是英国文化学家爱德华·泰勒1871年在《原始文化》一书中提到的，即文化“包括知识、信仰、艺术、道德、法律、习俗和任何人作为一名社会成员所获得的能力与习惯在内的复杂整体”。[①] 文化的多样性与复杂性决定了文化的定义和标准。基于此，文化的特征就显得尤为重要了，以下将具体介绍文化的四个特征，分别是整体性、区域性、可习得性和兼容性。

1. 整体性

文化作为一个民族的核心部分，首先是一个有多层结构的有机整体。虽然文化的多样性导致对文化这个有机整体层次的划分的人们有不同的见解，但我们仍然可以从感知的角度将其进行一下规整，把这个有机整体粗略分为显性和隐性两大部分。其中，显性部分主要包括法律、条例、制度、准则及文化产品等有形或可见的因素；隐性部分主要包括思维模式、心理活动、价值观念、道德准则等抽象因素。虽然这些文化因素都会给不同语言的人的交流造成障碍，但与显性文化因素相比，隐性文化因素给人们之间的交流特别是中英之间的翻译造成的障碍更大，而且往往不易让人觉察，容易造成误译。例如，我国唐代诗人陈子昂的《登幽州台歌》中有这样两行。

前不见古人，后不见来者，（念天地之悠悠，独怆然而涕下。）

这两行诗的译文如下：

Looking backward, I can see no predecessors,

Looking forward, I can see no successors neither.

仔细分析这两句诗的译文，细心的读者可能会发现，英语的译文跟汉语的译文恰好相反。汉语中“前不见”翻译成了 Looking backward，而“后不见”翻译成了 Looking forward，究竟为什么要反过来译呢？其实这是译者灵活运用中西方文化的巧妙之处，即充分考虑到了中英两种不同的文化在描述时间立足点和侧重点时的差异。中国文化尚古，无论做什么事情都要有所借鉴，描述时间时常常要缅怀过去，因此“古人”成了“先人”，“子孙”被

① 王恩科，李昕，奉霞. 文化视角与翻译实践. 北京：国防工业出版社，2007

称作“后人”;英国文化是崇尚未来的文化,他们更愿意寄托希望于未知的、充满挑战的明天,因此要“见古人”就必须 Looking backward,而要“见来者”就应该 Looking forward。

2. 区域性

文化具有鲜明的区域性,也可称之为民族性。远古时期,人类的农耕生活所孕育出的农耕文明具有封闭性、自给自足等特点,再加上交通极不便利,人们的出行也不方便,因此各个民族在其发展的初期与周围其他民族的交往相对较少,形成了独具特色的民族文化。例如,中国传统文化中的“攻”、“兼爱”、“仁政”等概念,在西方文化里是找不到相同或相似的表达方式的。同样,在英语中的 individualism,collectivism 等与汉语的“个人主义”、“集体主义”字面上相同但深究其实质的话却相去甚远。因此,在学习语言的同时不能不考虑文化背后所隐含的民族特色。

3. 可习得性

可习得性是文化的另一个重要特征。按照美国语言学家乔姆斯基的理论来说,人们学习语言的能力是天生就具备的,但语言的习得却必须通过人们后天的学习才可以使语言的能力得到充分的发挥。其实,文化的习得与语言的习得并无异样,二者都必须由主体发挥自身的能动性才能够实现,而且在母语学习环境中文化的习得与语言的习得会表现出明显的同步性。所以,如果只生活在一种语言文化之中,缺少文化感染的大背景,人们几乎是意识不到文化的存在的。如同我们每天生活在空气中,呼吸到空气却很难感知到空气的存在一样。因为人们常常是在母语文化环境和氛围中学习外语的,所以外语的学习也需要考虑到这个因素。如果只是单纯、机械地吸收课本上的知识,却没有深刻地理解和感知文字背后所隐藏的文化与自己的母语文化是否相得益彰、搭配合理,那么语言的学习与文化的学习便极有可能脱节,即外语语言的学习不是以外语文化而是以母语文化为基础。这种外语语言的习得方法与母语文化的融合不但会使原来的表达含义扭曲,还会造成对外语语言及其背后的文化无意识的错误判断。例如,汉语中“唯物主义”是从西方的哲学理论中借鉴而来的概念,因此人们一般会想当然地认为它与 materialism 所表达的哲学在概念上是等同的,但实质是“唯物主义”与 materialism 除了表示相同的哲学派别外与其所表达的哲学含义没有多少相似之处。materialism 在英语中通常用来表达“物质至上”、“追求物质享受”等成分,含贬义色彩较多,但这在汉语的“唯物主义”定义中是找不到与此类相似意思的。也正是因为语言与文化是水乳相融的,语言的学习离不开文化的熏陶，文化的感染会促进语言的完整性，使语言的习得与文化的习得达到最终统一。这也是为什么在外语的学习上很多专家一再强调“学习一门语言就是学习一种内在文化”。

4.兼容性

文化还具有兼容性的特征。从文化的可习得性不难看出，任何文化都具有兼容性，这是文化得以生存发展的内在动力。从文化兼容的程度上讲，可以将文化划分为“开放式文化”和“封闭式文化”。所谓的“开放式文化”或“封闭式文化”都是相对而言的，既没有完全开放的文化，也没有完全封闭的文化。完全开放的文化就像一滴只看到浩瀚大海的雨水，因为忽略了其自身的文化个性，消除了文化间的良性差异就会逐渐消融在其他文化之中；完全封闭的文化则像一口井水，因为缺乏与其他优秀文化的交流而失去发展更新的源泉，最终只会慢慢枯竭。这种现象在人类的发展史上层出不穷，如古代埃及推崇皇室内部近亲婚姻的所谓宗室血统纯正的文化，在现如今发达的生理学和遗传学的研究中被证明是存在严重的遗传缺陷和弊端的。如此不仅达不到净化血统的目的，反而会使遗传下来的血统不能够正常存活并影响整个社会的发展。而事实上，古埃及正因如此才最终走向没落。诸如此类的案例不胜枚举，这就要求人类在继承原有文化的基础上须取其精华，弃其糟粕，不断地加以丰富和发展，以适应社会日益更新的发展需要。

（三）文化的层次

文化大体上可以分为四个层次：物质文化层、制度文化层、行为文化层和心态文化层。

（1）物质文化层。物质文化是可感知的、可以用来满足人类物质需求的物质实体的文化事物，涵盖人类衣、食、住、行等各个方面。物质文化层所体现的实际是人类与自然之间存在的改造与被改造的关系，人类通过对自然界的利用和开发进行物质生产劳动，并通过生产获得相应的物质成果，这些劳动与成果构成了文化的物质层面。

（2）制度文化层。人类在社会实践中建立的各种社会规范和组织体现了文化的制度层面。人类在创造物质文化的过程中逐渐形成一定的规章制度，这些制度即服务于物质财富的创造，又对物质财富创造者有约束作用。随着这样的社会环境不断发展进步，一系列用于规范人类行为的“制度”被制订出来，如婚姻制度、社会经济制度、家族制度、政治法律制度，随之产生的还有大量组织结构，如国家、民族、政治、宗教、科技、艺术、教育等。总之，文化的制度层指的就是人类社会的制度法则。

(3)行为文化层。文化的行为层面主要是指人类在长期的实践交往过程中约定俗成的一些行为模式，主要体现在民风民俗方面，通常具有鲜明的地域、民族特色，如中国文化中的婚葬嫁娶、待人接物的礼仪等，这些行为文化往往是由少数人发起，在集体中得到认可和使用，经过几代人的传承和发扬，最终成为一种民俗，这些民俗构成了文化的另一层面，即行为文化层。

(4)心态文化层。心态文化层是文化的最高层次，是文化的核心部分，心态文化指的是人类在长期的社会实践和意识活动中形成的价值观、审美观和思维方式。不同的地域或民族，其宗教和历史背景也不相同，人们的思维方式和审美价值观自然也存在很大差异。心态文化层可细分为社会心理和社会意识两个层面。社会心理指的是社会群体的精神状态以及思想面貌。社会意识是较社会心理更高一层次的文化，是在社会心理的基础上进行总结、归纳而来的思想文化结晶，即著作或是艺术作品，可以说心态文化层构建的情况可以反映出一个民族的文化水平状况。

三、语言与文化的关系

关于语言和文化之间关系的研究，近20年来不同国家的学者对这个课题已有过许许多多的论述，但万变不离其宗，所达到的基础共识为语言与文化之间是相辅相成，密不可分的关系。文化失去语言作支撑便毫无生机可言；语言脱离了文化就等于失去养分的供给。语言之于文化犹如万物生长之于阳光、水分和氧气，用这样一个形象的比喻来说明它们之间的关系再合适不过。语言从总整体上看既不是系统的，也不是完全非系统的，因为它不仅受周围环境的影响，而且还受变化的非语言学原因支配。所谓非语言学原因，是指除语言本体外对语言的发展产生影响或决定作用的因素。简单地说，这种非语言学原因囊括了社会的各个方面，如语言群体、文化环境、制度等级、宗教信仰等会对语言的变化产生支配或影响作用，使得语言受到社会力量的作用和影响，最明显的表现就是在我们选择词语语义学的层面上。然而，作为语言词汇的重要组成部分，几乎所有的语言背后都隐藏着特定的文化背景。因此，对文化的理解和掌握直接影响和制约我们对语言的学习和应用，特别是在跨文化交际中，正确认识语言和文化的关系具有十分重要的现实意义。

语言及其文字符号是文化传播的重要途径，而文化又是语言得以传播的主要内容来源。我国大部分的英语教学因长期以来受应试教育的影响，所以教师们往往注重单方面的语言知识教学，忽视与语言密切相关的文化知识教学。结果在这种教育环境下，学生在做语法练习时得心应手，而在交际情景中却茫然不知所措，这就是所谓的典型的高分低能。这种情况主要是因为只片面的专注于字面符号的学习而忽略了文化在语言学习中的重要性，造成语言与文化脱节。而事实上，语言与文化是不可分割的，是文化十分重要的组成部分，二者有着十分密切的关系。具体来说，语言是文化传播的最主要载体和媒介，是传播文化的重要表现形式；同时语言也受到文化的影响和制约，即语言不可脱离文化而存在。语言是在人类进化过程中被创造出来的，属文化的一部分，它同文化一样都需要人们在后天的学习中习得，在不断改进和丰富原来的语言基础上得以发展，因此属于人类的共同财富。早在20世纪20年代，美国语言学家萨瓦尔（E. Sapir）在他的《语言》（*Language*，1921）一书中就指出："语言的背后是存在某种东西的，而且语言不能离开这种潜在的东西而独自存在。"相似的论点同样也在语言学家帕尔默的《现代语言学导论》（*An introduction to modern linguistics*）一书中提到，"语言的历史和文化的历史是相辅而行的，它们在共同发展的道路上互相协助和启发。"人类已对语言和文化的关系从多个角度进行过深入的研究，具体来说，语言与文化的关系大致可以归纳为以下四方面。

（一）语言是文化的表现工具

语言作为历史发展进程中的一大产物，是文化中一个颇为特殊的组成部分。首先，它是整个文化的奠基石。通过语言，文化才能完整地保存下来，并流传给世人。

其次，语言能够直接反映出一种文化的现实。简而言之，文化是语言赖以生存的土壤，是文化的载体和传播媒介。影响文化和语言的因素如地理位置、自然环境、风俗习惯、历史变迁、宗教信仰、经济发展水平等都在影响或制约着民族文化的形成和发展。所以独具特色的民族文化，其内涵的差异必然会在语言中得到全面体现：一方面，文化的差异让语言变得不那么单一和空泛，文化间的互补使语言日渐丰富起来；另一方面，文化间的差异也同样导致了不同文化背景的人在分析同一事物或同一理性概念做出不同的理解和解释时，交流的过程中会造成一些误会，导致交际不畅。语言体系本身有着封闭性的一面——不同的语言反映不同价值观念和思想意识，从根本上讲就是代表着迥异的文化传统。单从这一个层面上讲，对语言文化及其特性的研究，在语言学习和翻译工作中就显得分外重要了。通过观察语言中字词的来源和变迁，我们可以了解过去文化的时代背景和一个民族的历史传统。在各国语言里有许多字词现代通行的释义和它们最初的语源大相径庭。倘若在学习的过程中摒弃过去的文化背景，我们想要探究出彼此之间的联系时就会觉得不知从何下手。相反，充分了解它们过去的历史，不但可以发现其所遵循规律的语义演变，而且对于文化进展的阶段也会有一个较为清晰的认知。

由此可见，语言的产生特别是词语的出现和应用，体现了人们对客观世界的态度和认知，记录了特定的民族文化和社会的历史发展进程，所以后人必须通过学习语言才能掌握前人积累下来的整个文化体系。在习得一种民族语言的同时，也就是在习得这一民族的文化，习得这一民族的文化传统和文化内涵。相反，语言，包括语言的发展方向和使用方式，也无法分离文化这一基础而独立存在，不能背离由历代祖辈流传下来的、决定这一民族社会面貌和风俗传统的信念体系。正因为语言的文化属性如此重要，我们通常把语言称作是文化的重要载体，也就是说是折射民族文化的一面镜子。美国著名学者克里拉姆奇(Claire Kramseh)在他的《语言与文化》(*Language and Culture*)一书中系统并清晰地阐述了语言对文化的三大功能："语言表达文化现实……语言体现文化现实……语言象征文化现实。"[①]文化的发展能够推动和促进语言的发展，同样语言的不断丰富和更新也是整个文化发展是否进步的决定性因素。

(二)语言是文化的一个十分重要的组成部分

语言是文化的一个十分重要的组成部分。之所以这样说，是因为语言的字里行间无不透露着文化的特点。从内涵上讲，文化包括物质财富和精神财富两个方面。其中，语言属于人类在进化过程中通过改造客观自然创造出来的精神财富，属于文化的一部分，二者都是为人类社会所特有，是人类区别于其他生物的重要标志。其次，语言不是生物性的遗传，而是人们后天习得的。人类先天就具备学习语言的机制，即语言是人类与生俱来的能力，需要后天的学习才可以使这项能力得到开发。再次，文化是人类共有的精神和物质遗产，语言也是如此，它为全社会所共有，属于人类共同创造的财富。语言和文化相辅相成，是部分和整体的关系。一方面，语言体现并表达着某种文化，语言反映文化，是文化心理诸特征的集中体现，又对文化心理诸要素产生巨大的影响作用。语言涉及民族文化的各个领域，包括物质文化、制度文化、行为文化，精神文化和交际文化，同时语言交流也应用于哲学、语言、科技、生物、文学、艺术、医学，宗教等各个领域，其主要范围涵盖政治、经济、法律、教育、外交、军事、生产和日常生活的实践活动，语言的差异正是体现文化差异的一个重要表现。另一方面，文化是语言生成和发展的深层机制，为语言的发展提供契机。语言的交流又为文化增添了新的内容，

① 罗常培. 语言与文化. 北京：北京出版社，2004

使文化向多元的方向发展。语言是促进交流的主要工具,文化表现于某种语言的形式之中并以一定的方式体现出来,文化的差异正是造成语言差异的一个重要原因。语言的使用体现一个民族文化的选择和创造;交流的过程不仅是语言形式的转换,更是对语言所代表的背景文化的研习。要使文化与语言达到最完整的统一,必须要深入了解语言与文化之间的关系。

(三)语言记录文化

语言是一面镜子,它映射着一个民族的文化,揭示了该民族文化的核心内容。作为一种社会现象,语言的作用不仅仅是作为人类的交际工具而存在,人们在利用这一工具达到自己交流信息的同时,也把人类对生活习惯、自然现象的认识凝固在语言中表达出来,即语言还具有记录文化的功能。各种语言都有一系列可以完整反映本民族独特文化习惯的套话来维持人际关系,这是因为受所生活的社会背景和时代发展的影响,如汉语中的见面时不再说“吃饭了没有”而改成“涨工资了没有?”,“升职了没有?”这跟人们的生活状态息息相关。当下由于股份制盛行,人们更关心的是“饭碗”的问题,关系比较亲近的人碰面就会问“工作还顺利吧?”中国人喜欢关心朋友的生活状况,见面谈论的话题通常离不开家常及工作琐事。如果同样的情况应用于西方,英美同事如此“寒暄起来”,就会被人认为是 Nosy Parker,也就成了“好事者,包打听”了。西方国家较注重个人隐私,很少谈论自己和别人的生活和工作,英美人碰到熟人常谈论天气,“It's a good day,isn't it?”这样的问候方式反而让中国人感到枯燥无味,不知所云。

透过一个民族的语言,人们可以了解到该民族的风俗习惯、生活方式、思维特点等文化特征。例如,在对父母兄弟姐妹的称呼上,英语和汉语就存在着较大的文化差异。英语中没有太多繁琐的称谓,仅有 uncle 和 aunt 两个词,而汉语中则不然,有“伯”、“叔”、“舅”、“姑”、“姨”等,长幼有序,不得混淆,这也说明了中国人的宗教观念和文化特点。近几年,由于就业形势严峻,大学生就业也越来越难,这种情况也使得一些新的词汇被创造出来,如毕业就意味着失业,因而越来越多的大学生为了避免承受社会的压力选择了考研。类似的情况在学校也很多,以前同学们在一起聊的都是“你毕业了,准备去哪工作啊?”,前些年就业形势比较乐观,学生去挑选好的单位。而现在情况却急转直下变成了单位挑选优秀的毕业生,因而现在同学们经常会聊的是“你打算继续深造吗?”,类似的还有“你考公务员吗?”等。此外,还出现了一些新的词语,如“啃老族”、“蚁族”、“月光族”等。这些例子无一不记录着当今的种种社会文化。

(四)语言促进文化发展

人类发出的第一个有意义的声音可能是一种极其偶然的现象,但当这种声音被在一起活动的同伴有意识地接受并记录时,这种声音的出现便是语言产生的萌芽。当其他的人遇到类似的情况时,也会发出同样类似的声音,随着时间的发展这种声音逐渐成为人们记录某种情况或现象的标记。随着这种标记的增多,人们的眼界便会越来越开阔,相互之间的交际便越来越顺畅。于是,这种认知事物的标记渐渐地发展成为语言。

自从语言诞生以后,人们在表达自己观点和看法时才可以更简单直白,节省了很多时间和经历,这样语言就随着人类生产生活的进步悄然发生着变化。

从某种程度上说,英语教学的过程是一种英语语言文化的阐释过程。不了解一门语言所承载的背景文化就很难真正掌握该语言的精髓,所以语言的教学必须与文化学习紧密相连。通过对文化的了解来掌握语言,通过对语言的学习来了解文化。英语和汉语是两种在语义和语法上完全不同的语言系统,中西方文化间存在着的诸多差异也只有通过清楚地了解两种文化的共性和个性才能进行有效地语言交际。所以为了使学生更好的学习语言,更全面地了解英语语言文化,也为了能更有效地进行语言交际,教师应该注重语言基础性学习、重视培养学生能力的同时,强调文化知识学习的必要性。此外,英语的学习不只是单纯地辨认不同的文字符号,因外语教学是双语教学,是在以母语为背景下学习另一种新的语言,其语境和语义都会不利于学生对语言的吸收。再者,双语教学不同于母语教学,在学习的过程中要涉及到目的语与母语之间转换的问题、需考虑到目的语民族文化问题、本族语的民族文化问题还有跨文化交际所涉及的问题。因此,外语学习者在学习语言时,了解相应的语言文化传统、风土人情、宗教信仰、地域风貌等就会显得尤为重要。

(五)语言和文化相互作用

语言和文化之间是一种双向作用的关系,二者在相互借鉴、相互学习的过程中向前发展,要从语言作为文化的主要传播工具这个方面来加以认识。作为传播文化的工具,语言在一定程度上影响和制约着文化传播的方式、范围和深度。然而,当文化发展到一定程度,如语言形式已经不能满足其需要或阻碍其发展时,人们也会自觉或不自觉地改造着语言的形式和词汇所表达的意思,促使语言发生改变,如语言是思维的工具,而文化的构成离不开思维(精神文化是思维的直接产物,物质文化是思维的间接产物)。文化的生命力在于传播，文化的发展也会促进语言的发展。语言作为文化传播的最重要工具，自然对文化传播有着极大的影响作用，是文化得以生存的力量。从这个层面上来讲，语言在某些方面又影响和感染着文化。

另一方面，由于文化的传播，尤其体现在异族文化的传播，语言中又会衍生出一些新的词语和新的表达方式。也就是说，文化影响和推动着语言，促使其发生改变。文化与语言的关系在具有不同文化背景的人们的交流活动中表现得最为明显。学会其他民族的语言却不一定能与该民族的人们进行正确的交流，因为语言是立足于文化之上的，文化的差异性决定了语言的不平衡性。对背景文化不了解，也会导致交流的失败。各个民族的语言都有其丰富的文化内涵，就语言要素和文化的关系来说，语言和文化的关系最为疏远，其次是语法，而关系最密切的是词汇，尤其是被赋予特殊意义的用来表示特定意义范畴的词汇。这类词汇本身代表着鲜明的民族文化信息，并且隐含着深层的代表本民族文化特色的含义，这种深层的意义我们称作内涵意义，内涵意义一般从词汇中不易分辨出。词汇的内涵意义可以因人而异，也可以因不同的民族、国家或历史时代而异。换句话说，内涵意义往往是不稳定的，其更新发展的速度很快。旧的因素有可能消失，新的则可能取代旧因素。在这类词汇的使用过程中，首先需要注意的是它的褒贬之分。在中西方不同的文化背景中，同一个词也会出现不同甚至完全相反的表达意义。这一点之所以特别强调是因为文化上的差异直接影响到语言使用的规范性与合理性，因此在交流的过程中必须注意这个因素。如果把语言和将其代表的文化内涵分离开来，会造成语义和语境上的误解，如“孔雀”(peacock)这种动物在我国文化中是吉祥的象征。在中国古代，孔雀开屏是值得庆贺的事，预示着家族兴旺，好事将近。而英语中 peacock 的内涵意义是贬义，意思是张扬、自负、炫耀、洋洋自得，常用来表达对一个人的厌恶之情。基于此，我们就不能赞扬一个英语国家的人说“她漂亮得像只孔雀”。因所指代的意象不同而造成的文化差异，“龙”字是一个典型的事例。“龙”(dragon)在中国文化中被描述为一种神圣的、能呼风唤雨的图腾形象，代表尊贵的身份和号令天下的权力。封建时代，“龙”用来特指皇帝，象征着至高无上的统治地位。而在西方国家中，所谓的 dragon 是一只身形庞大、长着翅膀、身上有鳞片和蛇尾、能够喷火的并肆意攻击人类的怪物，代表着邪恶和残忍，常用来形容不顾他人想法，飞扬跋扈、过于自我的人。例如，我们现在说起“亚洲四小龙”时，不是翻译为 Four Dragons，而是译为 Four Tigers。[①] 语言教学的实质上是跨文化传播，学习英语也就是在进行跨文化

① 金惠康.跨文化交际翻译续编.北京：中国对外翻译出版公司，2003

传播。语言的学习离不开文化，对语言的理解也离不开文化，文化也在不断丰富着语言并引领着语言的发展方向。

第二节　语言与社会

一、语言与社会发展

（一）语言与社会之间的关系

语言是存在于人类社会之中的，社会之外不存在语言。社会中的语言一方面制约着社会，另一方面也受到社会的制约，语言不可能脱离社会而存在。也就是说，语言对社会有着极大的依赖，语言对社会生活具有极大的影响。总之，语言与社会有着密切的关系。语言存在于社会实践之中，如果某一社会不再存在，那么其使用的语言也就会慢慢消失，它也就成了“死去了的语言”。如今，我们也会看到一些原本已经“死去了的语言”，它们之所以不再存在主要是因为它们的社会团体不复存在了。例如，中国古代的鲜卑语随着鲜卑族的消亡而逐渐消亡，即便今天我们可以在《隋书经籍志》中看到关于鲜卑语著作的书名和一些人名以及个别词语，但我们却无法感知它的具体样子。

如今，社会上出现了许多不同的语言，这同样是在社会集团的制约下而产生的。反过来，社会的发展也会受到语言的制约，其具体表现在语言在社会生活中的作用。无论何时、何地，我们都从没听过或遇到没有语言而有社会生活的情形。这也就是为什么即便是一些最原始的部落，如土著民族，也有他们自己语言的原因。某一社会中如果没有共同的语言，那么他们就无法共同交际和组织生产，他们之间的社会生活也就不存在。人类的社会生活不是原始的群居，动物也有群居的本能，但他们没有社会生活，人类要想改造自然，共同创造劳动工具，共同生产劳作，如果没有语言作为彼此之间的交流工具，他们相互之间也就无法协调劳动并借以改造自然、创造工具，或从事共同的生活活动。我们想象不到，人们如何不同用语言却协调好生产中的共同劳动。语言不但是人类社会形成那天起就存在的，它也是组织生活必不可少的条件之一，它在人类社会整个发展过程中都扮演着重要角色，且推动者社会的发展与进步。语言作为人类交流思想和交际的工具，作为抽象思维的承担者，它无时无刻都在协助着人类生产活动、改造自然、改造社会、发展文化、传授知识。事实上，语言也是人类社会全部劳动实践的“储藏库”。它将前人的劳动经验保存下来，使后人可以借此继承前任积累下来的知识。语言既是维系当代社会生活不可或缺的工具，又是帮助掌握前人或别人的思维活动所获得的成果并加以发展的不可缺少的工具。人们不但可以用语言来实现或表达日常生活中的各种思想，而且可以用它来体现或表达各种复杂的思想。

（二）语言随着社会的变化发展而变化发展

(1)社会的发展是语言发展的基础，语言是随着时间的推移而不断变化发展的。语言一旦产生，它就不可能保持不变，就拿古代语言与现代语言相比，它们不是一模一样的。起初，语言的词汇是相对贫乏的，其语法结构也很原始，它只能满足原始社会成员之间不太复杂的交际需要。但如果它没有成为交际工具，那么它就会趋向死亡。例如，先秦时期出现了很多有关农业劳动和耕作过程的名词，如“黍”(一种植黍类谷物)、“获”(收获农作物)、“田”(一般耕种)等，这些词随着社会生产力的不断发展，在现代社会中逐渐消亡，被其他词所替代。

(2)社会的发展是语言发展的一大动力。由于语言是社会历史的一种产物，社会制度的变化也会推动语言的变化发展。经历了原始社会、资本主义社会、社会主义社会等不同阶段，社会中的政治、经济、文化等也发生了巨大变化，这些都推动着语言的发展变化。新中国成立之后，原本被压迫剥削的劳苦大众开始成为国家的主人，社会生活发生了翻天覆地的变化，同时涌现出了一大批新事物的词语。例如，解放初期人们之间的工作岗位没有“贵贱”之分，在政治、经济上都是平等的，从而使一些词语意义发生了改变，如“邮递员”、“服务员”等，他们的职业都受到了尊重。如果将它们放到旧社会中，人们歧视这些劳动人民，故会称他们为“邮差”、“听差”等。此外，还有一些反映封建官僚阶级特权思想的词语，如“官人”、“老爷”等，也随着封建社会的消亡而消失。

(3)社会的进步推动语言的发展。语言与人的生产行为直接相关，所以语言反映生产中的发展变化是直接且迅速的。例如，解放之后我国农村土地改革走向了集体化道路，直到人民公社，生产关系的变革，也使语言发生了变化，涌现了一批新词，如“人民公社”、“工分”等。然而，随着文化科学的发展，语言也发生了新的变化，如“原子弹”、“电子计算机”等科学术语的出现。

(4)社会的文化交流汇通语言的发展。在社会发展进程中，各个社会团体之间经常会相互接触和影响。人类社会越进步，社会政治、经济、文化越发达，社会之间的交往就越频繁，交往的范围就越广，对语言的发展也就有更大的影响。不同社会中的语言在接触中会相互吸收一些其他语言，这也是语言相互影响最常见的一种现象。每一种语言都会或多或少地与其他语言产生接触，吸收一些外语成分，且又影响其他语言。例如，英汉语言之间就会彼此影响。

(5)社会在变化发展的过程中，经常会出现分化或统一的现象。所谓社会的分化，是指原来说一种语言的社会集体会因封建割据而分化成若干个独立或半独立的区域，这种区域之间的人们虽然保持着往来，但却不是很频繁。时间久了，原本统一的语言在不同地区就会形成不同的发展态势，出现了一定的差异。尽管开始时没有分裂但也成了有特定的语言分支，即方言，如果继续分化发展，它就会形成不同的独立语法。

(6)语言三要素的发展速度是不一致的。语言随着社会的变化发展而不断变化和发展，但语言的三大要素(即语音、词汇、语法)的发展速度是不一致的。语言中的语法与词汇较为稳定，通常是千百年不发生变化的，但一般词汇又是处在经常不断发展之中的。基本词汇的变化是极其缓慢的，在社会发展的影响下，历代也增加了基本词汇，如“工厂”、“电灯”、“飞机”等，但多数都是多少年不变的，如“天”、“地”、“风”、“雨”、“人”等。由于语法也是经过千百年才形成的，所以它不直接揭示现实，而间接反映现实，因此它的变化比基本词汇的变化还要缓慢。

(7)语言的变化发展存在自身的规律。社会发展是语言发展的外因，我们不能用社会发展来替代语言的发展，语言内部发展的规律一般找不到社会原因。例如，语音的发展找不到社会的原因。[①]

二、语言与职业

职业是人类社会发展到一定阶段的产物。随着社会分工的出现，人们按照不同的职业形成了不同的社群。社会分工越细，职业分化也就越多。

职业划分产生了不同的社会群体，有着不同职业的人，其思维方法、心理特点、意识形态、认知机制等都有所不同，从而也就形成了明显的职业特点。而不同的职业特点反映在人们的语言上，就形成了符合不同职业特点的遣词造句的规律，也就产生了不同的职业用语。

简单地说，职业语言是在一定的社会团体中使用的一种特殊的日常交际语言，构成这种团体的人是由某种共同的特征联系起来的，这种特征有职

---

① 董印其.论语言发展与社会发展的关系.和田师范专科学校学报，2004，(1)

业、行当、年龄、爱好等。

职业语言可以充当术语来用，但它比术语还要生动活泼、言简意赅。大致来说，职业语言具有如下两大特点。

(1)语域严密。职业语言由来已久，用词也已根深蒂固。不同的交际场合，不同的行业、阶层会使用不同的职业用语，且这些用语已基本固定。

旧时的职业语言可称为“行话”，一般通过隐语出现，在各个行业均有独特的内容与表现力。分清行内与行外，守住机密，防止外行人抢生意，这是行话的本质特点。它除了有口头的用语，还有手势或动作等。

(2)反域化倾向。职业语言演变到今天，多数用语仍局限在有限的行业中，部分职业正逐步向外域化扩张。

在职业用语越来越丰富的同时，出现了一种“专有术语普通化”的趋势。例如，“胆固醇”、“蛋白质”等原本是营养学的专有名词，而如今已经出现在广大人民群众日常交际语言之中。再如，“牛”、“熊”等专业词汇原本只用于股市用语，如今也渐渐融入大众用语之中，可作为评价人、球市等的时髦用语。①

三、语言与性别

语言与性别之间的关系一直都是令人文科学家感兴趣的一个话题。玛丽·克劳福德(Mary Crawford,1995)指出，男性与女性讲不同语言的观点开始得到语言学家、心理学家和交际研究者的重视，他们的研究推动了语言和性别的发展，也加深了人们对这种现象的认识与关注。②

人类一出生就有了性别的标签，于是有了男性或女性的身份。男性与女性因在心理和生理上存在较大差异，所以其使用语言时也会存在不同。

从20世纪60年代起，社会语言学、跨文化交际学和语用学逐渐发展并趋于成熟，一些语言学家开始将研究的焦点转向因性别差异导致的语言差异上。语言学家 Doborah Tannen 在讨论男女之间的交际时指出：“不同的话语，不同的世界。”男性与女性有着不同的文化背景，所以他们会按照各自的性别文化规则来规范自己的交际行为。

---

① 侯琳.语言与职业浅议.职业圈，2007,(23)

② 黄瑞红.性别差异在语言中的表现.浙江工业大学学报，2003,(2)

（一）男性与女性的语言特点分析

下面分别对男性与女性的语言特点加以分析。

对于多数男性来说，他们的语言是简洁而精炼的，他们要表达某种思想时，一般只用三言两语。他们交际的目的是展现自己的权力控制，获得独立和提高自身的地位。伍德（Wood）将男性语言的特点总结为五点。

1. 男性的语言特点

（1）男性语言具有极强的目的性，一般不涉及个人情感。男性在说话时通常都是就事论事，直奔主题，这与男性果断的个性有关。

（2）男性语言会体现一种优越感和对权力的维持。男性往往会将谈论的话题引向自己较为熟悉的话题上。换言之，男性通常会利用语言表现自己的控制欲。

（3）男性在交流中通常会以绝对的方式崭露头角。他们经常使用命令性的语言，这大概与其历史上都属于领导者和支配者有关。

（4）男性通常使用一些概括性和与个人情感无关的语言。

（5）男性在交际中通常不喜欢回应。男性在处理事情时更加干练果断，常以自我为中心，所以他们不大喜欢回应对方的话语。

2. 女性的语言特点

相对于男性来说，女性语言更具有目的性与规则性。对多数女性来说，语言是其基本的与他人建立和维持关系的一种方式。具体来说，女性语言具有如下五大特点。

（1）女性语言的最大特点就是体现平等性，女性常常通过相似的经历来获得彼此的平等关系。例如，女性为了与对方找到共同的话题，会说“I have been there many times.”，这样就可以与对方找到共同的语言。

（2）女性语言的另一个特点就是对他人的支持。女性常常会使用一些词汇或短语来表达对他人的理解与支持，这大概是与女性善解人意的天性有关。例如，“Oh，you must feel better now.”与“I guess you are right.”尽管言辞简单，但话语间流露出了女性对对方的理解与支持。

（3）女性习惯用疑问句表达自己对对方的同情与理解，这可能是与历史文化中多数女性都不武断所导致的。例如，“Do you believe it was true?”这句疑问句就体现了女性的温柔与不武断。

（4）女性在交际中喜欢回应。为了表示对对方的关心与支持，很多女性都会用“That's great!”。她们并不是想真的表达一些什么信息，而是用简单的语言附和或用肢体语言回应对方。

(5)女性语言还具有试探性。女性常常会用“I guess,I mean,I wonder,I feel”等,这或许与她们缺乏自信或者是自我感觉不好以及自卑有关。

(二)导致男性与女性语言差异的原因

(1)社会分工的不同。男性语言与女性语言之所以会有不同的特点,其首要原因是男女的社会分工不同。从古至今,男性与女性的社会分工在不知不觉中形成了一种模式:男主外,女主内。男性负责赚钱养家,女性负责操持家务。但是,在现代社会中,女性的社会地位得到了明显的提升,所以这种模式也显得不那么绝对了。

(2)社会地位和权势的不同。在传统的观念中,“男强女弱,男尊女卑”的现象无处不在。无论国内还是国外,执掌政治大权的都是男性。所以,在语言交际中,男性多处于优势地位,而女性则处于弱势地位。

(3)性别角色的不同。传统社会中,男性与女性的性别角色非常明晰。在人们心中,女性天生就应该是温柔贤惠,勤俭节约,体贴顺从的。而男性天生就应该果断勇敢,敢作敢为,勇敢大方,事业有成。这就使男性在语言交际中有更大的支配权。①

四、方言与标准语

“方言”(dialect)一词最早源自希腊语,其原义是指有共同来源而在不同地区通用的书面语变体。随着语言学研究的不断深入,方言的定义也有了变化。如今我们所说的方言是指属于同种语言,彼此间有系统差异,但能互相听懂的多种形式。

但是,有时决定两个言语群体之间的系统差异表现的是两种方言还是两种不同的语言,是一件很难的事。这是因为,将“互相能听懂”作为语言与方言差别的标准是不精确的。例如,虽然丹麦人、挪威人和瑞典人分别使用着三种不同的语言,即丹麦语、挪威语和瑞典语,但他们仍然能够彼此交谈;但在中国,人们说官话(mandarin)和粤语(cantonese)彼此之间听不懂,但是他们使用的仍然是同一种语言,只是分别属于不同方言而已。因此,我们很难给出一个明确的关于方言与语言的区别的定义。

方言具有明显的地域性和社会性的差异。方言是语言的变体,其中由于地域差别而形成的变体称为“地域方言”(regional dialect);而同一地域的

① 肖莉,刘芳.交际中的男性女性语言.和田师范专科学校学报,2010,(4)

社会成员由于在职业、阶层、年龄、性别、教育程度等方面的差异而形成的变体称为"社会方言"(social dialect)。这里主要就地域方言加以探究。

以汉语为例,尽管生活在不同地区的中国人都讲汉语,但各个地区的汉语却在发音、词汇、句式等各方面存在着差异。总体上说,汉语方言可以分为七种:北方方言、吴方言、客家方言、闽方言、粤方言、湘方言、赣方言。

当然,英语也有方言。英语方言也可以分为很多种,从全球范围内看,有英国英语、美国英语、澳大利亚英语、加拿大英语、新西兰英语等方言;从英国本国看,英国北方和南方的方言也有较大差异。南北地域方言最重要的分界线从伯明翰(Birmingham)和牛津(Oxford)之间穿过,抵达中西部(West Midlands)的南端(Poole,2000)。

前面已经提到,与语言使用者相关的语言变体被称为"方言",那么大家究竟应该如何精确界定它的定义呢?下面是一些语言学家的主要观点。

弗兰克斯(W. N. Francis,1983)指出,方言是"为小于某个语言群体的团体所使用的该语言的变体"。弗兰克斯的观点突出了方言与其所隶属的语言之间的密切关系。

弗洛姆金和罗曼德(Fromkin & Rodman,1983)指出,方言是"彼此可以交流、但又存在系统性差异的一种语言的不同变体"。该定义强调了方言的两个必要条件:一是 mutually intelligible;二是 differ in systematic ways。只有满足以上两个条件,一种语言变体才能被称作"方言"。例如,应该所有人都承认英国英语与澳大利亚英语只是"英语"的两种地域方言。这主要源自两个原因:一方面,英国人与澳大利亚人可以顺利地进行交流;另一方面,英国英语与澳大利亚英语之间确实存在一些系统性的差异,这在发音、词汇上表现得特别明显。人们也都承认中国人说的汉语与英国人说的英语不属于语言的两种地域方言,而是两种截然不同的语言。这是因为汉语和英语在发音、词汇以及句法等方面存在巨大差异,使说汉语的中国人与说英语的英国人之间根本无法交流。

前面已经列举了汉语的七大方言。然而,这七大方言的口语形式是难以沟通的,但是它们并不是独立的语言,却也被视作"方言"。其主要有两个原因:一是它们共享同一个文字书写体系;二是它们主要是被生活在不同地区的中国人所使用,而并非像瑞典语、丹麦语和挪威语那样是不同独立国家的语言。

对于语言与方言之间的模糊界定还体现在弗洛姆金和罗曼德所提出的方言的两个必要条件本身的模糊性上,即 mutual intelligibility 和 systematic difference 都不是"是或者不是"的概念,而是存在度的差异。对于前者来说,尽管英国英语、美国英语都是公认的英语"方言",但是英国人和美国人有时也会彼此听不懂对方的语言；而虽然英语、荷兰语是公认的不同的欧洲语言，但是英国人有时也能听懂一两句荷兰语（Poole，2000）。因此，笔者认为，方言之间不是突变的，而是渐变的。

如果我们仅从语言研究的角度来看，在分析一种语言变体是一门独立的语言还是一种方言时，就不需要考虑非语言因素如国界、政体等。例如，尽管瑞典语是瑞典的国家语言，挪威语是挪威的国家语言，但它们并不意味着两者之间立刻脱离了所有的关系，而成为两种没有任何关系的语言。

综上所述，mutual intelligibility，systematic differences 和 political boundaries 分开来看都不是界定语言与方言的必要条件，合起来看也并不是构成界定方言和语言的充分条件。因此，语言学家不得不接受语言与方言之间的“灰色区域”。也就是说，语言只是拥有军队和政权的方言。

标准语是社会语言学中的一个重要术语，它是一种享有最高社会地位的语言变体，常以一个国家的政治、文化中心地区受过教育的本族语的口语和书面语为基础。标准语是被政府和司法部分采用的，其广泛用于新闻媒介、文学作品、正式的讲话或写作、正规教育以及对非本族语者的外语教育中，很多国家的标准语都被指定为官方语。

这里就以我们熟知的汉语普通话为例，探究标准语的相关问题。对于中国人来说，普通话是以北京语音为标准音，以北方话为基础方言，以典范的现代白话文著作为语法规范的现代汉语民族共同语，是全国通用的语言。作为标准语，普通话具有明显的规范性，其在社会生活中发挥着全局性的作用，是当今社会交际中不可或缺的部分。

如今，全中国都在倡导推广普通话，但这并不意味着要禁止方言，也不是要消灭方言，而是要在会说方言的基础上会说普通话。①

从表面上看，汉语方言与普通话是一种矛盾体，多数人都认为它们是水火不容、互不相兼的，但实际上汉语方言与普通话是可以相互依存、互相促进的。也就是说，方言与普通话是可以共同存在于汉语之中的。具体来说，人们应该努力做到三点：(1)要推广普通话，加大普通话使用的力度，扩大其适用范围；(2)要保护方言文化，维护汉语的多元空间；(3)要实现普通话与方言的共同依存、相互补充，使二者互相影响、相互丰富，而非互相对立和排斥。

总之，不论哪个民族的语言，其在历史发展进程中时而分化，时而同一，同一个民族的各种地区方言和该民族的共同语言，通常总是有着“同中有异、异中有同”的特点，所以出现方言与标准语是历史发展的必然。一方面，

① 陈栋.简述如何处理普通话与方言的关系.青年文学家，2013，(4)

民族共同语言是在一个方言基础上发展起来的；另一方面，标准语是一种超越方言的共同语。处理好方言与标准语的关系，必须找到一个好的结合点才可以达到好的效果。

第二章　英汉语言差异的文化溯源

英汉价值观和思维模式的差异是英汉语言比较的一个重要内容，是跨文化交际的核心。对比研究中西价值观和思维模式的异同对于合理吸收外来文化，促进自身发展，提高我国社会主义物质文明、政治文明和精神文明建设具有积极的作用。本章重点研究英汉语言差异下的文化溯源，即英汉价值观、思维模式的异同。

第一节　价值观念不同

语言是文化的载体，价值观念是文化的一部分。文化的不同导致了价值观的不同，对语言的影响也不同。下面就从时空、人际关系两个方面，讨论价值观是如何造成英汉语言差异的。

一、中西时空观念的差异及其语言表达特征

从字面上看，"时空观念"涉及两个方面：时间观念和空间观念。下面就对中西方价值观念中的这两种观念进行对比。

（一）时间观念

顾名思义，时空观念就是人们对于涉及时间、空间范畴的行为举止的约定俗成的看法。

中西方时间观念上的差异主要体现在如下几个方面。

1. 中国的环型时间观念和西方的直线型时间观念

中国文化将时间看作如圆环旋转，冬去春来，周而复始，这就造成了中国人习惯向后看，立足于过去的思想观念。中国人的环型时间观充分体现在中国的文学作品中，如"子又生孙，孙又生子；子又有孙，孙又有子；子子孙孙无穷匮也"；"明日复明日，明日何其多"；"人生代代无穷已，江月年年只相识"；"三十年河东，三十年河西"等。据相关调查得出，某些人的时间观念

与其所生活地区的经济发展程度有关，其生活的地方经济越发达，如上海、深圳等，人们的时间观念就越强，就越会遵守时间。需要指出的是，随着中国与世界经济的进一步接轨，中国人的时间观念也逐渐与世界进一步接轨。

与中国人的环型时间观念相比，西方人的时间观念更趋于直线型，它不断延伸，永不复返，所以西方人在生活中总能向前看，着眼于未来。西方人的这种直线型的时间观念也体现在一些文学著作和民间俗语中，如“Time and tide wait for no man.”(岁月不待人。)直线型时间观念使西方人总觉得时间去而不返，所以他们更懂得要珍惜时间。

下面是一篇跟时间有关的文章，是莉奈尔·戴维斯(Davis，2004)的朋友为提醒其珍惜时间而写的。

Time is Money

Imagine them is a bank that credits your account each moming with MYM86,400. It carries over no balance from day to day. Every evening it deletes whatever part of the balance you failed to use during the day. What would you do? Draw out every cent, of course!

Each of us has such a bank. Its name is TIME. Every morning, it credits you with 86,400 seconds. Every night it writes off, as lost, whatever of this you have failed to invest to good purpose, it carries over no balance. It allows no overdraft. Each day it opens a new account for you. Each night it burns the remains of the day. If you fail to use the day's deposits, the loss is yours. There is no going back. There is no drawing against the “tomorrow”.

You must live in the present on today's deposits. Invest it so as to get from it the utmost in health, happiness, and success! The clock is running. Make the most of today. And remember that time waits for no one.

2. 中国的多元时间观念与西方的单元时间观念

“多元”与“单元”是霍尔(Hall)根据中西方不同的文化对时间习惯进行的分类。中国人具有多元时间观念，西方人则具有单元时间观念。

中国人认为时间是由点构成的，即在一段时间内可以同时做很多事情。因此，中国在做事情时不会有明确的时间表，通常都比较随意，只要能在规定的期限内完成所有任务即可。多数中国人都认为时间只是一种无形的东西，做事并不那么重要，注重“以人为本”。

相反，西方人眼中的时间像一条线，在单一时间内只能做单一的一件事。受这种观念的影响，西方人在做事时总会严格地按照明确的时间表进行。

中西方不同的时间观念从他们各自的行为中就能看出。例如，中国人在拜访朋友时通常不会事先约定，因为“朋友情谊无价”，除非有十分紧急的事情，否则任何事都可以放一放，待客人离开时再继续，以免“伤了和气”。而西方人见面时必须事先约定，有时还会约订好约会结束的时间，以确保时间的有效利用。这就使中国人感觉欧美人的处事方式很冷漠，欧美人又觉得中国人太缺乏时间观念。

当然，随着世界各国之间交际的日益密切，中国人开始慢慢接受西方人的时间观念，交际时也更加讲究效率。可见，中国的时间观念开始已经进入单元与多元并重的时代，但是中国人讲究“人情味”，注重“以人为本”的文化精髓是不会被改变的。

（二）空间观念

空间观念是指人们在长期生活实践中逐渐形成的、有关交际各方的交往距离和空间取向的约定俗成的规约以及人们在社会交往中的领地意识。

1. 交往距离差异

交往距离（communicative distance）又称“近体距离”（proximity），即交往中交际各方彼此之间保持的空间距离。中西方因地理环境、社会现状等方面的差异，使其对人际交往的距离有着不同看法。例如，中国人因长期生活在人口稠密的拥挤环境中，所以他们对拥挤有了一定的适应能力。在人际交往中，中国人一般将自身的范围限于本人身体，即保证本人身体有退避躲闪的空间即可。而西方民族则因为地广人稀而难以忍受拥挤的环境，遇到拥挤就会感到自身受到了侵犯。因此，西方人在人际交往中会将自身范围扩展到身体以外，即与他人保持一定的体距，保证自己至少有几英寸的活动空间。

2. 空间取向差异

空间取向（space and orientation）是指交际各方在交往中所取的空间位置、朝向等。在所有事物上，最能反映空间取向问题的就是座位的安排。在日常生活中，人们常常会遇到的座位安排问题有教室座位安排、就餐座位安排和会谈座位安排。

（1）教室的座位安排。对于教室的座位安排，中国的桌椅摆放多比较固定死板，属于传统式的即成排地横向摆放，充分体现了中国肃穆、严谨的教学理念。

而西方教室的座椅摆放比较随意，常将书桌摆放成马蹄形、圆形、扇形、整体传统式、分组模块式等，这也遵循了西方国家轻松、愉快的教学理念。

(2)就餐的座位安排。对于就餐座位的安排形式，中西方是基本相同的，即桌首位置通常坐一家之主的男性最高长辈；桌尾位置，也就是靠近厨房的位置通常是女主人的位置，方便照料大家；其他人分坐桌子的两侧。在筵席餐桌的安排上，中西方对就餐座位安排的方式还存在一定的不同之处。中国人以面南(或朝向房门)为上、面北(或背向房门)为下，而西方人安排餐桌座位通常以右为上、左为下。如果有夫人出席时，西方人以女主人为主，让主宾坐在女主人右上方，主宾的夫人坐在男主人的右上方，主人或晚辈坐在下方。

(3)会谈的座位安排。在一些正式场合中，中西方的座位安排是基本相同的，均是右为上和面向房门为上。但在一些非正式场合中，西方人总是彼此呈直角或面对面就座。如果同坐一侧，就表明两人关系十分密切，通常是夫妻、恋人或密友。

3. 领地意识

领地意识(territoriality)即描述所有生物对自己领土属地或势力范围的占有、使用和保护行为的术语，特别指人们在交往过程中维护个人领地范围及其所有权的观念。这里说的“领地范围”就是维护个人的完整、自由、独处和安全所要求和必需的身体、社交和心理等方面的空间。领地范围包括个人领地，也包括公共领地。个人领地指个人独处和生活的范围，如住房、卧室、个人用品等；公共领地指家庭成员或社会(学校、工作单位、公共场所等)成员所共同拥有的场所、设备、设施等。

中西方的领地意识差异主要体现在如下几个方面。

(1)对领地的标示倾向不同。对于领地标示，中西方存在巨大差异。中国人口稠密，个人空间狭小，所以中国人习惯用有形的物品明确地将领地与公共空间隔开。在中国，高大的围墙、严密的栅栏随处可见。然而在西方国家，房子与房子之间通常只用矮矮的篱笆隔开，有时甚至只用一个简单的标识牌。

(2)对领地的占有欲望不同。中国人在聚拢型文化的影响下习惯将物品共享，所以占有欲不是很强。而西方人对这方面则有着较强的占有欲，他们的领地概念还延伸到对个人物品的独占。西方人时刻注意明确划分和维护自己的领地范围，无论是在家还是在工作单位、公共场所。另外，这种领地的占有还体现隐私上。中国人的隐私范围很小,通常不触及底线是不被认为是侵犯隐私的。西方人隐私的范围则相对较大,不仅包括个人隐秘的私生活方面,而且个人的婚姻、年龄、收入状况等皆属个人隐私范围。这就使很多在西方人看来是隐私的事物,在中国人看来就是可以公开的话题。例如,一个中国人在公共汽车上或候车室里读一本杂志时,如果别人凑过来一起看,他不但不会介意,有时还会等旁边的人看完再翻到下一页;而这种情况在西方是不可能发生的。

一旦自己的领地被他人侵犯,中西方人的反应也不同。中国人一般都会温和地对待,而西方人则会对这种行为表现出不满,加以阻止。随着社会的发展和人们思想观念的不断进步,如今中国人在遇到不排队的情况时,也不再忍气吞声,也会大声地说出来,表示自己的愤怒和抗议。

二、中西社会人际关系观念的差异及其语言表达特征

(一)中国的群体取向与西方的个人取向

1. 中国的群体取向

群体取向是指凡事都要以家庭、社会和国家的利益为重,个人利益在必要时可以忽略,可以牺牲。① 中国的群体取向观念可以从在处理个人与集体或环境的关系时的表现中看出:个人利益服从于集体利益;个人利益必须与集体、国家利益一致。个人利益应以集体利益为重。这种集体主义价值观的本质特征要求集体发展与个体发展相统一,并树立起了中国人对家庭、社会、民族和国家强烈的责任感、义务感和使命感,自觉担负起各种社会职责。例如,中国人提倡"家事、国事、天下事,事事关心",反对"两耳不闻窗外事,一心只读圣贤书"的行为。② 当然,随着时代的进步和社会的发展,传统的群体意识已经不那么明显,但人们对集体或群体仍有很强的归属感。

2. 西方的个人取向

西方国家具有明显的个人主义观念。这种个人取向的观念可以追溯到15世纪的文艺复兴时期,而个人主义得到充分发挥应该源于17世纪英国

① 吴为善,严慧仙. 跨文化交际概论. 北京:商务印书馆,2010

② 黄勇. 英汉语言文化比较. 西安:西北工业大学出版社,2007

哲学家洛克为代表的西方哲学传统之中。洛克认为,“生物的个体是自然的基本单位。”西方的哲学家们也明确指出,社会制度产生于社会秩序建立之前的为个人利益而行动的个体之间的交往之中,这一个人本位的观点对早期美国社会发展影响很大。英国前首相丘吉尔(Churchill)将“个人主义”解释为:“我们从我们的父母那里得到的只是我们的名字而已,不是财产。我们必须寻找机会。我之特殊不是继承来的,而是我通过拼搏取得的。”

总而言之,个人主义就是对个性、对差异的追求,人们的行为、言论、思想都要力争与众不同。差别化会受到赞赏;而保持一致,则是个体人格丧失的表现。因此,西方人都喜欢独辟蹊径,标新立异;他们更加追求个人享受,放任个性的发展;他们不满足于物质利益的享受,还注重对个人意志、自我实现的追求。

个人主义价值取向在英语合成词中就有所体现。例如,英语中以 self-(自我)为前缀的合成词就 100 多个。下面是部分以 self-为前缀构成的词汇。

self-abased/contempt 自卑的
self-abhorrence 自我嫌恶
self-abnegation/denial 自我牺牲
self-absorbed 固执己见的
self-affected/conceit 自负的,顾影自怜的
self-appointed 自己做主的
self-assured 自信的
self-blinded 自欺欺人的
self-collected/possessed 镇定的,自制的
self-communion/reflection 自省
self-concern 自私自利
self-consequence 自尊自大
self-defeating 弄巧成拙的
self-mockery 自嘲
self-reproach 自责
self-restraint 自制

可见,“个人”在英美人的生活中占据了重要地位。他们相信每一个个体都是不同于其他人的独特的个体,他的思维方式、行为都与别人不同。他们拒绝被人们称为某一群体的代表,他们是自主、独立的实体。他们崇尚个人奋斗,不喜欢依靠别人,即使是自己的父母也是一样,在他们看来无端地接受别人的帮助是无能的表现,靠父母生活更被认为是一种耻辱。

（二）中国的求稳心态与西方的求变心态

“稳定”和“变化”是世间万物的存在方式。中国人在处理社会关系时有着明显的“求稳”心态，这是因为群体与个体相比，变动不会很容易。受儒家中庸思想的影响，中国人乐于接受相安无事的生活状态，认为只有国家稳定，人民生活稳定，家庭和睦稳定才是理想的生活。顺其自然，安居乐业，以和为贵，这些都是中国人的待人处事原则。但是也正是在这样的思想的指导下，中国社会在稳定中不断发展，促进了历史的进步。

而西方人则有着明显的“求变”心态。在西方人的观念中，一切都是处在变化当中的，而且变化永不停止。这样就孕育了他们敢于打破常规。冲破束缚，勇于挑战的精神。

美国人的“求变”集中表现在他们不同形态的流动，他们的居住地域、事业追求、求学计划、职业选择、社会地位都在频繁地流动。美国历史的每一章都充满了某某人如何从一地迁徙到另一地而获得发展机会、某某人如何从社会最底层通过努力拼搏而成为社会名流等这样的传奇故事。每个人心中都抱着“美国梦”的理想。举世闻名的“西部大开发”激发了美国人口大流动，留下了很多个人奋斗、创业有成的奇迹。微软公司的创始人比尔·盖茨中途辍学，不久创业成功，是美国精神的典范，现在仍为人津津乐道。

第二节　思维模式不同

语言是思维的外衣，思维影响着语言。如果学生对英汉思维差异没有深刻的了解，这将会给其跨文化交际带来困难，造成语用失误，直接影响其语言文化交际的效果。

一、中国的整体思维与西方的个体思维

（一）中国的整体思维

整体思维模式是指在事物的认知过程中，以事物的整体为出发点，从整体上就事物的特点以及属性进行把握。整体模式趋向于系统化和综合性理解、认知事物，所形成的印象通常也都是完整的、具有一定体系的。

中国的整体思维模式基于哲学思想中的有机自然主义，该哲学理论表现的是一种综合层次的哲学思想，并认为人类认识自然应该是有机统一的。

中国传统哲学的思维模式和语言观倾向于整体性和笼统概念，重悟性，具有“整体思维”的特点(潘文国，1997)。中国人崇尚“天人合一”的思想，认为人与大自然是一个有机的整体，强调的是人与自然的和谐统一以及稳定发展。

(二)西方的个体思维

个体思维模式是指在认知事物的过程中将目标对象进行分解，从认识事物的每个部分开始对事物进行了解，在对其各个部分的了解以及认识达到一定水平时便自然形成了事物的整体印象。

西方的哲学观点强调“将统一的世界区分为不同的层次，分门别类的进行理性分析，以充分展示世界的多层次性和矛盾性”。①

西方“天人相分”的哲学观点认为，万物的中心应该是人，人在自然界中应处于支配和改造的地位，人类可以利用自己的力量改造外部世界。西方文化中注重研究个体成分的独立作用以及个体之间的相互关系，寻求精确和具体，强调形式结构和规则制约，突出从小到大，由部分到整体，强调“由一到多”，具有“个体思维”的特征(潘文国，1997)。西方人在研究自然界的事物时习惯将事物的过程进行分解，然后对其具体步骤进行研究，他们喜欢将事物的具体内容进行对比，倾向于将物质和精神、主观和客观、主体与客体对立进行对比分析。这也是西方思维注重逻辑的一个重要原因。

(三)整体思维与个体思维在语言中的表现

在汉语中，对时间和空间的表达顺序主要是从整体到局部的，即从大的单位到小的单位。例如，对时间的表达顺序为：年、月、日、时、分、秒；对空间的表达通常是从大到小的顺序，即国家、省、市、街道。西方在表达时间和空间概念时一般是从局部到整体、从笼统到特殊的顺序。英美人表达时间时通常采用的顺序为：分、时、日、月、年；表达空间的顺序通常为：街道、市、省、国家。

1. 时空差异在语言中的具体体现

以下是一些体现了中西方整体与个体思维的语言。

(1)词汇。例如，“大小”、“远近”、“粗细”、“深浅”、“岁月”、“快慢”、“长短”、“明暗”、“胖瘦”、“房屋”、“乡里”、“高低”等。

(2)短语。例如，“事无巨细”、“粗枝大叶”、“长吁短叹”、“分秒必争”等。

(3)句子。例如，“静静的这乡村躺在月光下面，静静的这小河躺在月光

---

① 冒国安.实用英汉对比教程.重庆：重庆大学出版社，2004

下面”等。

英语中对于类似的表达与汉语的逻辑顺序正好相反。

(1)短语。例如,elementary, secondary and tertiary school(大中小学);small and medium-side enterprises(中小企业);man and boy(从童年到中年)等。

(2)句子。例如:

Ba Jin was born in 1904 into a big landlord family in Sichuan Province in China.

巴金1904年出生在中国四川省的一个封建地主家庭。

Strolling unescorted at midday past a major concentration of the huts just a block from the city's central avenue I nonetheless saw many sign of occupation.

中午,我在没有导游陪伴的时候,独自漫步街头,在中央大道附近发现了一个很大的棚户区,很多茅棚里还住了人。

I sat there for a while every couple of hours on Monday last week.

上周星期一每隔两个小时我就要在那儿坐一会儿。

2. 对事物命名的差异

中西方对事物的命名也充分体现了整体与个体思维的差异。

汉字是依靠字体的形态表达含义,所以其对事物命名时趋向于使用相同的偏旁部首。

(1)动物的命名基本都带有偏旁“犭”。例如,“猪”、“狗”、“狼”、“猫”、“狐狸”等。

(2)植物的命名基本都带有偏旁“木”。例如,“柏树”、“松树”、“桦树”、“柳树”、“杨树”、“桃树”、“杏树”、“栎树”等。

(3)与水有关的字都带有偏旁“冫”或“氵”。例如,“冰”、“冻”、“沪”、“漂”等。

(4)与草本植物相关的字带有偏旁“艹”。例如,“芋”、“芍”、“苣”、“芹”、“芥”、“荷”、“蒜”、“菊”、“葫”、“蔓”、“茗”、“节”、“蒂”、“芽”、“芳”、“芯”、“苗”、“茁”、“茎”、“茸”等。

(5)与语言相关的字都带有偏旁“讠”。例如,“说”、“话”、“论”、“讨”、“议”等。

(6)与衣服有关的字都带有偏旁“衤”。例如,“袜”、“裤”、“袖”等。

英语的造字构词多采用个性化的手段,通常针对每个事物自身的属性以及特点来命名。

(1)动物的命名。例如,cat(猫),dog(狗),wolf(狼),fox(狐),lion(狮),pig(猪),monkey(猴)等。

(2)花的命名。例如,hyacinth(风信花),daffodil(黄水仙),chrysanthemum(菊),marguerite(雏菊),gladiolus(剑兰),cantury plant(龙舌兰),magnolia(木兰),yucca(丝兰),orchid(兰花),freesia(小苍兰),begonia(秋海棠),wisteria(柴藤)等。

3.构词上的差异

在构词上,中西方也存在一定差异。汉语通常会先确定总类别,然后再做细分。草本植物可分为花、草、菜等几大类。一种类别的词通常采用复合法来构造。花卉类的词语的结构通常在具体的种类后加上一个“花”字构成。例如,“菊花”、“兰花”、“木棉花”、“牡丹花”、“喇叭花”、“桃花”、“月季花”等;草类的词组名字如“兰草”、“茅草”、“海草”等;各种蔬菜类的名字如“韭菜”、“青菜”、“白菜”、“苔菜”、“芹菜”、“蕨菜”等。英语的构词法通常是以词根和词缀来构成的。

二、中国的形象思维与西方的抽象思维

(一)中国的形象思维

中国传统的思维模式属于形象思维。形象思维通过知觉从总体上模糊而直接地把握认知对象的内在本质和规律。即在思维时,总是与外部世界的客观事物形象相联系,结合记忆中的相关物进行分析与思考。例如,中国汉字中有很多象形文字,如“山”,它的形状很容易使人们在脑海中勾勒出它的形象。

(二)西方的抽象思维

西方人的思维更强调理性知识,提出用大量实证的分析得出科学、客观的结论。也就是说,西方思维是与外部世界的客观事物相互脱离的抽象思维,有着浓厚的实证、理性和思辨的色彩,注重形式分析和逻辑推理。这种思维的形成受印欧语系语言特征的影响较大。西方语言中的文字属于拼音文字,单词是它的最小语言单位,是由没有意义的字母连接起来的,再通过单词排列组成短语、句子和篇章。词语、句子等的组合,均是以线形方式进行的,缺乏象形会意的功能,如单词 hill 只具备词义性,缺乏事物的形象性。

（三）形象思维与抽象思维在语言中的表现

1.用词差异

汉语偏重具体思维，多用具体的形象描绘抽象的内容。这一点从汉字的特点就可以看出，很多汉字的形状都是由具体的形象简化而来的。例如，“门”字就像是现实生活中的一个门。汉语中的词对客观事物的抽象反映也与其形象相联系，以显示其具象性。例如，“吃醋”一词，表示像吃醋一样酸溜溜的“忌妒”。而“忌妒”是一个抽象词，想要从字面上理解它的含义很难，所以用“醋”的形象对其作比喻的描述，就将原本抽象的概念变得更加具体了。

英语偏重抽象思维，这使得英语中经常使用抽象的表达。抽象名词含义较为笼统，具有概括性，有时会给人一种晦涩难懂的感觉。但是，这种特点更有利于表达一些微妙的感情或思想变化。例如：

The trunk was big and awkward and loaded with books. But his case was a different proposition.

那个箱子又大又笨重，装满了书。而他的箱子却是另外一回事。

例句中的 proposition 一词语义抽象，英汉词典所列的释义均不可照搬，其含义的理解较为困难。在汉语表达中根据上下文语境，可以将“But his case was different.”译为“可他的箱子却不同。”汉语中变抽象概念为具体含义。

在英语中多使用抽象的概念，而汉语中则多采用具体的概念。例如：

Mark her professions to my husband. Can anything be stronger?

你听听她对我那可怜的丈夫说的话。还有比这更肉麻的吗？

The financing of the sale often involves bills of exchange and documentary credit.

商品买卖的货款收付情况体现在汇票或跟单信用证中。

Environmental degradation and population growth, with consequent increase in demand for water, have contribution to a shortage of good quality fresh water.

环境退化和人口增长，以及随之而来的对水需求的不断增加，使优质淡水的短缺变得更加严重。

2.句法表达形式差异

汉语的具体思维模式强调的是一种含蓄美，含而不露，所以汉语的魅力也就在于它的“只可意会,不可言传”的意境。也就是说,汉语表达不一定非要显山露水。汉语在表达一些深层含义时一般不借助本身的语言形式,而是借助词语或句子的引申意义或联想意义的逻辑关系来实现,这也是汉语注重意合的突出特征。

英语中思维的抽象特性可以体现在其理性分析上,英语语言注重形态明示和工整的结构。英语注重语言的整体连贯性以及其衔接,英语句子的衔接和句子含义的转折都是依靠连词实现的,所以英语中的连词要比汉语中多很多,这也是英语句子重形合的具体体现。

概括地说,英汉两种语言在句子结构连接方式差异的表现是:英语句子之间的关联,包括并列句、主从复合句、转折句等,均用连接词表明连接关系;而汉语句子之间的连接主要依靠语言的内在含义的连贯性,极少使用连接词。例如:

He is not honest,so he is not fit to be a cashier.

该例中的 so 表示“某个原因导致的后果”。在英语中,要表示因果关系就必须要使用 so,但如果将这句话翻译成汉语时还保留 so,那么译文就是:“他不老实,所以他不宜当出纳员。”从汉语的表达习惯来看,“他不老实”就可以说明“他不宜当出纳员”,“所以”在句子中显得很多余。因此,翻译时可以将 so 和作为共同主语的 he 省略,译为:“他不老实,不宜当出纳员。”再如:

老师在等我,我必须走了。

该句子的因果关系是内在的,根据汉语表达习惯,带有因果的句子中不用强调说出“因为”、“所以”。但是,如果要将这句话翻译为英语时就必须要考虑使用连词来表达因果含义。如果不考虑表明两个句子之间的联系,则将其译为:“My teacher is expecting me,I must be going now.”根据英语的表达习惯,一个句子中不可以出现两个主语、两个谓语。而应将句子改译为:“My teacher is expecting me,so I must be going now.”或“Because my teacher is expecting me,I must be going now.”英语中用于表达因果关系的 so 或 because 是必要的,只有使用恰当的连接词,才能将英文句子中各部分之间的连接关系表达清楚。

以下几个例子及翻译充分体现了英汉语言在表达上的差异。例如:

The door were opened and the audience came crowding in.

译文 1:大门开了,听众一拥而入。

译文 2:大门开了,于是(然后)听众一拥而入。

If winter comes,can spring be far behind?

译文 1:冬天来了,春天还会远吗?

译文 2:如果冬天来了,春天还会远吗?

Wise men love truth,whereas fools shun it.

译文 1:智者爱真理,愚者避真理。

译文 2:智者爱好真理,相反,愚者回避真理。

以上几个例句中,译文 1 均比译文 2 得体,译文 1 更加符合汉语表达习惯,而译文 2 在原来的基础上增加了相应的连词,这些连词的使用非但没有起到好的作用,反而显得画蛇添足。英语句子的连贯以及逻辑关系的表达都要用连词来体现,汉语与英语的表达习惯不同,汉语中句子之间的关系主要依靠各个句子之间内在的含义来确定。英语中善用连接词,英语句式的发展就像一棵“大树”。从主句(树干)出发,通过连接词(树节)不断分散,形成新的分句或短语(树叶)。英语中经常会出现长达 100～200 个单词的英语句子,有时一句话就是一个段落。但是,不论英语句子有多长,其结构有多复杂,所有的成分都与句子的中心成分之间保持着密切的联系,句内、段内之间总是条理清楚、逻辑有序的。例如:

It is rather for us to be here dedicated to the great task remaining before us—that from these honored dead we take increased devotion to that cause for which they gave the last full measure of devotion—that we here highly resolve that these dead shall not have died in vain—that this nation,under God,shall have a new birth of freedom—and that govern merit of the people,by the people,for the people,shall not perish from the each.

这段话中,连接词的使用非常典型,连接词的使用使句子的结构更加明显,句式环环紧扣,语义层层递进,气势磅礴。这句话翻译成汉语是:

我们更应该做的,是在此立志致力于仍摆在我们面前的任务。这一任务是,我们要继承这些英烈们的遗志,更忠诚于他们为之鞠躬尽瘁、献出一切的事业。这一任务是,我们要在此庄严宣誓:烈士们的鲜血决不会白流;我们这个国家在上帝的保佑下,一定会获得自由的新生;民有、民治、民享的政府决不会从地球上灭亡!

翻译成汉语时,这句话就没有使用连词,但是读起来仍然很有气势,铿锵有力,这样的表达才更加符合汉语表达习惯。

下面是汉语句子的翻译,这些翻译中也可以很明显看出英汉语言表达形式的不同。

人民中有人犯了法,也要受处罚,也要坐班房。

When anyone among the people breaks the law,he too should be punished or imprisoned.

该译文如果去掉 when,整句话就不成立。

她身材苗条，个子高高的，前额突出，鼻子翘起。

She was a slim and tall girl with slightly bulging brows and a turned-up nose.

这句话共由四个短句构成，在翻译为英语时汉语中的四个短句就变成了一个简单的英语句子。再如：

他在读书，我在看电视。

He was reading, and I was watching TV.

该例的翻译中如果也将连词 and 去掉，那么这句话就是不成立的。

三、中国的主体思维与西方的客体思维

“主体”和“客体”是哲学上的两个概念。其中，主体就是有认识和实践能力的人，在意识上强调以主体为主，以人为本，称作“主体意识”。客体就是主体以外的客观事物，是主体认识和实践的对象，在意识上强调以客体为主，可将其称之为“客体意识”。

中国文化以人本为主体，而西方文化则以物本（客观事物）为主体。中国传统文化中关注“人道”。这种人本文化在长期的积淀中形成了中国的主体思维模式。在西方的物本文化中，人们注重对自然客体的观察与研究，如培根推崇“知识就是力量。”；亚里士多德认为“求知是人类的本性。”等。可见，西方人在认知时通常将自然当作焦点，并对它进行不断地认识和探索，最终想达到征服自然、主宰宇宙的目的。西方的客体思维模式也就是在这种物本文化的长期积淀中逐渐形成的。

中国文化注重主体意识，而西方文化则注重客体意识。这两种思维模式的差异在语言上也有所体现。

由于汉语注重主体意识，所以句子中经常用有生命的人和动物来充当主语；而英语则常用无生命的物体或抽象概念充当主语。例如：

While price cuts are a boon for consumers, the lack of pricing power is a key reason corporate profits remain anemic.

虽说降价对消费者来说是个好事，但是企业无力自主定价，降价却是利润摊薄的一大原因。

It is regrettable that the aggressive market strategy of Japanese colleagues and their “apprentices” in Korea has resulted in destructive price erosion for consumer electronics good jobs.

我们的日本同行和他们的韩国“学徒们”以其野心勃勃的市场战略破坏性地降低了民用电子产品的价格，这是令人感到遗憾的。

The thought of returning filled him with fear.

译文 1:想到回去让他感到非常害怕。

译文 2:想到还要回去,他害怕极了。

该例的主语是抽象词汇 thought,将其翻译成汉语时就应该符合汉语的表达习惯,汉语中注重主体意识,所以在翻译时应将指称人的主语换为原句中的主语。这样才更加符合汉语的表达习惯。因此,译文 1 是不合理的,译文 2 是比较合理的。

听众对他的演讲印象很深。

译文 1:His speech impressed the audience deeply.

译文 2:The audience was deeply impressed by his speech.

为了符合英语的表达习惯,可以将原句的主语"听众"替换掉。可保留原主语,以上的两个译文都是合理的,只不过译文 2 将句子的语态变为了被动语态。

His notoriety as a rake did not come until his death.

他作为流氓的恶名是他死后才传开的。

该例句的主语是 His notoriety,其属于抽象名词,翻译成汉语时主语应用"他"。

以下例句也充分体现了英汉语思维模式对主语选择的影响。

It is foolish of you to be still worrying about it.

你真傻,还在为这事着急。

His triumph was complete.

他取得完全的胜利。

Formality has always characterized their relationship.

他们之间的关系,有一个特点,就是以礼相待。

It happened that I wasn't there that day.

我那天恰好不在那里。

It is through struggle that we learnt this truth.

我们是通过斗争才认识这条真理的。

第三节　中西语言表达的不同

英汉语言表达上的差异体现在诸多方面,这里仅就其中两个方面加以对比分析。

一、汉语的分析语与英语的综合语

所谓分析型语言，是指不使用形态变化而是用语序以及虚词等的使用来表达语法关系。所谓综合型语言，是指语法手段的表达要依赖于形态的变化。汉语属于典型的分析型语言，而英语则属于典型的综合型语言。下面就从形态变化、语序两个方面对英汉语言的分析与综合进行对比。

（一）英汉形态变化的差异

汉语的词汇没有太多的词形变化，所以这里重点介绍英语形态的变化。所谓形态变化，是指词汇层面上词的形式的变化。

英语中可以利用词缀的变化进行组词造句，可以将同一个含义用不同的语言形式表达出来。例如：

He moved astonishingly fast.

He moved with astonishing rapidity.

His movements were astonishingly rapid.

His rapid movements astonished us.

His movements astonished us by their rapidity.

The rapidity of his movements was astonishing.

The rapidity with which he moved astonished us.

He astonished us by moving rapidly.

He astonished us by his rapid movements.

He astonished us by the rapidity of his movements.

他的行动，快得惊人。

他行动的速度快得令人惊讶。

他行动速度之快，令人惊讶。

他的快速行动使我们感到惊讶。

我们对他的快速行动感到惊讶。

（二）英汉语序的差异

英汉语序的差异主要体现在：汉语习惯将重要信息放在句子的最后，这种语序为典型的“自然顺序”；而英语则习惯将重要信息放在句首，开门见山，一语道破，这是典型的“突显顺序”。英语中并不是不使用自然顺序，只是其运用突显顺序较多。

1. 句子表达的差异

(1)汉语语序

①先叙事后表态

由于汉语民族以含蓄内敛著称,所以表现在语言上就是,习惯先就事件进行叙述,然后再对该事件发表自己的看法和态度等。例如:

如果一个民族不能自由地决定其政治地位,不能自由地保证其经济、社会和文化的发展,要享受其基本权利,即使不是不可能,也是不容易的。这一论断,几乎是无可置辩的了。

The assertion that it was difficult, if not impossible, for a people to enjoy its basic rights unless it was able to determine freely its political status and to ensure freely its economic, social and cultural development was now scarcely contested.

②先原因后结果

汉语的表达习惯采用自然顺序,所以汉语习惯先描述事件的原因再描述结果。例如:

由于贵国政府的提议,才得以这样快地重新实现访问。这使我感到特别高兴。

I was all the more delighted when, as a result of the initiative of your Government, it proved possible to reinstate the visit so quickly.

③先背景后前景

汉语还习惯先列出事件的地点、时间、方式等,之后再自然引出主要信息。例如:

协议书于1999年9月1日上午在广州中国大酒店会议厅签订。

The agreement was signed in the convention hall of China Hotel Guangzhou on the morning of September 1, 1999.

(2)英语语序

①先表态后叙事

当英语句子中既有叙事部分,又有表态部分时,其顺序通常为:先表态,后叙事。例如:

No one will deny that what we have been able to do in the past five years is especially stalking in view of the crisis which we inherited from the previous Government.

考虑到上届政府遗留下来的危机重重的局面,我们在过去五年里所取得的成绩也就显得尤其显著,这是没有人可以否认的。

②先结果后原因

英语对于结果和原因的表达顺序较为灵活，但是其倾向于先表达结果，再说明原因。句子的前面部分为整个句子的信息中心。例如：

Nowadays it is understood that a diet which contains nothing harmful may result in serious disease if certain important elements are missing.

如今人们知道，如果食物中缺少了某些重要的成分，即使其中不含有任何有害的物质，也会引起严重的疾病。

③先前景后背景

背景是指与事件有关的时间、地点等次要信息，前景则是指事件的焦点和重要信息。英语习惯将事件的主要信息放在句首。例如：

Quayle has been the brunt of jokes and criticism ever since Bush chose him, seemingly from out of nowhere, as his running mate at the 1988 convention.

1988年，在共和党全国代表大会上，似乎名不见经传的奎尔被布什挑中，成了其竞选伙伴。从那以后，奎尔一直是人们取笑和批评的对象。

2.句子成分的差异

以汉语为母语的民族主张“物我交融”、“天人合一”，注重个人的感受，崇尚主体思维。汉语民族的思维方式是：主体—行为标志—行为—行为客体。汉语语言的表达顺序是：主语＋状语＋谓语＋宾语。相反，英语民族强调“人物分立”，注重形式论证与逻辑分析，崇尚个体思维。英语民族的习惯思维方式是：主语—行为—行为客体—行为标志。英语语言的基本表达顺序是：主语＋谓语＋宾语＋状语。于是，英语就呈现一种以综合型为主，向分析型过渡的语言。英语语序较为固定，但也不失变化。可见，英汉语言的语序差异主要体现在定语和状语的位置上。

(1)定语位置

在汉语中，定语的位置通常置于名词之前。相反，英语中定语的位置一般有两种情况：以单词作定语时，通常放在名词前；以短语和从句作定语时要放在名词之后。

①单词在英汉句子中作定语时，均放在被修饰词的前面。例如，a just cause(正义的事业)，developing country(发展中国家)等。

②英语中后置的一些单词定语用汉语表达时，需要前置。这类单词主要有下面几种。

在英语句子中，当被修饰的部分是由 some，any，every，no 等构成的复合代词时，定语要后置。例如：

He told me something important.

他告诉我一件重要的事情。

在英语句子中，当一些以-able 或-ible 结尾的形容词作定语，与 every，the only 或形容词最高级连用修饰一个名词时，通常也后置。例如：

These are confidential documents not accessible to the public.

这些是公众无法接触到的机密文件。

在英语中，当定语从句和一些分词作定语时，必须后置。例如：

The performance given by Class Five won the highest praise of all.

五班同学表演的节目最获好评。

英语中具有表语作用的形容词，用作定语时要后置。例如：

He will be remembered for that one book alone.

仅仅那一本书就可以使他留名于世了。

③在英汉句子中，如果有两个或两个以上的单词定语位于所修辞的名词之前，其顺序也完全不同，需要做出一定的调整。汉语常将能说明事物本质的定语放在前面，将表示规模大小、力量强弱的定语放在后面。相反，英语一般将越能说明事物本质的定语越靠近其修饰的名词。或者根据定语和其修饰的名词之间的关系处理其位置。通常，定语和中心词的关系越紧密，其位置也就越近。如果无法判断关系的远近，就按照词的长短排列，长词在后，短词在前。例如，brave hard-working Chinese people（勤劳勇敢的中国人民），a modern，prosperous，powerful socialist country（繁荣昌盛的社会主义现代化强国）等。

(2)状语位置

在汉语中，状语多置于主语之后，谓语之前。为了起强调作用，也可位于主语前或句尾。相反，英语状语的位置较为复杂，由单词构成的状语一般要根据需要放在句首，置于谓语动词前，助动词和谓语动词之间，或者放在末位。如果状语较长，那么其一般放在句首或句尾，不放在句中。例如：

You seem never to think of yourself.

你好像从不考虑自己。

当句子中出现一系列包含时间、地点和方式的状语时，汉语的语序是：时间，地点，方式；英语的习惯顺序是：方式，地点，时间。此外，如果一个句子中出现了两个以上的地点状语或时间状语时，汉语习惯按照从大到小的顺序展开，英语则会按照从小到大的顺序展开。例如：

Many elderly men like to fish or play Chinese chess in the fresh morning air in Beihai Park every day.

很多老人都喜欢每天上午在北海公园清新的空气中钓鱼、下象棋。

二、汉语的直接与英语的间接

汉语表达多直接、明快，而英语表达则更为间接、婉约。这种差异主要体现在如下几个方面。

(一)委婉表达

汉语中的委婉语没有英语的丰富，主要涉及生理、生化、人际等。例如，待业/下岗(失业)、富态(身体发胖，富贵之相)、炒鱿鱼(解雇，被辞退)、经济滑坡(经济危机)、穿小鞋(领导出于报复而利用职权暗中整人，使其受难言之苦)等。

由于汉语比较注重直言、简明、畅达。所以委婉、迂回的陈述方式在汉语中远没有英语那么流行。中国历代文人墨客都很推崇平实、明快的语言风格。东汉王充在《论衡·自纪》中说："口则务在明言，笔则务在露文。"说话宜使人一听就懂，文章宜让人一看就明白，给人以明朗、舒畅的感觉。刘宓庆认为，"汉语崇尚直质、忌晦涩，倡导明白晓畅、开宗明义于中国历史上文人畏于文字之嫌而株连很有关系。这里似乎不仅是个语言问题，当然与我国近几十年来提倡大众化的宣传出版政策也有关系。操汉语的人口覆盖面极为辽阔，人数众多，但教育水平很不齐。这是汉语言特别是书面语宜显不宜隐、宜直不宜曲、宜明不宜暗的极其重要的历史的也是现实的事实依据。"①

在特定的语境中，英美人常常会使用温和、动听的委婉语来代替原本粗鲁、刺耳、令人不适的话语。例如：

In private I should merely call him a liar. In the Press you should use the words:"*Reckless disregard for truth*" and in Parliament—that you regret he "*should have been so misinformed*".

(J. Galsworthy:*The Siliver Spoon*)

私下里我就会干脆把他叫作说谎的人。报刊上你却要用这样的字眼："粗心大意地忽视了事实"，而在议会里——你就要表示遗憾，因为他"竟然得到如此错误的信息。"

英语委婉语的使用可以有效避免或掩盖一些严酷的社会现实，或防止"出语伤人"，避免"有失体统"，以显得文明礼貌。

然而，对比英汉语言中的委婉语，英语的数量以及使用频率都多于汉

① 连淑能.英汉对比研究.北京:高等教育出版社,2010

语。具体体现在如下几个方面。

(1)官方委婉语。英美官方为了掩盖一些事实、欺骗选民、争取民意,常常会使用各种委婉语。例如,为了掩盖经济危机的存在,政府会用 economic adjustment (经济调整)来取代 economic crisis;将生活贫困线下的穷人称为 the underprivileged(经济上处于不利地位者)等。

(2)职业委婉语。在英美国家,人们为了装饰门面,提高某些行业的社会地位,满足自己的虚荣心,常常创造一些悦耳动听、冠冕堂皇的委婉语来称呼一些职称或职业。例如,mixologist(调酒师/酒吧招待),funeral director(丧葬承办者,殡仪员),household executive/domestic manager(家庭妇女)等。

(3)学校委婉语。教师们为了不伤害学生和家长的自尊,多会采用一些委婉表达。例如,评价一些迟钝或呆板的学生为 unflamboyant(不浮夸),将低能儿说成 exceptional child(情况特殊的孩子)等。

为了避免话语的粗俗与无礼,中国人也会采用委婉语,如"您请坐"、"请便"、"请问"、"请再斟酌"、"悉听尊便"等。

(二)含蓄表达

汉语偶尔会采用含蓄的表达方式,但却多用作修辞手段。而英语国家的人都很幽默,一般不直接表达某些话语,而是采用间接、含蓄的方式。通过对比,汉语语言更加直截了当,而英语则多用低调陈述、间接肯定、委婉否定和婉转暗示的表达。

(1)低调陈述。所谓低调陈述,是指用含蓄的语气故意将大事化小,用轻描淡写的言辞来表达。例如:

An Englishman will say "I have a little house in the country."; when he invites you to say with him you will discover that the little house is a place with three hundred bedrooms. If you are a world tennis-champion, say "Yes, I don't play too badly." If you have crossed the Atlantic alone in a small boat, say "I do a little sailing."

这种有节制的且漫不经心的表达,往往更带有幽默和讽刺的意味。

(2)间接肯定。所谓间接肯定,是指用否定的词语,强调其反义,这种用反说代替正说的弱式双重否定通常更能产生委婉的效果。例如,用 no small 代替 great,用"It wasn't easy."代替"It was very difficult."等。汉语中也有这种表达方式,如"未尝不可"、"不虚此行"、"难免错误"等。

英语中还常常使用一些其他否定的形式拐弯抹角地表达强烈的肯定意义,而汉语中却没有。例如:

He can't see you quickly enough.

他很想尽快和你见面。

If a home is happy,it cannot fit too close.

家庭幸福,房窄何妨?

英语也会用带有"多余否定"意义的句子,用否定形式表达肯定的意义。例如:

There was no knowing at what moment he might not put in an appearance,and whenever he did show,it was to storm about something.

他什么时候会出现,是无法知道的;但是无论何时他一出来,总有事情使他大发雷霆。

同样,汉语中也有"多余否定"和用否定形式表肯定意义的表达方式,如"好不+某些双音形容词"结构,表示程度深,并带有感叹语气:"好不热闹"、"好不快乐"、"好不痛快"等。

(3)委婉否定。所谓委婉否定,是指将直接的否定变得含蓄、委婉,使语气更加温和、谦逊。委婉否定主要有转移否定、用肯定形式表达肯定意义两种情况。例如:

I do not think the Council can or should remain indiffernt to theses most serious violations of human rights.(否定转移)

我认为,安理会不能也不应对这些极其严重的侵犯人权的行为袖手旁观。

As if anyone would believe that story.(用肯定形式表达肯定意义)

好像有人会相信那些话似的。(肯定式)

别人才不信那一套哩!(否定式)

英语中否定意义用肯定形式表达的现象比汉语多见,其形式也比汉语多。例如:

The evidence is beyond dispute,excluding all possibilites of doubt.

证据确凿,无可置疑。

(三)迂回表达

所谓迂回,是指用一些较长、较多或不清的词语来表达原来简洁的词汇就能说得清的意思。例如,by virtue of(=by/under),in a manner similar to(=like)等。

实现迂回的表达还可以使用被动式和非人称表达。例如:

The problem was referred to the chief of police for his comment,and under date of March 11 this office was advised that as a result of his conference with the officials having jurisdiction in the matter, it was concluded by them that it would be impractical to set aside spaces for parking on Peter Avenue.

这段迂回、啰唆的话，如果改用人称和主动式，将会更加简洁：

We asked the chief of police about parking on Peter Avenue. On March 11, we learned that he talked to other officials, who recommended against it.

我们向警察局长咨询了彼得大街的停车问题。3 月 11 日我们获悉，他已经向其他官员谈过此事，他们都不同意在此街腾出空位以供停车。

英语中之所以会常常使用迂回表达，是因为英语语言有名词化和抽象化的特点。而汉语中多用具体、明确的话语，反对故意的拐弯抹角，所以其没有迂回曲折的表达法。

（四）敬辞和谦辞表达

所谓敬辞，是指用来表扬对方或与对方有关的人、事物或行为的方法，其主要是为了表达对对方的恭敬。与英语相比，汉语中的敬辞和谦辞使用得较为普遍。例如，贵姓（your surname）、光临（your presence）、拜访（call on）等。

谦辞是指用来贬抑自己或与自己有关的人、事物或行为，以表示谦虚。例如，鄙人（I, me）、愚见（my opinion）、寒舍（my home）等。

汉语中敬辞与谦辞的使用，充分体现了中国人的“贬己尊人”的处事风格。这种表达方式是西方人无法理解的。因为西方人的习惯是褒扬别人但从不贬低自己。

第三章　英汉词汇与修辞对比

词汇作为书面语的基本单位，是构成语篇、产生实质意义的基础。修辞作为语言中必不可少的组成部分，在不同语言中的表现自然是存在差异的。因此，要对比分析英汉两种语言的异同首先要从词汇方面入手，而修辞方面的异同也不容忽视。本章就从这两个方面展开论述。

第一节　英汉词汇对比

一、文字种类对比

（一）英语是字母文字

众所周知，英语是字母文字。但在最初，英语也具有象形特征。例如，字母 Q 象征了 a monkey with its tail。不过这种象形特征随着英语的不断演变而逐渐消失，今天的英语字母成为了一种典型的字母文字，基本只剩下了表音功能。其造词趋向于语音，即词形与词的读音具有一致性，而与所代表的事物、现象、行为等并无形似。因此，英语字母文字对其所代表的物象而言具有很大的抽象性。这也符合西方人逻辑思维的特点。

（二）汉语是象形文字

汉字是我国古人通过对外界事物的观察而发明的一种象形文字，这些文字是从原始图画发展而来的，并与其字形所代表的物象相似或有关，因此具有象形、直观的特征。例如，"人"字很像是一个分腿站立、顶天立地的人的形象；"月"的字形符合月牙弯弯的特征；"山"字中的三竖酷似连绵的山峰；"雨"字里面的四个点很容易让人联想起雨滴；"从"字由两个"人"组成，一前一后，生动地表现了一个人跟着另一个人的情形。

二、词素对比

词是由词素构成的。词素（morpheme）是语言中最小的有意义的单位，是语音和语义的最小结合体。英汉词汇的基本构成——词素也存在明显的差别。下面分别对此展开讨论。

(一)英语词素

依据是否可以单独使用,词素可以分为自由词素(free morpheme)与粘着词素(bound morpheme)两大类。

1. 自由词素

自由词素可以独立构成单词,如 boy,girl,cock,dog 等;也可以作为词根与词缀结合构成派生词,如 kind:kindly,kindness,unkind,unkindness;还可以和其他自由词素结合构成复合词,如 book:bookshop,bookworm,bookcase,bookmaker,bookshelf,bookmobile 等。

另外,自由词素可以有各种变体,如 shake 的变体就是 shook 与 shaken,fat 的变体就是 fatter,fattest。

2. 粘着词素

粘着词素不能独立构成单词,必须粘附于自由词素才能起作用。英语的粘着词素可以根据它们所承担的不同功能分为派生词素(derivational morpheme)和屈折词素(inflectional morpheme)。

(1)派生词素

将派生词素添加于其他的词素或单词中可以构成或派生出新的词。有些词素可以改变词性。例如,将后缀-ity 添加于形容词后可以得到名词,如 curious—curiosity,scarce—scarcity;而将后缀-ize 添加于形容词后可以得到动词,如 social—socialize,real—realize。有些词素可以改变意思,如 un-+fit=unfit,in-+active=inactive。还有些词素既改变意思又改变词性,如 distinct+-ive=distinctive。

由此可以得知,派生词素与词缀有着密不可分的关系。根据粘附于自由词素的位置不同,词素可以被分为以下两类。

①前缀(prefix)。前缀位于词或词素之前,如 unfit 中的 un-。大部分前缀不会改变派生词的词性。例如:

auto-+biography(*n.*)—autobiography(*n.*)

re-+write(*v.*)—rewrite(*v.*)

un-+happy(*a.*)—unhappy(*a.*)

②后缀(suffix)。后缀位于词或词素之后,如 careful 中的-ful。大部分的后缀不仅改变词义,也改变词性。例如:

conduct(*v.*)+-ive—conductive(*a.*)

+-or—conductor(*n.*)

meaning(*n.*)+-ful—meaningful(*a.*)+-ly—meaningfully(*ad.*)

不过也有一小部分后缀不会改变词性。例如：

music(*n.*)+-ian—musician(*n.*)

friend(*n.*)+-ship—friendship(*n.*)

elder(*a.*)+-ly—elderly(*a.*)

(2)曲折词素

英语中还有一些词素既不改变词性也不改变意思，只是给词的现有意义增加一些语法信息。例如，book是单数名词，当要表达复数概念时，就在book后面添加-s。这种只改变词形、只有语法意义的词素被称为"曲折词素"(inflectional morphemes)。

英语中共有八个曲折词素：表示名词复数的-s，表示名词所有格的-'s，表示动词第三人称单数的-s，表示现在分词的-ing，表示动词过去式的-ed，表示过去分词的-en，表示形容词比较级的-er，表示形容词最高级的-est。这些曲折词素都是后缀。

(3)粘着词干

除派生词素与曲折词素外，英语中还有一些语言形式(如incredible, credence, credit中的cred-)既不能独立使用，也不能被分离出来构成新词。这样的成分被称为"粘着词干"(bound stem)。

(二)汉语词素

概括来说，汉语词素具有以下几个特点。

(1)词素位置较灵活，词素位置的变化对其含义的表达影响很小。例如：

欢喜—喜欢(动词)

结交—交结(动词)

演讲—讲演(动词)

兄弟—弟兄(名词)

力气—气力(名词)

语言—言语(名词)

健康—康健(形容词)

地道—道地(形容词)

笨拙—拙笨(形容词)

另外，汉语中成语的顺序更加灵活。例如：

泰然处之—处之泰然

胸有成竹—成竹在胸

单枪匹马—匹马单枪

还有一些四字成语中的每个词素都可以进行重新排列，语义几乎不变。例如：

自不量力—不自量力

天翻地覆—翻天覆地

每下愈况—每况愈下

藏垢纳污—藏污纳垢

(2)汉语中有的词素变化会使词性甚至词汇含义发生变化。例如：

故事—事故

法国—国法

火柴—柴火

基地—地基

送葬—葬送

卖出—出卖

(3)汉语中的两个词素之间可以插入其他成分，这是大多数英语词素所不具备的特点。例如：

惊慌—惊而不慌

明朗—不明不朗

花朵—插花戴朵

出差—出了两次差

洗澡—洗了一次澡

倒霉—倒八辈子霉

发财—发不义之财

三、构词法对比

(一)英语构词法

1.派生

派生法指的是利用词根、词缀(前缀和后缀)来进行构词的方法。英语属于粘附性语言，其词缀很多。在构词法中，派生法是造词能力较强的方法之一。英语中的词缀主要分为前缀和后缀，其中前缀在构词时主要改变的是词汇的含义，对其词性的影响不大，而后缀则主要改变词性，对于词汇含义的影响较小。例如：

re-(再一次)＋write(写)＝rewrite(重写)

un-(表否定)＋happy(高兴的)＝unhappy(不高兴的)

dark(黑暗的)＋-ness(名词后缀)＝darkness(黑暗)

child(孩子)＋-ish(形容词后缀)＝childish(孩子气的)

un-(表否定)＋employment(雇用)＝unemployment(失业)

move(移动)＋-ment(表结果、状态)＝movement(运动、运转)

trouble(麻烦、困难)＋-some(表有……倾向的)＝troublesome(麻烦的)

seven(七)＋-teen(十三到十九的词尾)＝seventeen(十七)＋-th(表序数)＝seventeenth(第十七)

2.复合

把两个或两个以上的词按一定的顺序结合在一起构成新词的方法叫做"复合法"或"合成法"(compounding 或 composition)，用复合法构成的词叫做"复合词"(compound)。复合法构词比较灵活，构成的新词一般都由原有的词组合而成，且不受语法在词序排列上的约束。所以，复合法在英语构词中的作用非常积极、活跃。例如：

laptop(便携式电脑)

broadcast(广播)

English-speaking(讲英语的)

downstairs(在楼下、往楼下)

two-year-old(两岁)

up-to-the-minute(最新式的)

3.转化

转化法(conversion)是指把一种词性用作另一种词性而词形不变的方法。转化法并不改变词形，转化后的单词在意义上通常与原单词意义有密切联系。常见的转化法有以下几种。

(1)动词转化为名词。动词转化为名词可以表示一种具体的或在特定场合下表现出来的行为或动作。例如：

find(发现)—find(发现)

divide(划分)—divide(分界处)

waste(浪费)—waste(废物)

(2)名词转化为动词。例如：

face(脸)—face(面对)

hand(手)—hand(传递)

nurse(护士)—nurse(护理)

(3)形容词转化为动词。例如：

dirty(脏)—dirty(弄脏)

narrow(窄)—narrow(变窄)

clean(干净的)—clean(打扫)

(4)形容词转化为名词。例如：

daily(每日的)—daily(日报)

weekly(每周的)—weekly(周刊)

(5)形容词转化为副词。例如：

real(真的)—real(真正地)

deep(深)—deep(深深地)

sure(确信的)—sure(的确)

(6)副词转化为动词。英语中有少数副词可以转化为动词。例如：

Murder will out.

恶事终必将败露。

本句中的 out 原本是副词,表示“在外”,这里用作动词,表示“败露”。

4. 混成

混成法(blending)指将两个词混合或各取一部分紧缩而组成一个新词的构词方法。混成法构成的新词一般前半部分表属性,后半部分表主体。例如：

hand and writing—handwriting(笔迹)

motor hotel—motel(汽车旅馆)

down and fall—downfall(垮台)

breakfast and lunch—brunch(早午餐)

news broadcast—newscast(新闻广播)

helicopter airport—heliport(直升飞机场)

smoke and fog—smog(烟雾)

5. 缩略

将一个词组或短语中每个单词的首字母提取出来拼成一个单词,这样的词就是首字母缩略词。首字母缩略词的读音方法有两种,一种是按字母来读，即将首字母缩略词中的字母按顺序一个一个读出；另一种是将首字母缩略词当成一个单词来拼读，例如：

ATM：automatic teller machine 自动取款机

VOA：Voice of America 美国之音

CPU：central processing unit 中央处理器

radar：radio detection and ranging 无线电探测器（雷达）

BASIC：Beginner's All-purpose Symbolic Instruction Code 初学者通用指令码

6.截短

截短法（clipping）指在词义和词性保持不变的基础上，通过截除原词的某一或某些部分，从而产生新词的构词方法。截短法主要有四种形式：截头、去尾、截头去尾、截词腰。例如：

telephone—phone（电话）

laboratory—lab（实验室）

influenza—flu（流行性感冒）

pacificist—pacifist（和平主义者）

kilogram—kilo（千克）

assistant—asst（助手）

violoncello—cello（大提琴）

以上这些构词法具有一个隐含的特点：英语语言并无从整体来命名事物、名称的习惯。例如，pine，cypress，peach，forest，willow，poplar 都是表示树木的单词，但我们从词形上很难看出这组单词成员之间的语义联系，而只能大概知道其各自的发音为何。字母文字以音写义的方法反映出了西方人抽象思维和逻辑思维的特征。

（二）汉语造字法

1.象形

所谓象形，即是通过描绘事物形状来造字的方法，如“田”、“网”、“牛”、“川”、“禾”等。尽管象形字的数量不多，但却是汉字构成的基础。很多形声字、会意字中都包括一些象形字部件，理解象形字的含义对于理解这些形声字、会意字的汉字十分有益。

2. 指事

指事“是用象征性符号或者在象形字上加指示性符号来表示意义的造字方法。”[1]指事字通常建立在象形字的基础上，虽然表达抽象的概念，但却具有较强的可分析性。例如，上/下：以一横为基准，竖、横在上即为“上”，竖、横在下即为“下”；本：在象形字“木”字中间一竖的下面划一小横，用以指出树根所在，表达“本”字的意思。

3. 会意

所谓会意，即指通过将两个或两个以上的字组合起来而构成新字的造字方法。会意字的数量不多，字义分析要靠想象和推理。例如，“森”字由三个“木”组合而成，表示树木很多，即为森林；“伐”字前面是人，后面是戈刃，表示以戈刃砍人头的杀伐之意；“男”字上面是“田”，下面是“力”，表示在田间出力劳作的人，即男人，这也符合我国古代男主外、女主内的社会情况。

4. 形声

形声是通过将表意的符号和表音的符号组合起来构成新字的造字方法。形旁一般表示字义类属，声旁大多表示了整个字的读音(但随着汉语语音系统的变化，声旁的表音功能也有了很大的局限)。例如：

与树木有关的形声字：松、柏、桃、林、椰、杨、柳……

与虫子有关的形声字：蚁、蚣、蛇、蚊、蚯、蛭……

形声的造字功能很强，据统计，甲骨文中的形声字约占20%左右，东汉《说文解字》中，其比重达到82%，再到清代《康熙字典》，其比重已经达到了90%。

在上面四种造字法中，前三种都纯粹地表意，并无表音成分。而形声字则具有表音成分。当然，形声字的这些表意、表音的功能也并非一直存在的，而是随着事物以及人们观念的变化而变化的。例如，“娇”字以“女”字为偏旁，本义表示女子在男主人面前撒野，表达了一种对女性的歧视，但现在多表“美好可爱”之意。

四、构词能力对比

除少数几个字以外，绝大多数的汉字都有特定的、或明确或不明确的意

[1] 黄勇. 英汉语言文化比较. 西安：西北工业大学出版社，2007

义。例如,汉语中“莞”字的意思就不太明确,因此“莞”是字而不是词,不可以单独使用。只是在“莞尔一笑”、“不觉莞尔”等词中,“莞”字才有了明确的意思,用以形容微笑。而“绾”字虽然与“莞”同音,但却具有明确的意思,即“将长条形的东西盘起来打成结”,如“绾青丝”。因此,“绾”既是字,也是词。

另外,大多数汉字都能和其他汉字通过各种组合而构成新词,人们几乎不用创造新字就可以应对日新月异的变化。而英语虽然也能够通过单词之间的组合而构成新词,但其组合能力远远不及汉字。除了旧词添新义、旧词合成新词以外,英语新词的产生主要还是靠新创。例如,当世界上第一台计算机出现以后,英语为其创造了一个新词:computer。从其词形很难看出其与计算机之间的任何联系,可以说是纯粹为构词而拼合字母的结果。但汉语却将原有旧词“计算”和“机”组合成“计算机”来表达这一新事物。人们通过字面就可以推测出这个词的含义,即“用于计算的机器”。

随着新事物、新概念的大量涌现,英语中新创的单词也日益增多。据不完全统计,英语单词总量(包括外来语)已经达到一百万以上。与此相反的是,汉字虽然经历了数千年的发展,字数不仅没有明显增加,反正还有很多字逐渐变成废字。而且,汉字总数(包括废字)最多也不过九万字,远远少于英语单词量。然而,汉语的词量却是不计其数的。例如,根据《现代汉语词典》(英汉双语版)中的记录,仅是以“大”字开头的词就有 356 个之多。由此可见汉语构词能力之强大。

五、实词、虚词对比

(一)实词对比

1. 英语实词

英语实词指的是具有实际意义的词,在句中可作独立的句子成分,且具有词形上的变化。名词、动词、形容词、代词、副词和数词构成了英语的实词。

名词:用于表示人、事物、地点或某些抽象概念名称的词。例如,boy, animal, book, vegetable, apple, bus, America, China, world, memory 等。

动词:用于表示动作或状态的词。例如,look, get, eat, drink, sleep, feel, run, jump, cry, laugh, am, is, are, seem 等。

形容词:用于表示人或事物的性质和特性的词,可修饰名词。例如,good, beautiful, friendly, happy, old, sad, delicious, clever, candid 等。

代词:用于指代句子中名词的词。例如,he,she,you,them,these,those,this,who,it,that 等。

副词:用于表示程度、地点、频率、时间等含义的词,常修饰动词、形容词或副词。例如,often,really,sincerely,carefully,quickly,slowly 等。

数词:用于表示数目或者事物顺序的词。例如,one,two,three,four,first,second,third,forth 等。

2. 汉语实词

与英语一样,汉语中的实词也包括名词、动词、形容词、代词、副词和数词几个部分。

名词:用于表示人、事物、地点或抽象事物的词。例如,苹果、、狗、北京、满足感、责任等。

动词:用于表示动作或状态的词。例如,走、跑、跳、喊、哭、笑、起飞、降落、驾驶等。

形容词:用于表示人或事物性质的词。例如,美丽的、活泼的、可爱的、严谨的、大胆的、勇敢的等。

代词:用于指代人或物的词。例如,你、我、他、它、他们、这些、那些等。

副词:用于修饰形容词、名词和副词的词。例如,很、非常、十分、立刻、马上、慢慢地、飞快地等。

数词:用于表示数目或次序的词。例如,一、二、三、第一、第二、第三等。

(二)虚词对比

1. 英语虚词

英语虚词包括介词、连词、冠词和感叹词。

介词:表示其后的名词或代词与其他句子成分的关系。例如,on,upon,under,over,of,for,above,behind,from 等。

连词:连接句子、短语或词,表示句子与句子、词与词或短语与短语之间的关系。例如,and,but,besides,before,on the contrary 等。

冠词:修饰名词。例如,a,an,the。

感叹词:一种语气,表示喜、怒、哀、乐的感情。例如,oh,well,hi,wow 等。

2.汉语虚词

汉语中虚词的分类和英语是一样的。

介词:“在……上”、“在……下”、“在……旁边”等用以表示事物与其后边的物体之间的关系。

连词:“和”、“且”、“并”、“或”等都用来连接句子、短语或词语。

感叹词:“哇”、“哈”等都表示喜怒哀乐的感情。

六、词义范围对比

英语词汇中虽然存在很多多义词,但是英语词汇的词义范围相对较为狭窄,一般对事物的描述比较具体。英语中含有大量的单义词。这些单义词对事物进行描述时只能表达其一方面的特点,其概括性较差,因此英语中对于事物的分类更加详细。

英语中有很多外来语,这些外来语也使得英语的含义趋向精确化。随着社会的发展,一些多义词逐渐解体,多义词演变为几个不同的单义词,有的词的含义随着社会的发展不断变化,最终生成新的词。例如:

drought(拉)—draft(草稿)

urban(城市的)—urbane(有礼貌的)

travel(旅行)—travail(艰苦努力)

gentle(有礼貌的)—genteel(有教养的)—gentile(非犹太的)

curtsey(女子的屈膝礼)—courtesy(礼貌)

汉语词汇的词义范围要比英语广泛很多。在汉语中趋向于用同一个词来表达不同的含义,其具体含义的分辨依赖于词汇所使用的语言环境。因此,汉语词比英语词汇具有更高的概括性。

英语中的“空”有很多种情况:表示“里面没有实物”的 empty;表示“没有东西”的 bare;表示“目前没有被占用”的 vacant;表示“空心的,中空的”的 hollow。而对于“空”的概念在汉语中都只用一个“空”字来表达。

汉语中“问题”一词的含义很广,既指“要求回答的问题”,也指“要处理解决的问题”、“会议讨论的问题”,还有“突然的事故或麻烦性的问题”。而英语中对于以上这些词的意义都是分别用 question,problem,issue,trouble 等来表达。例如:

世界上一些国家发生问题,从根本上来说,都是因为经济上不去。

Basically,the root cause for social unrest in some countries lies in their failure to boost the economy.

汉语中的“问题”是指出现的麻烦或动乱，英语中则用 trouble 或 unrest 来表示。

汉语中的“经验”一词属于抽象词汇，其词义比较模糊，可以表示“由实践得来的知识、技巧、教训、经历”等，而英语中对于这些不同的表达则使用不同的词来表示。例如：

这是中国从几十年的建设中得出的经验。

That is the experience we have gained in the decades of economic development.

我们应当从这里得出一条经验，就是不要被假象所迷惑。

We should draw a lesson here:Don't be misled by false appearances.

改革开放是一个新事物，没有现成的经验可以照办。

Reform and opening are new undertakings, so we have no precedent to go by.

七、词汇含义对比

（一）指称意义对比

词汇的指称意义就是词汇的外延意义。英汉词汇的指称意义主要有三种情况，即完全对应、部分对应、完全不对应。

1. 完全对应

这种英汉词汇指称意义完全对等的情况是存在的，多见于专用词汇、科技术语或指称自然现象的名词。例如：

New York 纽约

radar 雷达

antler 鹿角

breakfast 早餐

2. 部分对应

这种情况是较为普遍的。所谓部分对应就是词语在各自语言中所涵盖的意义不尽相同，其中只有一个或若干个词义对应，而其他方面的意义完全不同。例如：

uncle 伯父；叔父；姑父；伯伯；叔叔等

aunt 伯母；婶母；姑母；大娘；阿姨等

company;corporation 公司

introduce;recommend 介绍

英汉词义部分对应的现象还体现在词语的搭配上，如英语 draw 与汉语“拔”。两者的词义是部分对应的。例如：

draw a tooth 拔牙

draw a nail 拔钉子

draw a cork 拔瓶塞

3. 完全不对应

受地域差异、生活习惯、社会环境、宗教信仰等方面的影响，英汉词汇指称意义也出现了不完全对应的现象。具体地说，一部分英语词汇所指的意义在汉语中没有对应的词汇，或者一部分汉语词语所指的意义没有对应的英语词汇表达。这种情况使外语学习更加困难，需要掌握更多的外语文化知识或特殊的背景知识。例如，英语 watergate 作为普通名词时，其汉语意义是“水闸、闸口”，而将其作为专有名词 Watergate 时，是指 1976 年 6 月发生在美国民主党总部的地水门大厦的泄密丑闻，由于汉语中没有与其对应的词，所以我们只能将其译为“水门事件或丑闻”；汉语中，反映社会变革的“脱贫致富”，反映民族风情的“侗族大歌”等。[①]

（二）联想意义对比

词汇的联想意义就是词汇在不同上下文，或不同语篇，或为不同身份的说话者使用时所表现出的特殊信息、价值或情感态度等。英汉词汇联想意义主要有两种情况：相像和相悖。

1. 相像

由于人类的思维是存在共性特征的，不同民族对世界的认识、对事物的描述都有相似之处，因而不同语言中的词汇具有的联想意义也有相像的情况。例如，“猪”在英汉两个民族中均是低劣、愚蠢、粗俗、肮脏的动物，所以，在英汉两种语言中关于猪的习语均为贬义。例如：

to buy a pig in a poke 瞎买东西

to bring one's pigs to a fine market 失算，失败

to teach a pig to play a flute 教猪吹笛

Pigs might fly.

---

① 冒国安. 实用英汉对比教程. 重庆：重庆大学出版社，2004

世上竟有稀奇古怪的事。

汉语中关于猪的习语有“猪狗不如”、“猪脑子”、“猪八戒吃人参果”等。

另外，英汉联想意义相似的情况还体现在谚语中。例如：

to fish in troubled waters 浑水摸鱼

to look for a needle in a haystack 大海捞针

a drop in the ocean 沧海一粟

Walls have ears.

隔墙有耳。

2. 相悖

英汉词汇联想意义相悖的现象主要源自不同民族的不同文化背景、历史渊源、生态环境和宗教信仰等导致的情感、价值观、爱憎上的差异。这些情感差异体现在词汇上，就出现了意义相悖的情况。

以 dog(狗)为例，其在英语中属于褒义词，有时也是中性词，这主要是因为英语国家的人将其视为人类忠实的朋友。例如：

Fight dog, fight bear. (褒义)

不获全胜不收兵。

Help a lame dog over a stile. (褒义)

见义勇为。

Hot dog! (褒义)

好样的！

Every dog has his day. (褒义)

凡人都有得意时。

Dumb dogs are dangerous. (中性)

哑巴狗最危险。

Let sleeping dogs lie. (中性)

别惹是生非。

尽管中国人也将狗视为自己的朋友，可源于特殊的文化背景，与“狗”有关的词汇和成语多为贬义。例如，“狗胆包天”、“狗急跳墙”、“狂犬吠日”、“狗咬吕洞宾——不识好人心”等。

3. 词义空缺或不对应

联想意义空缺是指英汉两种语言中某些词汇的指称意义是对应的，而联想意义却不对应。表 3-1 就是英汉词汇联想意义空缺的示例。

表 3-1 英汉词汇联想意义空缺

指称意义	联想意义
cock(英)	风标
公鸡(汉)	空缺
goat(英)	色鬼
山羊(汉)	空缺
eight(英)	空缺
八	发达、发财

(资料来源:冒国安,2004)

联想意义不对应,就是某语言中的一些含有强烈联想意义的词汇在另一种语言中没有对应。这种情况多发生在典故、谚语中,如表 3-2、表 3-3 所示。

表 3-2 英汉语联想意义不对应

英语	联想意义	汉语
the heel of Achilles	唯一致命弱点	空缺
Dutch courage	酒后之勇	空缺
The sword of Damocles	临头的危险	空缺

表 3-3 汉英联想意义不对应

汉语	联想意义	英语
四面楚歌	四面受敌,孤立无援	空缺
八仙过海	各显本领,互相竞争	空缺
福如东海,寿比南山	长寿多福	空缺
暗度陈仓	暗中活动	空缺

(资料来源:冒国安,2004)

(三)情感意义对比

所谓情感意义,是指语言使用者表露于语言中的感情与态度(伍谦光,1988)。因历史和文化背景的差异,每种语言都有一部分词汇具有一定的情感意义。例如,英语中的 propaganda 一词常和当年纳粹的反动宣传联系在一起，具有贬义，在汉语中译为“宣传”，而且在汉语中属于一个中性词汇，有时甚至带有褒义。再如，“龙”在中国文化中有着特殊的地位和意义，这一词汇包含着“唯我独尊”、“至高无上”的含义，常常引申为“中华民族”的意思，而 dragon 一词在英语中不但没有在汉语中的意义，甚至还有“邪恶”的意义。

（四）风格意义对比

风格意义，又称“文体意义”，与语言使用的社会环境有关，语言会反映出语言使用的社会环境的特征（伍谦光，1988）。谈话双方的社会关系不同，他们使用的语言就会有所不同；谈论的话题不同，所使用的语言特征也会有所不同。例如，home，abode，residence 和 domicile 的概念意义都是“家”、“住所”，但它们却使用于不同的场合。home 属于一般性词汇，主要用于人们日常的口头或书面交际中；abode 属于文学用语，主要用于诗歌中；residence 为正式用语，常用于书面的通知、说明、文告等；而 domicile 则是法律用语，主要在法律文件中使用。

（五）搭配意义对比

搭配意义由一个词的意义从经常与它连用的词语引起的联想构成（伍谦光，1988）。词汇不同，其搭配范围也不相同，有时即使词汇相同，但与不同的词搭配，其产生的联想意义也不相同。例如，汉语中的“副”字，常与表示职务的词语相搭配，有副主席、副总理、副总裁、副经理、副厂长等。与“副”相对应的英语词有 vice，deputy，associate，under；但这些词除区分地位之外，还表示其他方面的特征。中国注重尊卑有序，地位上的差异掩盖了其他的差异，因此汉语只需要作为地位标志的一个“副”字即可。但受英语文化的影响，英语不仅需要这些词来区分地位，还要用这些词区分职责和其他方面的差异。由此可以看出英汉词汇搭配意义的差异。

八、特殊词汇现象对比

（一）英语特殊词汇现象

1. 同/近义词多

英语中不仅同、近义词的总量庞大，某一词义下的英语同、近义词的数量也十分庞大。

例如，英语中意为“大”的单词有二三十个之多，如 big，large，vast，huge，giant，grand，great，bulky，immense，enormous，tremendous，jumbo，titanic，gigantic，mammoth，colossal，stupendous，prodigious，gargantuan，elephantine，cyclopean，antaean，herculean，etc.。

再如，英语中表示“工作”概念的单词有十几个，如 work，job，position，profession，occupation，vocation，assignment，task，mission，chore，post，career，etc.。

英语中之所以有如此多的同、近义词，是因为英语具有包容性和开放性。这使英语在发展历程中吸收了大量其他语言中的词汇（即外来语），这些词汇难免会和英语本身的某些词汇意义相同或相近。

2. 一词多音多

英语中的同形异音异义词（homograph），即一词多音现象较之于汉语更多。这些词大多在不改变拼写的情况下通过改变词的重音、辅音的清浊而改变词性、词义。例如，produce 读作/prə'djuːs/时作动词，意为“生产、制造、创造、生育”；读作/'prɔdjuːs /时作名词，意为“产品，农产品”；再如，conduct 读作/'kɔndʌkt/时作名词，意为“行为、表现；处理；指挥、指导”；读作/kən'dʌkt/时作动词，意为“引导、管理；指挥、引导、带领”。

另外，英语中还有一些词源不同的同形异音异义词。这些单词不仅发音不同，词义也有很大的差异。例如：

bow /bəu/（弓）—bow /bau/（鞠躬）

live /liv/（活着）—live /laiv/（活的）

fade /feid/（凋谢）—fade /faːd/（乏味的）

wind /wind/（风）—wind /waind/（蜿蜒；缠绕）

相比较而言，英语中的同音异形异义词（homophones），即一音多词现象则远远少于汉语，只有 our—hour，for—four，sea—see，cent—sent—scent，waist—waste，flower—flour，principle—principal，compliment—complement 等为数不多的几十组词。

（二）汉语特殊词汇现象

1. 一字多音多

一字多音，即一个汉字拥有两个或两个以上的发音。这样的汉字被称为“多音字”，或“同形异音异义字”（homograph）。一字多音现象的存在是与不同汉字搭配的结果。而一个字的发音改变了，其含义也会随之改变，因此也属于“一字多义”现象。这种现象多见于常用字词上。例如：

(1)乐

①lè：意为“高兴、喜悦”，如“快乐”、“乐呵”、“乐天”、“乐不可支”、“其乐无穷”等。

②yuè，意为“和谐悦耳的声音”，如“音乐”、“乐曲”、“乐章”、“声乐”等。

(2)好

①hǎo：意为“优点多的、令人满意的；十分；容易实现”，如“好人”、“好事多磨”、“好冷”、“好办”、“好用”等。

②hào：意为“喜爱；容易发生”，如“好逸恶劳”、“好事之徒”、“刚学骑车的人好摔跤”等。

2. 一音多字/词多

一音多字/词是指同一个语音对应多个汉字/词语，即不同的汉字/词语发音相同，也即同音异形异义字/词(homophone)。汉语中的一音多字/词现象也十分普遍。正因为如此，除了按不受检字以外，汉语字典还可以按发音检字、录字。

一音多字/词现象的大量存在令许多初学汉语的外国人深感头疼。例如，当我们说 huà zhuāng 的时候，外国人就难以判断是“化妆”还是“化装”；当我们说 jìng kuàng 的时候，外国人就难以判断是“境况”还是“镜框”；当我们说 shù mù 的时候，外国人就难以判断是“数目”还是“树木”。这些同音词尽管发音相同，声调也相同，但表达的意义却完全不同。要想明确到底是哪个词，就必须借助上下文语境才能实现。而汉语中的同音字比同义词更多。

第二节 英汉修辞对比

一、英汉词语修辞格对比

(一)英汉比喻对比

比喻有明喻、暗喻和借喻之分。英语修辞学术语中的 metaphor 和汉语中的暗喻和借喻相对。

明喻是直接地比较两个不同事物的相似之处，是表明用作比喻和被比喻的两种不同事物之间的相似关系，故常使用如 as，like（如，像）等词。

暗喻的结构不同于明喻，它是隐藏的比较，不用 as，like 来表示。暗喻应该是英汉两种语言中最基本的、最普通的、也是最重要的修辞格，它是把某一事物说成是另外一种不同的事物，暗示其相似之处。常用的比喻词是："是"、"成了"、"成为"、"变成"、"当作"、"等于"等。

借喻中没有本体和喻体出现，而是由喻体直接代替本体出现。构成前两者比喻必须具备两个成分（本体和喻体）、两个条件（本体和喻体应是性质不同的两种事物；二者之间必须有相似之处；并且有一定的联系）。

1. 明喻

英语中，明喻标志性的连词通常是 as，like，有时会用 as…as。例如：

My heart is like a singing bird.

我的心像一只啼鸣的鸟儿。

I wandered lonely as a cloud.

我就像一片浮云一样四处漂流。

What's on your arm should be as beautiful as who is on it.（Citizen）

这是手表 Citizen 的一则广告，广告语句运用 as…as 这一明喻典型修辞形式，形象表达出一块好的手表对一个人的重要性，在原广告中再配以男女之手八字形交叉的特写图片，表达刚柔并济之和谐美感，又有相得益彰之效，如此形象的一个比喻，在消费者脑海中留下深刻印象。再如：

Our eyebrow pencils are as soft as petals.（眉笔广告）

眉笔像花瓣一样柔和。

As soft as Mother's hands.（童鞋广告）

像母亲的手一样柔软。

汉语中的明喻通常使用"像"、"似"、"如"、"好像……似的/一样"等词来连接比喻和用作比喻的事物。例如：

他确实有点像棵树，坚壮，沉默，而又有生气。

水，汹涌奔泻而来，如箭离弦，如马脱缰，如猛虎出山，江水出峡了。

同样，在汉语中也有利用明喻来描述的典型广告词。例如：

如今，樱花银行就如一棵茂盛的樱花树。（樱花银行广告）

黄山电子，美如黄山。（黄山电子广告）

宛如春之玫瑰使您笑口含芳，犹如醇酒一般令您唇齿留香。（蓝天高级爽口液广告）

上例中把"爽口液"比作"春天的玫瑰"和"醇酒"。用这种爽口液的人们肯定能够心情舒畅，因为它能够让人笑口含芳、唇齿留香。这则广告语中的明喻使得产品更贴近消费者。

2. 暗喻

暗喻就是不用明显的比喻词，而直接把本体说成是喻体，因此含义较为含蓄。例如：

Money is the lens in a camera.

金钱就是相机镜头。

作者将金钱隐喻为照相机的镜头。这是因为，相机能反映出一个人的不同面貌，金钱能检测出一个人的不同品质，从这个角度来看两者有共同之处。暗喻这一修辞手法也经常被用在广告语中。例如：

We are temptation .(Lane Crawford)

“我们就是诱惑。”是一家百货公司的广告，使用了暗喻的修辞手法。Lane Crawford 这一香港大百货公司曾推出一系列 We are temptation 的方案及产品，通过将 Lane Crawford 与 temptation 的结合，体现该百货公司对购物者的吸引力，引诱受众不禁前往看看，看它的诱惑到底在哪里，以及是否真的有如此大的诱惑力。

You'd better off under the Umbrella.

这是一家旅行保险公司的广告。每个外出旅行者最关心的问题就是安全问题。这家旅行保险公司利用了游客的这种普遍心理，运用 umbrella(保护伞)这一喻体，形象地使旅客感受到：购买保险，外出远行，犹如置身于一顶保护伞下，可以无忧无虑地尽情享受旅行的乐趣。而且 better off 有“较自在、较幸福”之意，也就是说，购买了这种保险，能使你的旅行生活更自在，更富有乐趣。这则广告标题很短，但由于喻体选择恰当、形象，使游客对该公司的保险服务倍感亲切而又真实可信。

It cleans your hair gently without harshly stripping off all the essential oilskin or leaving anything strange ones behind. So all the health and beauty of your hair shines through.

这是一则洗发水的广告。这则广告用一个动词 shines 将含蓄的暗喻表达出来，把头发的健美比作光体在闪闪发光，如此生动的比喻立刻将产品的特点表现得淋漓尽致。

汉语中也经常使用暗喻。例如：

书是昨天的记载，今天的镜子，明天的见证。

此句的精彩之处不仅是在于“书”被比喻成了“记载、镜子、见证”，而且还在于喻体的语音对应、和谐。

但我所说的中国革命高潮快要到来，决不是如有些人所谓“有到来之可能"那样完全没有行动意义的、可望不可即的一种空的东西。它是站在海岸妖王海中已经看得见桅杆尖头了的一只航船,它是立于高山之巅远看东方已见光芒四射喷薄欲出的一轮朝日,它是躁动于母腹中的快要成熟的一个婴儿。

(毛泽东《星星之火,可以燎原》)

作者用暗喻的手法,将"革命高潮"比喻为"航船"、"朝日"、"快要成熟的婴儿",每个都形象、深刻,具有明快透彻的说服力。

汉语中使用暗喻的广告句不胜枚举。例如:

高级、可口的红粉佳人。(酒广告)

天"衣"无"缝"。(某服装广告)

默默无"蚊"。(一则隐形纱窗的广告)

路遥知马力,日久见跃进。(跃进牌汽车广告)

妙笔生辉。(某化妆笔广告)

无形胜有形。(美国博士伦隐形眼镜广告)

3. 借喻

汉语中的借喻和英语暗喻的某些情况有所类似。借喻是汉语所常用的一种修辞形式,把表喻体的语言手段直接代替表本体的语言手段,本体和比喻词均不出现。例如:

Freshest colors soonest fade.

最鲜艳的颜色褪得最快。

Birds of a feather flock together.

物以类聚。

Rome was not built in one day.

罗马不是一天建成的。

他山之石可以攻玉。

船到桥头自然直。

星星之火可以燎原。

在上述的例句中,喻体 colors, birds, Rome、"石"、"船"和"火"等词是喻体,没有指出本体,但是它们使用广泛,适应性强,令人产生无限的联想。借喻在广告语句中也经常出现。例如:

Hey, if you think female bonding is all about hair spray and nail glue, you are obviously stuck in the past.

这则广告用 hair spray 和 nail glue 来代替女性的化妆品,形象地说明女性之间的关系不再是靠化妆品这些表面的东西来维系的,从侧面说明维系女性同盟的是更深刻的事物，同时让读者感到好奇：维系女性同盟的不是化妆品，那么到底是什么？该例是借喻修辞手法的典型运用。

通过以上的例句可以看出，明喻、暗喻和借喻之间有很大的区别。可简单概括为：明喻使用“像”、“如”等词，明明白白地告诉人们这是比喻；暗喻使用“是”、“成为”等，不直接表明比喻，但实际上仍然在打比方，只不过本体和喻体的关系更加密切了；借喻只出现喻体，语言简洁，形式隐蔽，但含义丰富，正因为如此，除了一些常用的表达外，借喻往往要依赖一定的语言环境，否则就不容易理解了。以上三种比喻就语言形式来说，借喻最简单，但不易识别。

（二）英汉夸张对比

1. 英语 Hyperbole

Hyperbole（夸张）一词源于希腊语的 hyperbole，意为 excess（超过）。夸张是一种故意言过其实，或夸大或缩小事物的形象，从而突出事物的某种特征或品格，鲜明地表达思想情感的修辞方式。

（1）修辞效果

①用于描写。以客观现实为基础，但又要超越实际，这样才能增加文章的生动性、可读性和艺术感染力。例如：

She was, in fact, a woman of forty (a charming age, but not one that excites a sudden and devastating passion at first sight), and she gave me the impression of having more teeth, white and large and even than were necessary for any practical purpose.

（W. Somerset Maugham：*The Luncheon*）

作者毛姆在这里运用了夸张的手法，用笔勾画出了一个虚伪贪婪的中年妇女的形象，仿佛使人看到一条大白鲨。

②用于说理。突出事物的特征，生动形象地揭示事情的本质，从而引起读者强烈的共鸣，给读者留下深刻的印象。例如：

Suppose you set your mind to work on the problem of how you would use your own eyes if you had only three more days to see. If with the oncoming darkness of the third night you knew that the sun would never rise for you again, how would you spend those three precious intervening days? What would you most want to let your gaze rest upon?

（Helen Keller：*Three Days to See*）

海伦·凯勒在句中运用夸张告诫人们珍惜光明所带来的种种幸福。

③用于抒情。表达强烈的情感和高亢的激情，激起读者的感情波涛，随作者一起陶醉于诗情画意之中。例如：

As fair art thou, my bonie lass,
So deep in luve am I,
And I will luve thee still, my dear,
Till a'the seas gong dry.
Till a'the seas gong dry, my dear,
And the rocks melt wi' the suit.
And I will love thee still, my deer,
While the sands o'life shall run.

(Robert Burns: *A Red, Red Rose*)

这首诗出自彭斯的名篇《一朵红红的玫瑰》，诗中用夸张性的言辞表达了主人公对一位姑娘至死不渝的爱：即使海枯石烂，我依然忠于爱情。

(2)常见表现形式

①利用动词进行夸张。利用动词进行夸张就是借助动词的语义把要描述的事情推向极端，从而激起听者的强烈共鸣，以揭示事物的本质。例如：

The young girl brought the house down with a ballet dance.

这位年轻的姑娘跳了一段芭蕾，博得了全场喝彩。

句中用 bring the house down 这一夸张形容了舞者的舞姿优美。

Take TOSHIBA, take the world.

拥有东芝，拥有世界。(东芝电子广告)

以上的广告便使用了动词进行夸张的修辞手法，巧妙地体现了商品非凡的品质。

②利用数词或短语进行夸张。用数字来进行夸张不仅能使语言生动形象，而且更能让人信服，因而是一种颇具特色的夸张修辞方法。例如：

I have a thousand and one things to do.

我有许多事情要做。

“我”要做的事情肯定没有一千零一件，这里用具体的数字，夸张地表现了自己很忙，要做的事情很多。

Still Swinging After 650 Years.

650 年过去了，我们的唱片还在转动。(CD 唱片广告)

这是美国一则题目为“Iionel Hampton”的 CD 唱片广告。这里数字夸张手法的运用在于向人们说明此唱片中音乐的持久性，以至于经久不衰。由此可见，在广告语言中注入适当的数字夸张成分，更有感染力和说服力。又如：

Five feet nine inches in his socks, ten feet tall in his shoes.

光脚身高五英尺九英寸，穿上“锐步”身高十英尺。（“锐步”运动鞋广告）

③利用形容词、副词的最高级进行夸张。在日常生活中，我们常用形容词、副词去夸大一些本来微不足道的事情，有时也会用它们的最高级形式，从而将之推向极端。例如：

Jesse went out. The whole world seemed to have turned golden. He limped slowly, with the blood pounding his temples, and a wild incommunicable joy in his heart. “I'm the happiest man in the world,” he whispered to himself, “I'm the happiest man in the world.”

（Albert Maltz）

杰西走了出去，整个世界仿佛变成了金黄色。他一瘸一拐慢慢地走，热血冲击着太阳穴，那狂喜的心情却难以表达出来，于是自言自语道：“我是世界上最幸福的人了。”

这里作者用形容词的最高级进行夸张，再加上反复修辞格的运用，主人公那种难以抑制的喜悦之情被充分地表达了出来。

Making a big world smaller.

我们把世界变小了。（德国汉莎航空公司广告）

Look younger in only two weeks.

使用两周，让你青春焕发！（某化妆品广告）

上述两个广告语运用了形容词的比较级进行夸张，有力地吸引起消费者的注意力，有利于产品的销售。

The most unforgettable women in the world wear Revlon.

这是露华浓牌化妆品广告。此广告中形容词最高级 most unforgettable 充分利用了女士们的爱美心理、时髦心理及炫耀心理，产生出美好的意境，让人向往。既然世界上最令人难忘的女人都用露华浓，试想想谁不愿作个令人难忘的女人呢？夸张手法使广告的表达功能和引导功能得到淋漓尽致的发挥。

④利用介词短语进行夸张。利用短语进行夸张，渲染气氛，把语义推向极端，突出事物的特征，增强感染力。例如：

Here was wealth beyond computation, almost beyond imagination—and here were human habitations so abominable that they could have disgraced a race of alley cats.

（H. L. Meneken：*The Libidos for the Ugly*）

这里的财富数不胜数，超出任何人的想象，然而也正是这儿，人们的居住条件却又是如此之差，连街头巷尾的野猫也都觉得很丢脸。

句中两个介词短语 beyond computation 和 beyond imagination 都是对 wealth 的夸张修饰。“财富如此之多”和“条件如此之差”形成强烈的反差。

2. 汉语夸张

汉语中的夸张有的尽量夸大，有的尽量缩小，运用夸张的关键是让人知道是夸张，而不会误以为是事实。例如：

只要功夫深，铁杵磨成针。（从大到小）

尺水能掀万丈浪。（从小到大）

就这么点吃的，还不够塞牙缝呢。（缩小夸张）

夸张不仅出现在人们的口头交际中，更经常出现在一些文学作品中。利用夸张的手法，故意夸大或缩小描写的事物，达到一种强化的效果。例如：

每年——特别是水灾、旱灾的时候，这些在日本厂里有门路的带工，就亲身或者派人到他们家乡或者灾荒区域，用他们多年熟练了的、可以将一根稻草讲成金条的嘴巴，去游说那些无力“饲养”可又不忍让他们的儿女饿死的同乡。

（夏衍《包身工》）

这段话中，运用夸张手法，故意夸大了嘴巴的厉害程度——“可以将一根稻草讲成金条”。

本县那些白了胡子秃了头的老土地们嘴里，还流传着一首这样的民谣：“小小大同县，三爿豆腐店，城里打屁股，城外听得见。”城区的狭小和市面的萧条，由此可见一斑。

（徐孝鱼《盗墓者的足迹》）

这段话用了缩小夸张。一个县城只有“三爿豆腐店”是夸张之词，极言其少；“城里打屁股，城外听得见”，也都是极言城区的狭小及市面的萧条。

红军不怕远征难，万水千山只等闲。
五岭逶迤腾细浪，乌蒙磅礴走泥丸。
金沙水拍云崖暖，大渡桥横铁索寒。
更喜岷山千里雪，三军过后尽开颜。

（毛泽东《七律·长征》）

“五岭逶迤腾细浪，乌蒙磅礴走泥丸”，把绵延千里的五岭山脉视为“细浪”腾起，把高大广阔的乌蒙山脉看作“泥丸”滚去，显然是将巨大的形象凝缩为渺小的形象了。

汉语夸张除去以上两种方法之外，还有一种，即超前夸张，这也是英语夸张中所罕见的，即便在汉语中这种方法的使用频率也是不高的。汉语的超前夸张指的是在两件事之中故意把后出现的事说成是先出现的，或是跟前者同时出现的。例如：

他酒没沾唇，心早就热了。

（郑直《激战无名川》）

按照正常逻辑，喝了酒才能使心里热，而例中说“酒没沾唇，心早就热了”，这是故意把后出现的事情说成是先出现的。

汉语广告语中同样有大量使用夸张手法的典型语句。例如：

只要您拥有春兰空调，春天就永远陪伴着你。（春兰空调）

使头发根根柔软，令肌肤寸寸滑嫩。（蜂花香皂广告）

寿星喝了矿泉水，扔了拐杖比健美。（矿泉水广告）

今年 20，明年 18。（香皂广告）

家用加佳，加佳加佳，信誉满天下。（加佳牌洗衣粉）

一旦拥有，别无所求。（飞亚达手表）

东风专用车，装天下财富。（东风卡车）

非洲到南极一步之遥。（格力空调）

二、英汉结构修辞格对比

（一）英汉倒装对比

1. 英语 Anastrophe

Anastrophe（倒装）在 *Standard College Dictionary* 中的定义是：in rhetoric, the inversion of the natural or usual order of words, as Homeward directly he went。

倒装的目的和作用一般可以归纳为以下三个。

(1)为了句式平衡

当主语带有较长的修饰语，而谓语或表语比较短时；当后置修饰语较长时；当宾语较长；为了使前后两句紧密衔接时常将宾语、表语、状语提至句首。例如：

Many are the moving instances of selfless contributions made by them.

他们所做的无私贡献的动人例子是很多的。

The time had come to decorate the house for Christmas.

装修房子准备过圣诞节的时候到了。

We laughed together, and with that laugh ended the meeting.

我们都笑了，随着笑声结束了会议。

(2)为了强调

将句中的某个成分挪出其正常位置，置于句首，就会对这一成分产生强调的效果。例如：

Here we are.(将地点状语 here/there 置于句首)

我们到了。

Then came the hour we had been looking forward to.(将时间状语 now/then 置于句首)

我们渴望的时刻终于到了。

Pessimistic and depressed, they were feeling when the experiment failed.(将表语置于句首)

试验失败后，他们感到悲观沮丧。

His passions and prejudices had led him into great error. That error he determined to recant.(将宾语置于句首)

激情和偏见使他犯了大错。他决心公开承认所犯的错误。

Nowhere has the world ever seen such great enthusiasm for learning English as in China.(将表示否定意义的词和短语置于句首)

世界上没有任何其他地方像中国这样有这么大的学习英语热情。

Only when one plunged into the powerful current of the times will one's life shine brightly.(将 Only+副词/介词短语/状语分句置于句首)

一个人只有投入到时代的洪流之中，他的生命才能放出异彩。

So loudly was the coach shouting that he could be heard a mile away.(将 so…that 结构中的 so 置于句首)

教练喊得如此响亮，以至于一英里外都能听到。

(3)为了描写生动

为了使描写的情景更加生动形象，往往把表示运动方向的副词，如 away, up, down, in, out 等或拟声词放在句首。主语是名词用全部倒装，主语是代词则用正常语序。例如：

The door burst open and in rushed a troop of children in all sorts of fancy dresses.

门一开，呼的一声跑进来一群穿着各式各样化装衣服的孩子。

运用倒装修辞手法的典型广告语如阿迪达斯广告：

Impossible is nothing.

一切皆有可能。

2. 汉语倒装

按照不同的分类依据，倒装可以分为不同类别。根据倒装的原因可以分为语法倒装和修辞倒装。此外，也可以把倒装分为全部倒装和部分倒装。全部倒装是指谓语动词全部放在主语前面；部分倒装是指谓语的一部分（助动词或情态动词）放在主语前面。例如：

他大约就因为境况的不佳，烟也吸了，酒也喝了，钱也赌起来了。

（柔石《为奴隶的母亲》）

将宾语“烟”、“酒”、“钱”分别放在谓语动词“吸”、“喝”、“赌”的前面，可以起到强调的作用。

终于过去了，
中国人民哭泣的日子，
中国人民低垂着头的日子；
终于过去了，
日本侵略者使我们肥沃的土地上长着荒草的日子，使我们肚子里塞着树叶的日子；
终于过去了，
美国吉普车把我们像狗一样在街上压死，美国的大兵在广场上强奸我们的妇女的日子；
终于过去了，
中国最后一个黑暗王朝的统治！

（何其芳《我们最伟大的节日》）

倒装句的连续使用既能形象地创造意境，又能映衬作者的激动心情，表达出作者强烈的、充沛的感情。这一修辞手法在广告语中同样有所体现。例如：

味道怎么样，你觉得？（某食品广告）

让我们爱吧，为了今天和明天。（公益广告语）

（二）英汉反复对比

反复是一种重要的修辞手段，现代英汉语都常用反复来表现强烈的情感，表示越来越加剧的紧迫感，或者强调某种事物的意义。

1. 英语 Repetition

反复是连续或间隔地重复使用同一个单词、短语或句子，且它们在句中的位置也不是固定不变的。例如：

We kept talking, talking, talking all night long.

我们谈呀,谈呀,谈了整整一个晚上。

I say to you today, my friends, so even though we face the difficulties of today and tomorrow, I still have a dream. It is a dream deeply rooted in the American dream.

I have a dream that one day this nation will rise up and live out the true meaning of its creed: "We hold these truths to be self-evident; that all men are created equal."

I have a dream that one day on the red hills of Georgia the sons of former slaves and the sons of former slave-owners will be able to sit down together at the table of brotherhood.

I have a dream that one day even the state of Mississippi, a state sweltering with the heat of injustice, sweltering with the heat of oppression, will be transformed into an oasis of freedom and justice.

I have a dream that my four little children will one day live in a nation where they will not be judged by the color of their skin but by the content of their character.

I have a dream today!

I have a dream that one day down in Alabama, with its vicious racists, with its governor having his lips dripping with the words of interposition and nullification, one day right there in Alabama little black boys and black girls will be able to join hands with little white boys and white girls as sisters and brothers.

I have a dream today!

I have a dream that one day every valley shall be exalted, every hill and mountain shall be made low, and rough places will be made plane and crooked places will be made straight, and the glory of the Lord shall be revealed, and all flesh shall see it together.

这是美国黑人运动的著名领袖马丁·路德·金(Martin Luther King)在著名的《我有一个梦想》中的句子,文中先后七次反复了 I have a dream that…的句式,以逐渐加强的情感把听众带向美好的未来,从而使演说富有强烈的感染力和号召力。

在一般情况下,广告信息对接受者来说带有某种强迫性。为了能够使接受者留下广告的印象,许多广告不得不采用反复这种修辞格对广告的主要信息(常常是商标)进行频繁的重复,使人能随时想起某类商品的名称和

特点。因此,反复是英语广告中使用最多的一种修辞格。例如:

Go well, go Shell.

这则只有四个词的广告,重复了 go,使之听之悦耳、读之顺口。另外这则广告既压头韵,又压尾韵。又如:

Make up your mind before you make up your face.

此则广告利用 make up 的不同词义,巧妙地用重复的两个 make up,表达了不同意思,既具有极强的节奏感,朗朗上口,又易于传播,且意味深长。

A new car.

A new way to build it.

A new way to buy Escort.

这是 Ford Escort 车的广告。通过 new 一词的反复,层层深入地宣传了这款车的款式新、制作方法新、购买途径新,吸引消费者注意这款车,对消费者构成了吸引力。

Whatever you're eating, drink Maeus Rose. Always light, always fresh, always chilled, always right.

这则酒广告重复用了四个 always,突出强调该酒质量,口碑一直都很好,宣传效果不凡。

广告不仅必须具备劝购功能,还必须兼备吸引注意力价值和记忆价值,为此,英语广告所重复的词既有商品名称,又有一些能体现某一产品特征的词汇,以增强语气,向读者渗透广告内容。例如:

Things go better with Coca-Cola . Enjoy Coca-Cola .

这则可口可乐的广告,重复了其产品名称 Coca-Cola,可以加深产品名称给消费者的印象,使消费者在购买此类产品时,首先想到该产品,从而达到推销产品的目的。

Free hotel! Free Meals! Free transfers! For a free "Stay-on-the-Way" in Amsterdam ,you can rely on KLM.

这是一家旅游公司的广告。该广告将 free 一词重复强调,声势强烈地强调了 free 的特点,对消费者造成极大的诱惑,给消费者留下深刻的印象。

为加深印象、突出主体及展现情感等,撰写广告时常常使用反复的手法。但是需要注意的是,这里所说的重复修辞格与累赘、单调的重复是截然不同的。

2. 汉语反复

"反复"可以应用于多种文体,不仅可以用于演说、诗歌和小说,还可以用于论说文体。例如:

在一个深夜里，我站在客栈的院子中，周围堆着破烂的什物；人们都睡觉了，连我的女人和孩子。我沉重地感到我失掉了很好的朋友，中国失掉了很好的青年，我在悲愤中沉静下去了，然而积习却从沉静中抬起头来，凑成了这样的几句。

……今年的今日，我坐在旧寓里，人们都睡觉了，连我的女人和孩子。我又沉重地感到我失掉了很好的朋友，中国失掉了很好的青年，我在悲愤中沉静下去了，不料积习又从沉静中抬起头来，写下了以上那些字。

（鲁迅《为了忘却的记念》）

两段话中有很大一部分的重复内容，也有的稍微有点变化，起到了强调情感、突出主题的作用。

第二种：马克思列宁主义的态度。在这种态度下，就是应用马克思列宁主义的理论和方法，对周围环境作系统的、周密的调查研究。不是单凭热情去工作，而是如同斯大林所说的那样：把革命气概和实际精神结合起来。在这种态度下，就是不要割断历史。不单是懂得希腊就行了，还要懂得中国；不但要懂得外国革命史，还要懂得中国革命史；不但要懂得中国的今天，还要懂得中国的昨天和前天。在这种态度下，就是要有目的地去研究马克思列宁主义的理论，要使马克思列宁主义的理论和中国革命的实际运动结合起来，是为着解决中国革命的理论问题和策略问题而去从它找立场、找方法的。

（毛泽东《改造我们的学习》）

这里运用间隔反复，这样的写法，一方面显示了说话层次，另一方面也使语言有了鲜明的节奏，从而深化了题意。

汉语中有很多运用了反复修辞手法的广告语。例如：

VC，VC，果味VC，您想宝宝长得活泼健壮，请吃果味VC，您想使皮肤白嫩，防止衰老，请吃果味VC。

黑又亮，黑又亮，荣获国家银质奖，黑又亮高级鞋油，鞋油真棒。

千万里，千万里，我一定要回到我的家。

我的家，我的家，永生永世忘不了他。

三、英汉音韵修辞格对比

（一）英汉拟声对比

拟声是客观世界的声音的固有节律和某种语言所特有的语言特点相结合的产物。运用拟声能使语音生动、形象，使描写更加逼真。

1. 英语 Onomatopoeia

拟声词的使用可以使读者印象深刻，既可以用于诗歌中，也可以用于其他文体。例如：

The north wind is whistling.

北风呼啸着。

The crowd hissed the speaker when he said taxes should be increased.

当演讲者说到应该加税时，听众向他发出了嘘声。

The drunken driver drove bang into the store window.

喝醉酒的司机开车砰的一声撞进了商店的橱窗。

It was about this time that the newspapers were full of the daring escape of a convict from San Quentin prison … The women were afraid. Judge Scott pooh-poohed and laughed, but not with reason, for it was in his last days on the bench that Jim Hall had stood before him and received sentenced. And in open court-room, before all men, Jim Hall had proclaimed that the day would come when he would wreak vengeance on the judge that sentenced him.

(Jack London: *White Fang*)

拟声词 pooh-pooh 将史各特法官蔑视的口吻形象而又生动地表达了出来。

My souls, how the wind did scream along! And every second or two there's come a glare that lit up the whitecaps for a half a mile around, and you'd see the islands looking dusty through the rain, and the trees thrashing around in the winds, then comes a h-whack—bum! bum! bumble-umble-umbum-bum-bum-bum—and the thunder would go rumbling and grumbling away, and quit—and then rip comes another flash and another sock dolager.

(Mark Twain: *The Adventures of Huckeberry Finn*)

此段话中，作者用一连串的拟声词把风声和雷声描绘得十分真切，给人一种身临其境的感觉。

英语拟声词多半属于动词或名词，通常在句中作谓语、主语或宾语。例如：

动词作谓语

But as the door banged, she seemed to come to life again.

名词作主语

The low whir of the spinning wheel spoke to him of the warmth of home and his mother's love.

名词作宾语

"What's that?" he suddenly exclaimed, hearing a rustle; and they both looked up.

而在广告语言中运用恰当的拟声词可渲染文字中的音响，加强语言的直观性、形象性和生动性，产生十分逼真的听觉画面，有助于增强广告效果的表达。例如：

On A Sealy posturepedic you'll sleep like this, "ZZZZZZZZZ" … Just ask one of our customers about his Sealy Posturepedic. You may hear a sound like sewing wood. "ZZZZZZZZZ" more people sleep on Sealy Posturepedic.

上述是一条床垫广告语，其中运用的拟声词 ZZZZZZZZ 激发人的想象力，它直观、生动地把人们睡在 SealyPosturepedic 床垫上进入甜美梦乡的画面展示给观众。

2. 汉语拟声

汉语拟声词特别发达，这可以从自古至今的文学作品中可见一斑。《诗经》第一首诗头一句"关关雎鸠"就使用了拟声词"关关"；杜甫《兵马行》头二句"车辚辚，马萧萧"，接连用了两个拟声词。现代汉语中，拟声词使用得更加普遍，增强了话语的实体感和表现力。例如：

兵！敌人听说是红军，慌乱地开枪了。可是他们已经晚了，一下子四面都是我们的火力，通通通，嘟嘟嘟，我们的火力对准敌人。敌人逃啊，跑啊，顽抗的自己倒霉，活着的都当了我们的俘虏。

（杨得志《大渡河畔英雄多》）

作者通过拟声词的运用，把红军火力威猛无比的场面形象地展现在读者面前，让人仿佛身临其境，亲闻其声。

与英语的拟声词不同，汉语的拟声词大多带有形容词性质，在句中作谓语、状语或定语。例如：

秋风飒飒。（作谓语）

她见江华噗嗤笑了，自己也忍不住地笑起来。（作状语，杨沫《青春之歌》）

杯筷陈设在各人面前，暖锅里发出嗞嗞的有味的声响。（作定语，叶圣陶《倪焕之》）

汉语广告语也经常运用大量的拟声词来渲染广告效果。例如：

叶、叶、啪！……

嘘、嘘、嘘！……

滴、滴、滴！……

上述广告是默沙东宝系列广告标题。拟声词的使用使得广告语言更加形象具体，有效增强了表现力和感染力。

（二）英汉叠词对比

英汉叠词存在一定的差异，突出表现在二者的结构和意义上，下面就来论述英汉叠词在结构和意义上的差异。

1. 英语 Reduplication

(1)英语叠词结构

英语词汇中音节完全重叠的现象极少，因而英语中的大量叠词是在音素、词素层面上的重叠。不同的划分标准，会有不同的叠词分类。按照重叠音节的结构划分，英语叠词可以分为三种：音节完全重叠、音节近似重叠、特殊音节重叠。

音节完全重叠的叠词如 bon-bon，chop-chop，bye-bye 等。

音节近似重叠的叠词如 down-town，brain-drain，dingdong，drip-drop，handy-dandy，pitter-patter 等。

特殊音节重叠构成的叠词则是指使用连词来对其前后两部分进行连接的叠词，最常用的连词是 and，此外像 after，or，over，by 等也可以用于构成叠词。一般而言，连接词连接的两部分必定是同一词性。它们可以是名词、动词、形容词、副词或介词等。构成叠词的两个词可以是两个完全相同的词，如 time after time，step by step，arm in arm 等；也可以是两个意义相近的词，如 really and truly，solely and only 等；更可以是两个意义相反的词，如 in and out，save and except 等。

(2)英语叠词意义

英语叠词的使用通常有以下几种表现意义。

①用来模拟声音，增强效果。这类叠词一般是由拟声词构成的，因而其用法也与英语拟声词的用法相同。例如，quack-quack 用来形容鸭叫的声音，tick-tick-tack 用来形容钟表的滴答声。

②可以用来表示来回、上下等具有往返意义的动作，如 see-saw 用来描写蹊跷板的上下运动，zigzag 可以用来形容价格的来回波动。

③用以表示对人的行为品质、事物品质的鄙视，如 clever-clever 用来描述卖弄小聪明的人，hokey-pokey 可以用来形容廉价的冰激凌。

④可以暗示某种次序混乱，犹豫不决，不真诚等。例如，topsy-turvy 具

有“颠倒地，乱七八糟地”含义，fiddle-faddle 可以表示“胡说”、“瞎搞”。

⑤用以表示赞许或程度加强。例如，super-duper 表示“极好的”、“高超的”，tip-dip 具有“顶点”的含义。

(3)英语广告语中叠词的使用

在英语广告语中可看到很多叠词的使用，有效宣传了产品，达到了让消费者积极消费的目的。例如：

Poverty and poor health often go hand in hand.（公益广告语）

贫困与健康不良常有连带关系。

Day by day your condition is improved.（某药品广告）

您的健康状况一天天好起来。

2. 汉语叠词

(1)汉语叠词结构

汉语的每个字都是单音节词，没有辅音连缀的使用，所以字的简单重复就可以构成叠词。汉语的叠词包括很多类型，这里我们仅介绍常见的几种。

①AA 型叠词。AA 型叠词由汉语中的两个音、形、义完全相同的音节或字重叠使用构成，如“常常”、“细细”、“刚刚”、“渐渐”等。

②AABB 型叠词。两个完全相同的音节或语素与另外两个完全相同的音节或语素重叠起来，可构成 AABB 型叠词，如“熙熙攘攘”、“风风雨雨”、“空空荡荡”等。

③ABAB 型叠词。ABAB 型叠词则是由汉语中的两组两个音节的词语重叠构成，如“痛快痛快”、“考虑考虑”、“研究研究”等。这一类叠词通常以动词为主，用以表示动作轻松、短暂等含义。

④AABC 型叠词。当一组同音节的词语与一组双音节的词语重叠使用时便构成了 AABC 型叠词，如“斤斤计较”、“心心相印”、“楚楚动人”等。

⑤BCAA 型叠词。BCAA 型叠词的构成与 AABC 型叠词的构成正好相反，如“波涛滚滚”、“风尘仆仆”、“白雪皑皑”等。

⑥ABAC 型叠词。这类叠词的构成比较复杂，如“边唱边跳”、“忙里忙外”、“一心一意”等。

⑦ABA 型叠词。还有一种叠词，前后的字完全一样，中间用另一个字如“一”、“呀”、“啊”等连接，构成 ABA 型叠词，用以表示动作的短暂或带有试验性。例如：“看一看”、“跳呀跳”、“读啊读”等。

(2)汉语叠词意义

①名词构成的叠词通常可以表现三种意义。第一种，可以表示喜爱、亲昵的感情色彩，如“果果”、“脚脚”、“手手”等。这种叠词具有通俗、直观的口

语化色彩，常见于民歌、儿童语言之中。第二种，表示“所有”、“每一”，但并不等同于“多量”，如“家家”、“人人”、“岁岁”、“年年”等。第三种，可以表示“细小”、“琐碎”、“繁多”、“固定”的含义，如“本本”、“条条”、“框框”等。

②量词构成的叠词可以体现一种量的概念，此类叠词包含有“每一”的意思，如“个个”的意思就是“每一个”，句句的含义就是“每一句”等。

③形容词构成的叠词往往具有明显的描写性，且能表现一种程度深浅的观念。例如，“通红通红”所表现的程度就比“通红”更深。

④动词构成的叠词可以表示“轻微”、“短暂”、“尝试”意义，如“煮煮”所表现的意义是“稍微煮一下”；劝劝所传递的意义是“试着劝一下”。此外，由于所表示动作的轻微，这类叠词的使用通常带有委婉的语气，尤其是在祈使句中，可以表示说话人对行为动作的婉转恳切的态度。

⑤由动词构成的 AABB 型叠词可表示动作的频繁发生，如“跌跌撞撞”、“抄抄写写”等。

⑥动词 AA 型叠词中间嵌入“了”表示动作、行为状态已经结束，如“想了想”、“摸了摸”等。

⑦表示一种动态的持续，同时也预示这种动态面临的一种变化，如“他走着走，忽然想起刚才的事来”。

(3)汉语广告语中叠词的使用

汉语广告语中运用大量的叠词来表达广告效果。例如：

天天天然，伊利纯牛奶（伊利纯牛奶）

小别意酸酸 欢聚心甜甜（台湾酸梅汁）

新新鲜鲜李子园（李子园饮料）

酸酸甜甜就是我（蒙牛酸酸乳）

第四章　英汉句法与语篇对比

英语和汉语是两种完全不同的语言，经过长期的历史演变形成了各自鲜明的特征。要想真正理解英汉语言的特征及二者的区别，就应该结合英汉语言中的句法和语篇来加以分析和总结。本章就对英汉句法与语篇进行对比研究。

第一节　英汉句法对比

一、形合与意合

英汉两种语言在句法方面的差异主要是形合与意合。形合和意合的概念均有广义与狭义之分。

广义上的形合包括显性的语法形态标志和词汇两种形式手段，指一切依靠语言形式和形态手段构成句法的方式，如语汇词类标记、词组标记、语法范畴标记、句法项标记、分句与分句之间的句法层级标记、句型标记、句式标记等。[①] 狭义上的形合仅指词汇手段，即语言中词与词、句与句的结合凭借的是关系词和连接词等显性手段。

广义上的意合是指不借助形式手段来体现词语之间或句子之间的意义或逻辑关系。狭义上的意合则是指句子层次上的语义或逻辑关系。

经中外学者研究认定，英语语言具有明显的形合特征，故属于形合语言；而汉语语言的意合特征显著，因此属于意合语言。关于英汉句子的结构差异，庄绎传教授曾形象地说到："我感觉汉语的句子结构好比一根竹子，一节一节地连下去；而英语的句子结构好比一串葡萄，主干可能很短，累累果实附在上面。"

重形合的英语语言主张"造句时要保证形式完整，句子以形寓意，以法摄神，因而严密规范，采用的是焦点句法"。使句子具有形合的特点的连接手段和形式都非常丰富，如借词、连词、关系代词、关系副词、连接代词、连接

---

① 张全. 全球化语境下的跨文化翻译研究. 昆明：云南大学出版社，2010

副词等。例如：

Most of the patients with neuron circulatory are unwilling to accept psychotherapy as such.

多数神经无力患者不愿接受这种精神疗法。

These two cultures, which were created in indifferent areas, developed in parallel and without inter-influence.

这两种文明产生于不同的地区，它们的发展并行不悖，互不影响。

How can they learn anything when they spend all their spare time watching television?

他们把所有的空闲时间都用来看电视了，还能学什么东西呢？

This china we must know in order really to know China. It is this conglomerate of many nations, mosaic of peoples, languages and customs, which shaped Chinese culture as we know it today and it is in developing and modernizing this area that her future lies.

我们要真正了解中国，就必须了解中国的这一地区。正是这个不同民族、语言、风俗荟萃的多民族集体，才形成了今天我们所知道的中国文化。中国的未来就在于这一地区的发展和现代化。

与英语形合形成对照的是汉语意合，即“造句时注重意念连贯，不求结构整齐、句子以意役形，以神统法、因而流泻铺排，采用的是三点句法”。汉语句子很少使用显性的连接手段，句子各成分间的逻辑多依靠上下文和事理顺序来间接显示。例如：

发生视神经萎缩之后，少数病人视力可能进一步减退。

世界上一些国家发生问题，从根本上说，都是因为经济上不去，没有饭吃，没有衣穿，工资增长被通货膨胀抵销，生活水平下降，长期过紧日子。

这使我们都很惊奇！这又怪又丑的石头，原来是天生的呢！它补过天，在天上发过热，闪过光，我们的祖先或许仰望过它，它给了他们光明、向往、憧憬；而它落下来了，在污土里，荒草里，一躺就是几百年了？

二、主语显著与主题显著

（一）英语的主语显著

主语显著的语言是指该语言的核心句型是主语＋谓语构成的框架。[①]

① 杨丰宁.英汉语言比较与翻译.天津：天津大学出版社，2006

英语属于主语显著语言。

主语在英语句子中十分重要，可以说是一句之魂，这与其特点和功能有很大的关系。英语中的主语具有以下特点和功能。

(1)主语是谓语描述的对象，位于句首。

(2)主语必须是名词性的。若其他词类作主语，则需通过构词变化，转化成名词。

(3)主语对动词的数以及谓语动词其他形态的变化起决定作用。

(4)英语的陈述句和疑问句都必须有主语，即便在讲不出行为者时也要用一个形式主语 it。

(5)英语主语具有物称倾向的特点，物称倾向也可称为“非人称主语”。非人称主语可以分为以下两类。

①第一类是指英语句子的主语由抽象概念、内心感觉、事物名称或时间地点的名词来充当。例如：

Mary had to change schools when my busy work schedule made it necessary for me to move houses.

当我因工作繁忙而必须搬家时，玛丽不得不转学。

②第二类是使用 it 作为先行词来代词实际的主语或宾语。例如：

However, it is generally accepted among psychologists that most of us fail to do justice to ourselves.

然而，心理学家普遍认为，我们绝大多数人没有充分发挥自己的潜力。

由上述两个例句可以看出，英语原文使用的是非人称主语，或是抽象名词，或是 it，而转换为汉语后，则使用的完全是人称主语。可见，在主语的选择方面，英语强调物称，汉语注重人称。

主语—谓语结构是英语句型的高度概括。根据英国著名语法学家夸克等人(Quirk et al, 1985)的研究，英语的基本句型可以概括以下七种。[①]

(1)SV Some was laughing.

(2)SVO My mother enjoys parties.

(3)SVC The country became totally independent.

(4)SVA I have been in the garden.

(5)SVOO Mary gave the visitor a glass of milk.

(6)SVOC Most people consider these books rather expensive.

(7)SVOA You must put all the toys upstairs.

由上述七种句型可以看出，它们的共同点是都含有 SV(主语＋谓语)。

---

① 郭富强. 汉英翻译理论与实践. 北京：机械工业出版社，2009

“主语与‘正在被讨论的事’，即句子的主题（theme），有着全面、密切的关系，它通常具有这样一种含义，就是对前面某句子中已经提出的某个问题，作一些新的陈述（谓语）……另外一点是，主语决定动词的数，在动词形式有单复的区别时，选择什么形式取决于主语是单数……还是复数。”（Quirk et al, 1985）

（二）汉语的主题显著

主题显著是指由话题＋评论所构成的句式。汉语属于主题显著语言。汉语在表达思想时，通常要突出主题，在篇章组织上比较自由，上下文连接自成体系。语言学家赵元任先生曾说过：“在汉语中，主语和谓语间的语法关系与其说是施事和动作的关系，不如说是话题和说明的关系，施事和动作可以看作是话题和说明的特例。……在许多语言中表示施事和动作意义的句子占的比例很高……但是在汉语中即使做了种种调整，这类句子占的比例仍然很低，也许不会超过百分之五十，用含义更为广泛的话题和说明也许要合适得多。”据统计，汉语中有近50%的句子使用主题—述题结构，而英语中的主谓结构则十分常见。如果说主语与谓语是英语句子结构的两个栋梁，使构架稳定；那么话题与评论则是汉语句子结构的两个栋梁，这也是主题突显的语言的特点（杨丰宁，2006）。例如：

电视我喜欢看纪录片，电影我喜欢看故事片。

上句中的“电视”是点出话题，后面的“我喜欢看纪录片”是对“话题”的陈述。这就是所谓的“话题句”，由“话题”和“说明”两部分组成。再如：

这件事我现在脑子里一点印象都没有。

水果我最喜欢香蕉。

台上坐着主席团。

这三个例子中的“这件事”、“水果”、“台上”分别是句子的话题，而“我现在脑子里一点印象都没有”、“我最喜欢香蕉”、“坐着主席团”则是对话题所做的具体说明。

三、英汉语态对比

被动语态在英语句子中十分常见。英语中多数及物动词和相当于及物动词的短语都存在被动式。

英语被动语态常用于以下几种情况：当不必说明行为的实行者时；当不愿意说出实行者时；当无从说出的实行者时；考虑到便于上下文连贯衔接时等。例如：

This rubbish is being disposed of.

正在处理这些垃圾。

She was offered a job in a middle school.

人家给她一个中学里的位置。

The scientific research plan has already been drawn up.

科研计划已经拟出来了。

Language is shaped by, and shapes, human thought.

人的思想形成语言,而语言又影响了人的思想。

You are cordially invited to join in the celebrations of the May Day Festival on Sunday, May 1st, at 10:00 a.m., at Zhongshan Park.

五月一日(星期日)上午10点在中山公园举行"五一劳动节"庆祝活动,敬请光临。

而汉语中却很少使用被动语态,原因是多方面的。首先,汉语中很少使用被动语态是由于其频繁使用"主题—述题"结构。其次,受中国人思维习惯的影响,中国人注重"悟性",强调"事在人为"和个人感受等,所以汉语中少见被动语态。

汉语被动语态的表达方式与英语的被动语态也有较大差异,其多借助词汇手段表达被动语态。这种手段一般又可分为两类:有形式标记的被动式,如"让"、"给"、"被"、"受"、"遭"、"加以"、"为……所"等;无形式标记的被动式,其主谓关系上有被动含义。例如:

他买到了想买的地毯,但是让人骗了。

He did get the carpet he wanted, but he was waken for a ride.

杯子给打得粉碎。

The cup has been broken into pieces.

他的建议被否决了。

His suggestion is rejected.

中国代表团到处都受到热烈欢迎。

The Chinese delegates were warmly welcomed everywhere.

他们去年遭灾了。

They were hit by a natural calamity last year.

这个任务必须按时完成。

This task must be fulfilled in time.

每一分钟都要很好地利用。

Every minute should be made good use of.

另外,汉语中还有一种特殊的句型,即无主句。这种句型表面上看是没有主语，但其在不同的语言环境中，可以表示完整而明确的语义，应用非常广泛。

发现了错误，一定要改正。

这里要修更多的公路。

应该教育儿童讲老实话。

此外，根据汉语的表达习惯，汉语句子通常都是先说出行为动作的执行者，因为任何事物都是由人的行为所支配的。因此，在汉语表达过程中，经常使用人称表达法，如果无法表达确定的人称，就会使用泛称，如“大家”、“人们”、“有人”等。相反，英语就很少使用泛称主语，而常用非人称被动式的 it 作形式主语。[①] 例如：

大家认为 It is considered that…

众所周知，大家知道 It is well known that…

人们发现 It is found that…

据报道 It is reported that…

由此可见 It will be seen from this that…

可以肯定 It may be confirmed that…

四、英汉语序对比

英汉两种语言在构建句子和安排句子内各小句顺序方面，既有相同点，也存在很多不同点。下面就对英汉句子层面的语序进行对比分析。

（一）英语的突显语序

英语比较偏好突显语序。一般来说，英语句子在陈述信息时，通常将重要的信息置于句首。换句话说，西方人习惯开门见山。突显顺序在信息安排方面主要有以下处理原则。

1. 先果后因

通常情况下，英美人习惯先说结果，后表明原因。因果关系多体现在主从复合句中。例如：

There are many wonderful stores to tell about the places I visited and the people I met.

我们访问了一些地方，遇到不少人，要谈起这些，我有许多奇妙的故事要讲。

---

① 王武兴. 英汉语言对比与翻译. 北京：北京大学出版社，2003

2. 先表态，后叙事

如果句子中叙事部分和表态部分同时存在，英语通常会先表态，后叙事，表态部分通常很简短，叙事部分则相对较长。例如：

No one will deny that what we have been able to do in the past five years is especially striking in view of the crisis which we inherited from the previous Government.

考虑到上届政府遗留下来的危机重重的局面，我们在过去五年里所取得的成绩也就显得尤其显著，这是没有人可以否认的。

We believe that it is right and necessary that people with different political and social systems should live side by side—not just in a passive way but as active friends.

我们认为生活在不同政治和社会制度下的各国人民应该共处，不仅仅是消极共处，而且要积极地友好相处，这是正确，而且必要的。

需要提及的一点是，英语中特有的 it is…to 这一结构十分常见，它便于作者将句式中段的部分置于句首，长的部分置于句尾，这与英语的思维方式和表达特点是一致的。

3. 先前景，后背景

前景可以指信息的焦点、重要的信息；背景指事件发生的时间和地点以及其他门的伴随状况等次要信息。一般而言，英美人通常将前景放在句子前面，再给出背景。例如：

The street was deserted. I stood alone under a tree with all entanglement of bare branches overhead. Waiting for the last bus to arrive.

在寂寞的马路旁疏枝交错的树下，等候最后一辆汽车的只有我一人。

The news briefing was held in Room 203 at about nine o'clock yesterday morning.

新闻发布会昨天上午 9 点在 203 会议室召开。

(二)汉语的时序统御

汉语句子通常依循事件的自然进程而展开的。自然时序在信息安排方面主要有以下处理原则。

1. 先偏后正，先因后果

汉语中的排列结构通常是先偏后正，先因后果，并不因语体的改变而改变，这符合时序律和逻辑律。与之相比，英语中这些句子要素的位置则比较灵活，可以在前，也可以在后，这是因为英语的形态形式手段多于汉语，可以很好地控制语义关系。汉语在表达分句之间的关系时，多是靠整体的语义连贯和相对固定的语序来实现的。例如：

要是你有急事要办，不要去找那种显然没有多少事可做的人。

If you want something done in a hurry, don't go to the man who has clearly not much to do.

由于身体各部分的功能不同，所以组成它们的细胞结构也必不相同。

Since the various parts of the body have different functions to perform the structure of their constituent cell must differ.

2. 先叙事，后表态

在汉语中，通常是先叙事，然后再评判与表态。例如：

如果我早点从家出发，就不会误了飞机。

I wouldn't have missed the plane if I had left home earlier.

如蒙早日寄来样品或产品册，将不胜感激。

It would be appreciated if samples and brochure could be soon forwarded.

我认为，如果老年人对个人以外的事情怀有强烈的兴趣，并参加适当的活动，他们的晚年是最容易过得好的。

I think that a successful old age is easiest for those who have strong impersonal interests involving appropriate activities.

3. 先背景，后焦点

汉语是自然语序，即人的思维和句子语序相吻合，其线性序列的展开是先把背景情况作一介绍，如时间、地点、方式等，最后点出话语的信息中心。[①] 汉语的这种线性序列可归纳为：行为主体—行为的各种标记—主体的行为—行为的客体。例如：

很多老人都喜欢每天上午在北海公园清新的空气中钓鱼，下象棋。

Many elderly men like to fish or play Chinese chess in the fresh morning air in Beihai Park every day.

我每年放暑假都到老家山东和父母亲住一两个月。

I went to live with my parents for a month or two every summer vaca-

① 杨丰宁. 英汉语言比较与翻译. 天津：天津大学出版社，2006

tion in my hometown.

第二节　英汉语篇对比

一、英汉段落结构对比

段落是一篇文章的组成部分，同时也是一个相对独立的整体。英汉段落在段落结构上存在一些差异，这是因为二者的民族思维方式和语言表达习惯不同。

英语中的每一个段落都有一个主题，即每段都集中一个内容，并由位于句首的主题句引出，段落中出现的细节信息都是围绕主题而展开的。例如：

To live one's life is really like to drive on a high way. First of all, to make a good driving the driver must carefully examine the condition of is car, just as he cares for his health for a good life, once he enters into me high way, there are certain rules which he must follow for his own safety. It also can be said that he must follow certain rules of Society when he lives as a decent adult. For example, on the highway he is required to keep a constant speed which can be compared with his continuous activities through his life. Neither driving nor living must be taken in too high a speed. If he drives too speedily, the policeman will give him a fickle just as he will be arrested when he breaks the law. When he wants to change his lanes, he must give careful attention to every direction of his car. It is sometimes dangerous to change the way of life unless he can be sale of accomplishment by doing so. Finally he must confirm where he is now by recognizing some signs. If he takes the wrong way, he must go back to the fight way—both on the road and in life. On the whole, driving on a highway and riving one's life are both hard work, but if he is careful and serious enough, they will provide him a great deal of pleasure.

上段中的第一句就是主题句，概括了整个段落的中心思想，段落中的其余部分，如例子、说明等都与主题有关。在英语说明文、议论文体裁中，“主题句＋辅助句”这种结构在英语段落中使用得十分普遍。再如：

American literature begins with American experiences. Long before the first colonists arrived, before Christopher Columbus, before the Northmen who "found" America about the year 1,000. Native Americans lived here. Each tribe's literature was tightly woven into the fabric of daily life and reflected the unmistakably American experience of lining with the land. Another kind of experience, one filled with fear and excitement, found its expression in the reports that Columbus and other explorers sent home in Spain, French and English. In addition, the journals of the people who lived and died in the New England wilderness ten unforgettable tales of hard and sometimes heartbreaking experiences of those early years. Experience, then, is the key to early American literature.

汉语的段落也有类似的结构。例如：

有趣的是，相貌平平的人可能比漂亮的人有更多的机会获得美满的婚姻。本杰明·富兰克林曾劝告过一个年轻人娶一个善于理家但长相一般的女子，因为这样的妇女会花更多的时间去考虑做一个贤妻良母。她们或许比漂亮女人更重视丰富的爱情或精神生活。因此，有眼光的男人往往喜爱一个相貌平平却十分温柔、真挚的女子，而女子往往喜爱一个长相一般但有智慧、有勇气、有事业心的男子。

上面段落在文章开头就提出了论点："相貌平平的人可能比漂亮的人有更多的机会获得美满的婚姻"，接着围绕该论点层层分析说明。

但是汉语中上述情况并不常见，很多汉语段落的主题通常需要读者去寻找，主题可能位于段中，也可能位于段尾。此外，汉语的段尾也可能会出现新的主题，而英语写作中要引出新的论点则必须另一起段。例如：

秦始皇顺应历史发展的趋势，完成了统一全国的事业。进而又在政治、经济、军事等方面采取一系列巩固统一的措施，打击了封建割据势力和奴隶主贵族残余势力，加强了封建中央集权制度。例如，实行郡县制，把全国分为36郡；颁行统一的法律条令；统一文字和货币；统一度量衡；修驰道；统一车轨等。这些措施对于国家的统一和封建经济的发展有巨大的意义。秦始皇不愧为一个杰出的政治家，但其思想统治政策，对于文化的发展起了消极破坏作用。

通过阅读上面段落，可以找出该段落的主题句是第二句"采取巩固统一的措施，加强中央集权制"，后面给出了很多例子都是围绕该主题展开的。值得一提的是，在该段的最后引出了一个新的观点"其思想统治政策，对于文化的发展起了消极破坏作用"，这一点与英文写作有很大的不同。

国内外一些语言学家在分析了英汉段落结构即语篇展开模式后，得出的结论是，英语语篇的开头告诉人们辩论/谈话走向何处(where the argument/talk is going)，而汉语语篇开头说明辩论/谈话从何处来或从何处说起(where the argument/talk is coming)。[①]

二、英汉语篇衔接手段对比

通常可以将语篇衔接手段分为两类:语法衔接和词汇衔接。语法衔接手段包括照应、替代、连接和省略;词汇手段则包括词汇重述、同义词和搭配等。英汉两种语言在词汇衔接手段上基本相似,差异较小;而在语法衔接上存在很大的差异。下面就重点对英汉语法衔接手段进行对比分析。

(一)照应

照应(reference)指用代词等语法手段来指称说话或行文中谈论、说明的对象,从而把语篇有机衔接起来,实现语篇意义的连贯。[②]

按照被指称的对象(referent)是否能直接从语篇内找到,照应关系可分为两类,即外照应(exophora)和内照应(endophora)。内照应又可分为三类:人称照应(personal reference)、指示照应(demonstrative reference)和比较照应(comparative reference)。

这里主要对比英汉内照应关系。

1.人称照应

人称照应通常是使用人称代词的各种形式来回指上文出现过的人物,可以是前照应,也可以是后照应,但前照应更为常见。例如:

Several times on his trips to China which he made as a guest of the Chinese Government,Bill's birthday occurred while he was in Beijing.

上例英语句子中,his 和 which 引导的非限制性定语从句中的 he 是后照应关系,指向 Bill,最后一个分句中的 he 是前照应关系,回指 Bill。

汉语的情况也是如此。例如:

有一次,在拥挤的车厢门口,我听见一位男乘客客客气气地问他前面的一个女乘客:“您下车吗?”女乘客没理他。

该例句中用“他”来回指“男乘客,是前照应。

2.指示照应

指示照应指用具有指示作用的词语来区别时空的远近,确定所指对象

① 杨丰宁.英汉语言比较与翻译.天津:天津大学出版社,2006

② 冒国安.实用英汉对比教程.重庆:重庆大学出版,2004

的照应关系(冒国安,2004)。

英语中常用的指示性词语有指示代词、指示性副词、冠词以及相应的限定词,如 this,that,here,there,now, then, the 等。例如:

Yesterday Mr. X recommended me a novel that is really boring. That's why I returned it this morning.

When I was at high school I was interested in literature translation. But my poor language then failed me in accomplishing one piece.

There are a lot of umbrellas of different sizes and colors in that shop. I'm sure you can get one you are satisfied with there.

汉语中常用指示代词和"的"字结构作为指示照应的词语。例如:

小时侯,在月明星稀的夜晚,我们常常满山遍野的跑,玩抓特务的游戏。说起这些,大家都很开心。

我还清楚记得,小时候看露天电影,一大堆人挤在一块不大的空地上,老的自带板凳坐在前面,年轻力壮的站在后面,穿开裆裤光屁丫子的串来串去,惹得一阵阵轻声的斥骂。

3. 比较照应

用比较方式实现照应关系就是比较照应。

英语中,比较照应多是借助比较级和其他比较方式如 otherwise,or, compared with,the same as 等来实现的。例如:

In the first half of this year the total coal output by eighty percent as compared with that of last year.

今年前半年煤炭总产量比去年增加了百分之八十。

I'm an old-fashioned man in an old-fashioned shop, in a street that is not the same as I remember it.

我们这条街和我记得的过去的那一条街已经不一样了;我是这条街上一个老式的店铺中的一位老式的人。

汉语中常用具有等级意义的形容词、副词、比较句或其他具有比较意义的词语来实现比较照应。例如:

一站起来回答问题,她的脸就红得跟熟透了的桃子似的。

夏天,女孩子们一个个穿着时髦,越发的惹眼了。

你们几个怎么跳恐怕都够不着篮板,还是把你们班个子高的都叫来吧。

总地来说,就照应的类型而言,英汉两种语言差别不大。二者最明显的差别在于英语有关系代词,且使用频率较高;而汉语没有关系代词,因此汉语语篇中的人称代词在转化为英语时,可以用英语中的关系代词来表示。

例如：

这张条子是安娜留的，她刚到这儿来过。

This note was left by Anna, who was here a moment ago.

（二）替代

替代就是用代替形式来取代上文中的某一个成分。在语篇中，替代形式的意义必须从所替代的成分那里去查找，因而替代是一种重要的衔接语篇的手段。

在英语段落中，句子与句子之间的呼应通常是通过词语的替代来实现的。例如：

The Americans are reducing their defense expenditure this year. I wonder if the Russian will do too.

美国人今年在削减国防开支，我怀疑俄国人也会这样做。

Efforts on the part of the developing nations is certainly required. So is a reordering of priorities to give agriculture the first call on national resources.

发展中国家做出努力当然是必须的。调整重点，让国家的资源首先满足农业的需要，这当然也是必需的。

I first heard this story in India, where it is told as if true—though any naturalist would know it couldn't be. Later I learned that a magazine version of it appeared shortly before the First World War. This account, and its author, I have never been able to track down.

我最初听到这个故事是在印度，那里的人们讲起来像真有其事似的，尽管任何一个博物学家都知道这个故事不可能是真的。后来我得知在第一次世界大战爆发前不久，有一家杂志也刊登过这个故事的一个版本。至于这个故事的来源和作者，我至今也未能查出来。

汉语段落中替代手段使用的频率要低于英语，汉语主要是通过重复的词语来实现句子间的呼应，达到语篇的衔接与连贯。例如：

我的最大爱好是沉思默想。我可以一个人长时间地独处而感到愉快。独享欢乐是一种愉快，独自忧伤也是一种愉快。孤独的时候，精神不会是一片纯粹的空白，它仍然是一个丰富多彩的世界。情绪上的大欢乐和大悲痛往往都在孤独中产生。孤独中，思维可以不依照逻辑进行。孤独更多地产生人生的诗情——激昂的和伤感的。孤独可以使人的思想向更遥远更深邃的地方伸展，也能使你对自己或环境做更透彻的认识和检讨。

当然，汉语中有时也使用替代。例如：

一个人不一定需要中文才能够欣赏中国书法之美，同样，他也不一定要理解文字的意义才能体会出一幅书法作品所蕴含的道德与哲学内涵。

（三）连接

连接关系主要通过一些连接词或连接性词语来实现的。语篇中的连接词语或词组有助于人们了解句子之间的语义联系，理顺文章的逻辑、时间等关系。

韩礼德（Halliday）将英语的连接词语根据其功能划分为四类：转折，因果，添加、递进，"时序。

（1）转折。英语中表转折关系的连接词语包括 but，however，nevertheless，on the contrary，on the other hand，conversely，neither … nor … 等。例如：

Neither she nor her brother used to play out with other local children.

她和她的弟弟都不怎么出来跟其他的孩子们一起玩。

The news may be unexpected; nevertheless，it is true.

这消息可能是出乎意料的，然而是真实的。

Kant was fond of talking，but preferred to talk alone，and if interrupted or contradicted was apt to show displeasure; his conversation，however，was so agreeable that none minded if he monopolized it.

康德特别喜欢聊，主要是喜欢别人听自己聊，不喜欢有人插话或诘问，否则就会满脸不高兴。不过，康德总是聊得大家兴趣盎然，所以听他一个人聊谁都没意见。

（2）因果。英语中表因果关系的连接词包括 as a result，consequently，thus，so，therefore，because，for this reason，since 等。

She misinterpreted the implication of his letter and thus misunderstood his intentions.

她没有正确理解他信中的含义，因而误解了他的意图。

All singers kept together. As a result，their performance was successful.

所有的歌手协调一致，结果他们的演出非常成功。

（3）添加、递进。英语中表达添加、递进的连接词包括 and，furthermore，in addition，what is more 等。

Furthermore，we can learn from the past by reading books.

此外，我们可以通过读书，从历史中获取教训。

What's more, these strategies will keep you out of debt and help you lead a better life!

更重要的是，这些省钱小方法可以让你远离债务并且拥有一个更美好的人生！

(4)时序。当标示篇章中的事件发生的时间关系时，常借助一些时序性词语，如 first, then, next, formerly, in the end 等。

We batted back and forth the plan for a while, but in the end decided against it as we hadn't enough money.

我们将这个计划随意地谈论了一会，最后因为没有足够的钱而否定了它。

As I began to explain my ideas, he asked me to write the equations on the blackboard so he could see how they developed. Then came the staggering—and altogether endearing—request: "please go slowly. I do not understand things quickly." This from Einstein! He said it gently, and I laughed. From then on, all vestiges of fear were gone.

当我开始解释我的观点时，他要我把所有方程式写在黑板上，以便他能理解整个演算过程。紧接着，传来他那令人吃惊而使人顿然感到亲切的请求："请慢些。我的反应速度很慢。"这话竟会出自爱因斯坦之口！他语调温柔。我也以笑应答。顷刻间，就连丝毫的恐惧感也无影无踪了。

在汉语中也有类似的连接关系。

(1)表增补、添加关系的连接词包括"再说"、"再则"、"而且"、"此外"、"况且"等。例如：

凡以上所说，无非要使大家相信，这里的乡村生活的习惯与方式并一定不能适应将来城市的生活，况且我们还可以举行旅行，以资调剂呢。

(2)表转折关系的连接词包括"可是"、"但是"、"然而"、"从另一方面来说"等。例如：

……但随后也就自笑，觉得偶尔的事，本没有什么深意义，而我偏要细细推敲……

(3)表因果关系的连接词包括："由于"、"因为"、"所以"、"因此"、"于是"、"结果是"、"正因为如此"、"由于这一原因"等。例如：

我们应该看到，科学技术的结晶当然是物化了的文化，但求真的科学精神绝不是物质层面的文化，否则，一部西方哲学史的性质就将难以阐述清楚，因为正是这种求真的思想追求构成了西方哲学的主要内容。

(4)表时序关系的连接词语包括："后来"、"接着"、"尔后"、"正在这时"、"原先"、"此前"、"此后"、"最后"等。例如：

当年，那无疑是很“奢侈”，很“挥霍”，很“腐化”的，仅仅一年后，他们的衣着都变了。

通过对英汉语篇衔接手段的比较，可以发现二者也存在一定差异。

首先，英汉连接词在使用上存在显性与隐性的差异。例如：

……我不习惯与朋友合作，我觉得还是自己独立地想点什么就写点什么，写好写坏写成写不成，都由自己担着。一说合作，心理上的压力就非常大。

从表面看来，该例显得十分松散，且没有使用任何连接词语，但整个句子的内在含义是连贯的，读者也完全可以理解语句之间所蕴含的因果关系，这就说明汉语语篇存在隐性的连接手段。

A second aspect of technology transfer concentrates on US high technology exports. China has correctly complained in the past that the US was unnecessarily restrictive in limiting technology sales to China. Recently some liberalization has taken place and major increases in technology transfers have taken place as the result. However, some items continue to be subject to restrictions and unnecessary delay, in part because the US Government subunits many items to COCOM for approval. There is significant room for improvement with the US bureaucracy and COCOM.

But there is also reason to believe that the flow of technology will continue to grow and that much of the major new technological innovation likely to occur in the US in coming years will be available to China. Also, as new technology is developed in the US and other industrialized countries, older technologies will become available at a lower price and export resections on them will ease.

通过观察，该英语语篇中共使用了八个连接词，且这八个词中反复出现了三次 and。可见，英语语篇的连接词具有显性。

其次，英汉语篇连接手段的另一个重要差别是，汉语语篇中经常用对偶和排比表示衔接关系。相反，英语的平行结构之间的连接常采用连接词。例如：

浪费别人的时间等于谋财害命；浪费自己的时间等于慢性自杀。

（四）省略

省略也是一种重要的语篇衔接手段。在语篇中运用省略主要是为了避免重复，使表达简练、紧凑。

英汉两种语言中都有省略现象。

英语中的省略多按语法形式进行，如省略所有格、形容词、介词等后面的名词，省略助动词、不定式等后的动词，省略联系动词后的表语等。例如：

This invention relates in general to a method of upgrading the dielectric properties of ferroelectric materials and in particular to a method of upgrading the dielectric properties of barium titanate.

本发明介绍一种提高铁电材料介电性能的方法，并且具体介绍了提高钛酸钡介电性能的方法。

A man may usually be known by the books he reads as well as by the company he keeps: for there is a companionship of books as well as of men; and one should always live in the best company, whether it be of books or of men.

要了解一个人，可以看他交什么样的朋友，可以看他看什么样的书，因为有的人跟人交朋友，有的人跟书交朋友，但不管跟人交朋友还是跟书交朋友，都应该交好朋友。

汉语的省略通常是根据上下文的意义进行的，包括省略主语、中心语、关联词、动词谓语等。例如：

每个人都对他所属的社会负有责任，通过社会对人类负有责任。

漫步山间时，听得四处竹林间的淙淙泉声，众多的细泉汇成一条狭长而深邃的小溪，顺山势而下，及至悬崖处，猛然跌落二三丈，形成一瀑布，水珠飞溅，凉透肌肤。

三、英汉语篇模式对比

（一）英语语篇模式

建构篇章的模式因篇章的类型不同而有所不同。英语的语篇展开模式主要包括五种类型：叙事模式、匹配比较模式、问题—解决模式、概括—具体模式、主张—反主张模式。下面对这几种类型进行一一介绍。

1. 叙事模式

叙事是依据一定时间顺序，记叙时间发生过程的语篇模式。该模式首先要求要确定叙事角度，通常是第一人称或第二人称，同时要交代清楚合适、何地、何事、何人、为何五个方面的内容。叙事模式一般用于人物传记、新闻报道、历史故事等。例如：

It happened one day, about noon, going towards my boat, I was exceedingly surprised with the print of a man's naked foot on the Shore, which was very plain to be seen in the sand. I stood like one thunder-struck, or as if I had seen an apparition. I listened, I looked around me, but I could hear nothing, nor see anything. I went up to a rising ground, to look farther. I went up the Shore and down the shore, but it was all one: I could see no other impression but that one. I went to it again to see if there were any more, and to observe if it might not be my fancy; but there was no room for that, for there was exactly the print of a footstones, heel, and every pan of a foot. How it came thither knew not, nor could in the least imagine: But, after innumerable fluttering thoughts, like a man perfectly confused and out of myself, I came home to my fortification, not feeing, as we say, the ground I went on, but terrified to the last degree, looking behind me at every two or three steps, mistaking every bush and tree, and fancying every stump at a distance to be a man: nor is it possible to describe how many various shapes my affrighted imagination represented things to me in, how many wild ideas were found every moment in my fancy, and what strange unaccountable whimsies came into my thoughts by the way.

(Daniel Defoe: *Robinson Crusoe*)

上述语篇十分清楚地交代了事情发生的时间、地点、原因、结果等信息,属于典型的叙事语篇模式。

2. 匹配比较模式

这种模式多用于比较两种事物的异同。严格地说,比较模式是用来说明事物的相似之处;而对比模式则是说明事物的相异之处。而比较和对比又可分为整体比较和对应点比较。例如:

Pure science is primarily concerned with the development of theories (or models) establishing relationships between the phenomena of the universe. When they are sufficiently validated these theories (hypotheses, models) become the working laws or principles of science. In carrying out this work, the pure scientist usually disregards its application to practical affairs confining his attention to explanations describing the establishment of the life cycle of a particular species of insect living in a Polar environment are said to be examples of pure science (basic research), having no apparent connection (for the moment) with technology, i. e. applied science.

Applied science, on the other hand, is directly concerned with the application of the working laws of pure science to the practical affairs of life, and to increasing man's control over his environment, thus leading to the development of new techniques processes and machines. Such activities as investigating the strength and uses of material, extending the findings of pure mathematics to improve the sampling procedures used in agriculture or social science, and developing the potentialities of atomic energy, are all examples of the work of the applied scientist or technologist.

It seems that these two branches of science are mutually dependent and interacting, and that the so-called division between the pure scientist and the applied scientists more apparent than real.

上文使用的是整体比较法，第一段先介绍纯科学的特点，接着说明应用科学的特点，最后一段提纲挈领，一语道出纯科学和应用科学之间的关系：两者间既相互独立，又彼此作用。

There are basic differences between the large and small enterprises. In the small enterprise you operate primarily through personal contacts. In the large enterprise you have established "policies", "channels" of organization, and fairly rigid procedure. In the small enterprise you have moreover, immediate effectiveness in a very small area. You can see the effect of your work and of your decisions right away, once you are a little bit above the ground floor. In the large enterprise, even the man at the top is only a cog in a big machine. To be sure, his actions affect a much greater area than the actions and the decisions of the man in the small organization, but his effectiveness is remote, indirect, and elusive. In a small and even in a middle-size business, you are normally exposed to all kinds of experiences and expected to do a great many things without too much help or guidance. In the large organization you are normally taught one thing thoroughly. In the small one the danger is of becoming a jack-of-all-trades and master of none. In the large it is of becoming the man who knows more and more aboutless and less.

上文使用的是对应点比较，对应点十分对称整齐，甚至连句型都类似，给读者留下鲜明的对比印象。

3. 问题—解决模式

问题—解决模式在英语篇章中的使用非常普遍，无论是科学论文、试验报告、新闻报道，还是文学语篇中都十分常见。该语篇模式的程序是：首先说明情况，然后出现问题，随后做出反应，采取的反应可能解决了问题，也可能没有或没有完全解决，最后对此做出相应评价。[①] 例如：

(1)Helicopters are very convenient for dropping freight by parachute, but this system has its problems. (2)Somehow the landing impact has to be cushioned to give a soft landing. (3)The movement to be absorbed depends on the weight and the speed at which the charge fall. (4) Unfortunately most normal spring systems bounce the load as it land, sometimes turning it over. (5)To avoid this, Bertin, developer of the aero train, has come up with an air-cushion system which assures as a safe and soft landing.

上例语篇中，句(1)提供了一个情景，句(2)提出问题，句(3)是对这一问题反应的描述，句(5)即最后一句提出对这一反应的评价或结果。

4. 概括—具体模式

概括—具体模式是英语语篇中常见的模式之一。概括—具体模式，又称为"一般—特殊模式"、"预览—细节模式"、"综合—例证模式"。该模式的语篇展开顺序是：概括陈述—具体陈述 1—具体陈述 2—具体陈述 3，以此类推。例如：

All forms of activity lead to boredom when performed on a routine basis. We can see this principle at work in people of all ages. On Christmas morning children play with their new toys and games. But the novelty soon wears off, and by January those same toys can be found tucked away in the attic. When parents bring home a pet, their child gladly grooms it. Within a short time, however, the burden of caring for the animal is shifted to the parents. Adolescents enter high school with enthusiasm but are soon looking forward to graduation. How many adults, who now complain about the long drives to work, eagerly drove for hours at a time when they first obtained their licenses? Before people retire, they usually talk about doing all of the interesting things that they never had time to do while working. But soon after retirement, the golfing, the fishing, the reading and all of the other pastimes become as boring as the jobs they left. And like the child in January, they go searching for new toys.

---

① 杨丰宁.英汉语言比较与翻译.天津：天津大学出版社，2006

上文第一句是概括的陈述，第二句“We can see this principle at work in people of all ages.”是过渡句，引出下面的若干例子作为具体陈述，以此说明概括陈述的重要性与合理性。

5. 主张—反主张模式

主张—反主张模式是论辩类语篇的典型模式。在主张—反主张模式中，作者首先提出一种被广为接受或某些人认可的观点或主张，接着对其进行澄清，并给出自己的观点或主张，也可以说是提出反主张或真实情况。由于在这一模式中，反主张部分也可以是假设的观点，反主张部分可以是对真实情况的描述或肯定，因此又可称为“假设—真实模式”。这类语篇模式有一些标志词，如 in fact, say, state, claim, assert 等。例如：

Historians are generally agreed that British Society is founded on a possessive individualism, but they have disputed the origins of that philosophy. Some trace it back to the middle ages, others link it to the rise of capitalism. But the consensus is that the cornerstone of this society has been the nuclear family—where the man the bread-winner holds dominance over his dependent wife and children. The values of individual freedom, self-reliance, individual advancement and crucially, the obligation of family duty to look after one's own in time of need are central to its operation.

Within strict limits and under careful regulation, helping those less fortunate than oneself has been a part of individual's obligation to society.

But although most would accept that these values have been dominant, they would also acknowledge that the development of capitalist society saw the parallel growth of another ideology. Against individualism with its emphasis on individual freedom has been counterpoised collectivism with its egalitarian values, and stress on the view that one individual's freedom cannot be paid for by the denial of freedom to others. The 19th century growth of trades unions, the cooperative movement and organized socialist political movements are all evidence of this opposition to dominant ideology. Because of this recognition of collective rights and responsibilities, feminists have always seen the granting and safeguarding of women's rights as lying within this socialist tradition.

上例语篇中，作者先给读者提供一个主张：历史学家一般认为英国社会的基础是个人主义，同时对这种思想起源的争论及共同认识进行了说明。

接着，作者提出另外一些人的观点，即集体主义及平均主义价值观也是支撑英国社会基础的一部分，同时列出了相关证据。可以看出，作者并没有表明其个人观点，而是以另一些人的观点作为反主张。此外，该语篇中还出现了一些标志词，如 agreed，disputed，consensus，accept，acknowledge，counterpoised，view，evidence，seen 等。

总的来说，英语语篇模式有以下特点。

(1)语句之间连接呈显性。

(2)篇章展开分析强调理性、注重形式，结构严谨，层次清晰，篇章的焦点和重心位置较为固定。

(3)语篇模式的展开大多体现了演绎型的思维模式，先综合，后分析，从一般到特殊。

当然，以上五种语篇模式并不是独立存在的，有时它们之间是可以相互融合或包含的。

(二)汉语语篇模式

汉语语篇与英语语篇有很多相同点，如叙事模式、主张—反主张模式都基本相同。下面以叙事模式为例进行说明。例如：

有一天，我忽然想起，似乎多日不很看见他了，但记得曾经他在后园拾枯竹。我恍然大悟似的，便跑向少有人去的一间堆积杂物的小屋去，推开门，果然就在尘封的什物堆中发现了他。他向着大方凳，坐在小凳上；便很惊惶地站了起来，失了色瑟缩着。大方凳旁靠着一个蝴蝶风筝的竹骨，还没有糊上纸，凳上是一对做眼睛用的小风轮，正用红纸条装饰着，将要完工了。我在破获秘密的满足中，又很愤怒他的瞒了我的眼睛，这样苦心孤诣地来偷做没有出息孩子的玩意。我即刻伸手折断了蝴蝶的一支翅骨，又将风轮掷在地下，踏扁了。论长幼，论力气，他是都敌不过我的，我当然得到完全的胜利，于是傲然走出，留他绝望地站在小屋里。后来他怎样，我不知道，也没有留心。

(鲁迅《风筝》)

该语篇也包括叙事模式的基本要素，即时间、地点、原因、结果等。具体而言，时间发生的时间是“有一天”，地点是在“后园”、“小屋”、“什物堆”，原因是“不很看见他”，结果是“我即刻伸手折断了蝴蝶的一支翅骨，又将风轮掷在地下，踏扁了”，“后来他怎样，我不知道，也没有留心”。这与英语语篇的叙事模式基本相同。

但是，汉语语篇的展开方法与英语存在很大的不同，主要表现在汉语文章的焦点与中心是流动的，没有固定的位置。例如：

两百多年前，法国一位医生想发明一种能判断胸腔健康状况的器械。他经过刻苦钻研，始终想不出什么好办法。一天他领着女儿到公园玩。当女儿玩跷跷板的时候，他偶然发现用手在跷跷板上轻轻地敲，敲打的人自己几乎听不见，而别人把耳朵贴近跷跷板的另一端却听得清清楚楚。他高兴地大喊起来"有办法了！"马上回家用木料做了一个喇叭形的东西，把、小的一端塞在耳朵里，大的一端贴在别人的胸部，不仅声音清晰，而且使用方便。世界上第一个听诊器就这样诞生了。如此看来，科学家的灵感并不是什么神秘莫测的东西。关键在于勤奋，在于实践，在于不怕失败，努力探索。鲁班发明锯子的传说同样给我们深刻的启示。据说他有一次上山用手抓着丝茅草攀登，一下子把手拉破了。鲁班发现丝茅草两边的细齿不是可以锯树吗？他立刻和铁匠一起试制，做成了木工最常用的工具一锯子。许多人都被茅草拉破过手，而只有鲁班由这件事启发了灵感，发明了锯子。

值得一提的是，有时汉语的焦点需要读者自己去发现，并不点明，或者没有焦点，这与英语的结构极为不同。例如：

近一段时期以来，从报纸、广播、电视上得知，不少地方都在做同一项工作——补发拖欠教师的工资。有的是"省市主要领导亲自过问"，有的是"限令在教师节前全部补齐"。湖北某市的领导还卖掉日产"公爵王"轿车，把35万元卖车钱用于还欠教师的债。总之，这些报道在宣传"领导的尊师重教之情"，向我们报告着一个又一个的好消息。

第五章 中西语言中有关词汇的文化内涵差异

词汇是语言的重要组成部分，但是由于不同语言背后的文化存在很多差异，因此承载这些文化内涵的词汇也就出现了很多差异。只有熟悉了这些词汇文化内涵的异同，才能更加深刻地理解词义，并在翻译过程中采取正确的处理技巧。本章就以动物词汇、植物词汇、颜色词汇以及自然现象词汇为例，对中西语言中有关词汇的文化内涵进行具体介绍。

第一节 中西动物词汇的文化内涵差异

一、狗与 dog

（一）狗在汉语中的文化内涵

狗在中国文化中的形象可以说毁誉参半。在中国传统文化中，狗多以一种负面形象出现。人们通常把狗看作是一种卑贱、令人厌恶的动物，因此有关狗的说法也大多含贬义。例如，“狗腿子”、“走狗”、“狗仗人势”、“狗头军师”、“狗尾续貂”、“狗头鼠脑”、“狗眼看人低”、“狗咬吕洞宾”等。之所以出现这种结果，是因为在漫长的中国农耕社会中，普通百姓终日要为了生存而奔忙劳累，很难有精神层面的追求。人们即使养狗，主要目的也是为了防盗，而并非单纯的喜爱。

随着我国人民生活水平的提高，人们在物质上得到了满足，便开始有了精神层面的需求，养狗的人数大大增加。人们不仅和狗散步、玩耍，甚至将狗视为生活中不可缺少的一部分。此外，给狗看病的医院现今也十分常见。而汉语中有关狗的词语也发生了微妙的变化。例如，人们用“狗狗”代替“狗”，传达了一种喜爱之情。更有甚者还会用“儿子”、“女儿”来称呼自己的狗，其对狗的喜爱程度可见一斑。

（二）dog 在英语中的文化内涵

在西方，dog 是一种爱畜、宠物。在西方人眼中，狗既可以帮助他们打猎、看门，也可以作为宠物或伴侣看待。因此，在西方国家，人们常把狗看作是他们的保护者和忠实的朋友，甚至把狗看成是他们家庭中的一员，因而常常把狗称作 she（她）或 he（他）。而人们如不善待他的狗，就认为是不把他看作是朋友。可见，“狗”在西方的形象比较积极、正面。英语中以“狗”作为喻体的词语也通常含有褒义。例如：

a sea dog 有经验的水手

an old dog 经验丰富的人

a jolly dog 快活的人

a lucky dog 幸运的人

Every dog has his day.

凡人皆有得意日。

Love me，love my dog.

爱屋及乌。

If the old dog barks，he gives counsel.

老狗叫，是忠告。

He works like a dog.

他工作非常努力。

一般来说，西方人用 dog 指人时，其意思相当于 fellow，没有贬义，有时语气还十分诙谐风趣。例如，a lazy dog（懒汉）。英语中的 dog 一词还有表示中性的含义。例如，dog eat dog（残酷竞争）。此外，英语中的 dog 也不完全是褒义的含义，也有一些表达贬义的说法。例如：

a dead dog 毫无价值的东西

a dog in the manger 占着茅坑不拉屎的人

That dog！Son of a bitch！

那个狗东西！狗娘养的！

You dog！

你这狗东西！

二、龙与 dragon

（一）龙在汉语中的文化内涵

龙在中国文化中有着悠久的历史。我国在远古时期就有了龙的雏形——人面蛇身。这些人面蛇身像大多描绘的是女娲、伏羲等一干众神，后来逐渐演化成了龙。这反映了远古人类最原始的崇拜和敬畏。在远古人类的生活中，有太多的东西不被当时的人所理解，也有太多的东西使人们感到畏惧与无助。因此，人们只好将这些都归于法力无边、呼风唤雨的龙，这可以说是人类将自然具象化的结果。正是由于龙的上述特性，后来就被用于象征帝王、皇权。这时的龙已经不仅仅是一种传说中的神兽，更是权力和地位的象征。大约是从秦始皇开始，就有把帝王称为“龙”的说法。汉朝以后，龙就成了帝王的象征。与帝王有关的事物也被冠以了“龙”字。例如，“龙体”、“龙颜”、“龙床”、“龙椅”、“龙袍”等。再到后来，龙成了权威、力量、才华、吉祥等的象征。例如，“真龙天子”、“蛟龙得水”、“龙吟虎啸”、“卧虎藏龙”、“乘龙快婿”、“望子成龙”、“龙凤呈祥”等。

总之，“龙”对中国文化有着深远的影响，成为民族文化传统的一部分，无论是日常生活还是文学作品，都离不开它的踪迹。总体来说，汉语中的“龙”具有至尊至上的感情色彩，蕴含着“权威、力量、才华、吉祥”等褒扬的语义。

可见，龙在中国文化中有着极高的地位，它经历了上千年的演变和发展，不断被注入新的内容，形成了我国今天的龙文化。炎黄子孙素来自称为“龙的传人”，这是有深厚的文化内涵的。对于不了解中国传统文化的西方人士而言，要理解其中的内涵是十分困难的。

（二）dragon在英语中的文化内涵

与汉语中“龙”的正面、积极的形象完全相反，英语中的dragon却是邪恶与恶魔的代表。在英语词典中，对dragon一词的相关定义主要有以下几个。

（1）它是一种长有翅膀，有爪子的，喷火的类似鳄鱼或蛇的怪物（*Oxford Advanced Learner's Dictionary of Current English*）。

（2）它是一种长着狮子的爪子，蛇的尾巴，模样像巨大的爬行动物的怪物（*The American Heritage Dictionary*）。

（3）它常常跟邪恶联系在一起（*The New Columbia Encyclopedia*）。

在西方，人们一般认为dragon是一种有翅膀、吐火焰的怪物。在一些描写圣徒和英雄的传说中讲到和龙这种怪物进行斗争的事迹，也多以怪物被杀为结局。例如，《圣经》中说龙是被圣乔治用大梭镖捅死的。而在基督教美术中，龙也总是代表邪恶。国外对可恶的专门打人的警察也叫“龙”。

总之，dragon在英语中是指一种没有“地位”的爬行动物，是西方人心目中凶恶而丑陋的象征。例如：

Two fiery dragons could not have been more furious than they were.

他们当时凶神恶煞，两条喷火恶龙也会难望其项背。

The angel child and the dragon mother, Hagan thought, returning the mother's cold stare.

“天使般的女儿，恶龙般的母亲”，夏根想道，勇敢地回应着她母亲那冷冰冰的目光。

近年来，随着中西文化交流的加强，西方人士对中国的传统文化了解增多，因此一些人在翻译“龙”时用 Chinese dragon 以示与西方的 dragon 相区别。

三、猫与 cat

（一）猫在汉语中的文化内涵

在汉语中，猫的比喻形象通常是温顺可爱的。在中国文化中，捕鼠是猫的天职，昼伏夜出，主动出击，从不偷懒，满足了人们用猫除鼠保粮的愿望。比如，形容某人嘴馋会说“馋猫一只”；也会戏称小孩嘴馋为“小馋猫”或某人懒为“大懒猫”，这些通常都有亲昵之情。当然，汉语中也有一些对“猫”不大好的说法，像“猫哭耗子假慈悲”等。

总体来看，汉语中关于“猫”的负面联想比较少，与“猫”有关的词语也相对较少。这是因为，中国长期处于封建农业社会，城市发展时期很短，而猫作为一种城市化动物，在汉语词语中的活跃程度也自然较低。

（二）cat 在英语中的文化内涵

与汉语中的“猫”相比，cat 在英语中则是一个非常活跃的词，与它相关的词语很多。这在很大程度上是因为猫在西方是一种城市动物。随着欧洲 18 世纪、19 世纪城镇的形成，猫也逐渐成为人们生活的一部分，并进入人们的生活圈子，成为人们的宠物。

cat 在英语文化中的褒贬形象也比较复杂。在西方，猫可以用来比喻女性，如时装模特走的台步就被称为 catwalk（猫步）。人们对 cat 有各种各样的昵称，如 puss，pussy，pussycat，称呼小猫则用 kitty，kitten。再如，land like a cat 表示安然脱离困境，带有褒义含义。但是总体来讲，猫在英语中多以负面词汇的形象出现。例如，美国人认为，当在走路时如果前面跑过一只猫，就是不吉祥的征兆。请看下面一些与猫有关的词语：

a queer cat 怪人

a cat in the pan 叛徒
a copy cat 盲目的模仿者
love cat 玩弄女子的男性
a cat burglar 翻墙越窗的贼
an old cat 脾气坏的老太太
a cool cat 做出孤傲冷漠样子的人
let the cat out of the bag 泄露秘密,露了马脚
lead a cat and dog life 过着吵吵闹闹的生活
look like something the cat brought/dragged in 衣冠不整,蓬头垢面
put/set the cat among the pigeons 引人麻烦,制造祸端

此外,cat 在英语中还可以有中性指代。例如:

a barber's cat 面带病容和饥饿的人
a cat nap 打盹
rain cats and dogs 下倾盆大雨
that cat won't jump 这一手行不通
have not a cat in hell's chance 毫无机会

四、蛇与 snake

(一)蛇在汉语中的文化内涵

在传统中国文化中,蛇也是一种毁誉参半的形象。蛇起初是作为汉文化图腾崇拜——龙最初的原始形象的,因此具有一种积极的含义。例如,在《白蛇传》中,蛇就是一种极具同情心、知恩图报并敢于追求美好生活的动物生灵。但是在传统的中国文化中,人们更倾向于把蛇与恶毒、邪恶、狡猾、猜疑等联系起来,如"美女蛇"、"地头蛇"、"毒如蛇蝎"、"人心不足蛇吞象"等说法都是负面的。此外,在汉文化中,蛇还是一种令人捉摸不定的物种,所以汉语中的蛇也是众多性情的代名词。

(二)snake 在英语中的文化内涵

在英语文化中,蛇一开始就是一种被诅咒的对象,是邪恶的象征。这一点与其在汉语文化中的内涵是不同的,因为在汉语文化中,蛇最初是作为一种备受崇拜的图腾出现的。在《圣经(旧约)创世记》的记载中,蛇在撒旦的唆使下,诱惑人类始祖夏娃犯下了原罪,因此蛇象征着"原罪"。在古希腊神话中,蛇也是以一种恶毒形象出现。例如,宙斯的妻子赫拉为了杀死宙斯的

私生子赫拉克勒斯(Heracles),就派了一对剧毒无比的蟒蛇。

西方中的神话故事实际上反映了远古时期人类对蛇诡秘的行踪和剧毒的恐惧。由此,人们认为蛇是魔鬼与邪恶的象征,是邪恶与危险的化身。而在英语中有关 snake 的说法也多是负面的。例如:

a snake in the bosom 恩将仇报的人

a sheer cold-blooded reptile 一个彻头彻尾的冷血恶魔

a snake in the grass 潜伏的敌人,潜伏的危险

warm (cherish) a snake in one's bosom 姑息坏人,养虎贻患

a snake in grass cloaked with hospitality 披着热情好客外衣的阴险的人

可见,虽然英语文化中的蛇也有着与汉语中相近的含义,但是汉语文化中的蛇更具有双面性的联想意义,而英语文化中蛇其主要象征是贬义的。

五、凤凰与 phoenix

(一)凤凰在汉语中的文化内涵

在中国神话中,凤凰是主掌风雨的神鸟,也是鸟中之王。史记中就有“凤凰不与燕雀为群”之语。凤凰似乎是指一种动物,但依古书记载,凤是雄性,凰是雌性。

汉语中有“百鸟朝凤”、“有凤来仪”、“凤毛麟角”之类的成语。司马相如在《琴歌》中唱道:“凤兮凤兮归故乡,遨游四海兮求其凰”,表达了他对卓文君的爱情。而随着岁月的变迁,凤凰就被简化为了雌性的凤,象征富贵和吉祥,并逐渐成为了皇后的代名词。到了今天,凤已经成了普通女性的专用词,很多中国女性的名字里就有“凤”字。

此外,凤和龙在中国文化中是不可分割的,它们共同构成了我国独特的龙凤文化。普通百姓生了男女双胞胎就称为“龙凤胎”,还有很多成语中也包含了“龙”、“凤”二字,如“龙凤呈祥”、“龙驹凤雏”、“龙飞凤舞”、“龙章凤彩”、“望子成龙”、“望女成凤”等。

(二)phoenix 在英语中的文化内涵

在西方文化中,相传,phoenix 是一种供奉于太阳神的神鸟。希腊历史学家希罗多德(Herodotus)在公元前 5 世纪将其描述为一种有着红色和金色羽毛的、鹰一样的神鸟。phoenix 的生命周期是 500 年。在生命周期结束时,它会建造一个焚烧场所,并在其中烧成灰烬,然后灰烬中又会出现一

个新的 phoenix。可见，英语中的 phoenix 总是与复活、重生有关。不仅如此，phoenix 在基督文学作品，乃至其他文学作品中都象征着“死亡”、“复活”和“永生”。例如：

Much of the town was destroyed by bombs in the war but it was rebuilt and in the following decade rose from the ashes like the phoenix.

该城的大部分在战争中被炸弹摧毁但是又得以重建并且在以后十年中像火中的凤凰一样从灰烬中再生。

六、鸡与 cock

（一）鸡在汉语中的文化内涵

我国是世界上最早开始养鸡的国家之一，鸡在我国是一种重要的家禽，同时也具有很多文化内涵，具体介绍如下。

(1)在我国传统文化中，凤的形象就来源于鸡。《太平御览》记载：“黄帝之时，以凤为鸡。”

(2)鸡每天早晨啼鸣报晓，从不误时懈怠。因此，鸡在民间代表着信德。雄鸡破晓而啼，预示了一天的开始，因此鸡也象征着勤奋、努力和光明的前途。例如，《孟子·近心上》有云，“鸡鸣而起，孳孳为善者，舜之徒也。”意思是说：鸡一叫就起身，孜孜不倦地行善的，是舜这类人。

(3)传说中，鸡鸣日出，带来光明，因此鸡被认为有武勇之德，可以驱逐妖魔鬼怪，也成为画家画中的辟邪镇妖之物。也正因如此，斗鸡在我国历史上也久盛不衰，斗鸡甚至被用到军队中，以鼓舞士气。可见，雄鸡作为善斗的勇士，其英姿气魄被人们所称颂。

(4)由于“鸡”与“吉”同音，因此鸡在中国也常有吉祥之意。例如，我国电影界有一个著名的奖项就是“金鸡奖”。市场上也有一些与鸡有关的品牌，如“金鸡牌”鞋油、“大公鸡”香烟等。而部分民间地区更有在隆重仪式上宰杀大红公鸡和喝鸡血酒的习俗。

(5)随着时代的变化，“鸡”字在当今又被赋予了一个极不光彩的含义，即供性服务的女性，这也是由于“鸡”和“妓”谐音所造成的。

（二）cock 在英语中的文化内涵

英语中的 cock 也具有丰富的文化内涵，主要体现在以下几个方面。

(1)具有宗教内涵。例如，在基督教传统中，cock 通常被置于教堂的尖顶，它在清晨一声鸡叫，魔鬼便惶然隐退，故被视为圣物。在古希腊神话中，由于cock引起人们对东升旭日的注意,故而它专门奉献给太阳神阿波罗(Apollo)。而在罗马神话中,墨丘利(Mercury)是为众神传信并管商业、道路的神,cock在清晨的啼叫中使千行百业开始工作,故而是奉献给墨丘利的(白靖宇,2010)。

(2)具有迎宾的内涵。在英国的一些小酒馆里,人们经常可以看到cock and pie的字样。这里的cock就有翘首以待来客的含义。

(3)具有好斗、自负的内涵,这点与其在汉语文化中的内涵有相似之处。英语中常用cock来描绘人的行为。例如:

He is too bloody cocksure about everything.

他对于每一件事都过于自信。

He's been cock of the office since our boss went back to America.

自从我们老板回了美国以后,他就一直在办公室里称王称霸。

The jury did not believe the witness' cock and bull story.

陪审团不相信证人的无稽之谈。

I've never heard such cock in my life.

我一生从未听说过这样的胡说八道。

七、兔子与 hare,rabbit

(一)兔子在汉语中的文化内涵

在中国文化中,兔子的形象较为复杂。一方面,它代表着温顺、可爱、敏捷,如有"玉兔"、"兔辉"、"动如脱兔"等说法;另一方面,它又代表着狡猾、缺乏耐性,如"狡兔死,走狗烹"、"狡兔三窟"、"兔子不吃窝边草"、"兔子尾巴长不了"等。此外,汉语中还有一些骂人的词语也带有"兔"字,如"兔孙子"、"兔崽子"等。

(二)hare, rabbit 在英语中的文化内涵

在西方文化中,hare和rabbit通常带有贬义,用来指那些不可靠的、要弄花招的人。例如,英语俚语中,hare指坐车不买票的人,口语中的rabbit则多指拙劣的运动员(尤指网球运动员)。在英语中,与"兔子"有关的一些负面的说法有如下一些:

odd rabbit 真该死

make hare of somebody 愚弄某人

mad as a march hare 十分疯狂的、野性大发的

hare-brained 轻率的、愚蠢的、鲁莽的

rabbit on about sb./sth. 信口开河；喋喋不休地抱怨

八、杜鹃与 cuckoo

（一）杜鹃在汉语中的文化内涵

在汉语文化中，杜鹃又称“布谷鸟”或“子鹃”，是一种初夏不断鸣叫的益鸟。杜鹃在汉语中的文化内涵主要有以下几个。

（1）杜鹃口腔和舌部均为红色，传说中被认为啼得流了血，故有“杜鹃啼血”之说，因为是泣血悲啼，杜鹃被赋予了“凄凉、忧愁、冤苦”的感情色彩。

（2）杜鹃啼声“咯咕咯咕”，朱熹曾拟有“不如归去”的说法，因此它具有“思归、思乡”的联想意义。

（3）象征春天。杜鹃鸟啼，杜鹃花开，表示春天来临，也可表示春播时间来临，催促播种。

（二）cuckoo 在英语中的文化内涵

在西方国家中，cuckoo 通常只是被看作是一种“愚笨之鸟”，并没有其他的联想意义。例如：

Don't think he's a cuckoo. He's pretty smart indeed.

不要认为他是傻布谷，其实他精明得很。

第二节　中西植物词汇的文化内涵差异

一、玫瑰与 rose

（一）玫瑰在汉语中的文化内涵

在中国古代，玫瑰实际上很少得到文人墨客的垂青，这大概与其小朵、多刺的外形有很大的关系。玫瑰茎上锐刺猬集，中国人形象地视之为“豪者”，并给之以“刺客”的称谓。达官显贵们大多偏好牡丹、芍药等富贵之花，对生长环境恶劣、浑身带刺的玫瑰便不屑一顾。正是因为这样，玫瑰在中国传统文化中的地位并不高，关于玫瑰的诗词也相对较少。当然，玫瑰还是以

其美丽的外表、坚毅的品格受到了部分诗人、作家的赞誉和欣赏。例如，曹雪芹《红楼梦》第六十五回说道：“三姑娘的混名儿叫‘玫瑰花儿’，又红又香，无人不爱，只是有刺扎手……”又如下面这首诗：

红玫瑰

宋·杨万里

非关月季姓名同，不与蔷薇谱谍通。
接叶连枝千万绿，一花两色浅深红。
风流各自燕支格，雨露何私造化功。
别有国香收不得，诗人熏入水沈中。

如今，人们还经常用“带刺的玫瑰”来形容漂亮而不易接近的女性。总体上来说，由于玫瑰完全是一种生长在国外的花，所以汉民族文化中对它的描述并不是很多，就连玫瑰象征爱情的含义也完全是近代从国外传入中国的。

（二）rose 在英语中的文化内涵

玫瑰在西方是一种非常常见的花，而它的美丽与色彩就常使它成为语言中比喻的对象。传说希腊神话中，玫瑰花是被花神克洛里斯所造。有一天，她发现已经失去生命的女神宁夫在树丛中，于是就把她变成了一朵花。克洛里斯拜访了爱之神阿佛洛狄特和酒之神狄俄尼索斯。爱之神阿佛洛狄特赋予了该花的美丽，而酒之神狄俄尼索斯则给其添加了香甜之味。随后，西风之神泽费罗斯把花吹向了太阳之神阿波罗。而阿波罗使其发光并开花。这也就是为什么玫瑰被冠以“花之女皇”的名称。具体来说，玫瑰在西方中的文化意义主要体现在以下几个方面。

(1)象征美丽与爱情。英语中借玫瑰歌颂爱情的诗歌很多。例如，苏格兰农民诗人罗伯特·彭斯(Robert Burns)著名的诗歌《一朵红红的玫瑰》(*A Red, Red Rose*)中就有这样的句子：

O my luve is like a red, red rose,
That's newly sprung in June;
O my luve is like the melodie
That's sweetly played in tune.

(2)象征健康、温和、欢乐、顺利、乐观等。例如：

put the roses(back)into one's cheeks 使某人的脸色看起来健康

treat with rose 用温和的办法对待

gather life's roses 寻欢作乐

come up roses 指事情发生顺利、成功

take rose views 抱乐观的看法

a bed of roses 称心如意的境地，安乐窝

there is no rose without a thorn 没有十全十美的事

(3)象征安静、私下、秘密。对于这一点有多种解释。一般认为这是欧洲地区一种由来已久的风俗。从古罗马神话一直到近代，人们用玫瑰的图案来表示保持沉默、守密的含义。通常，餐桌上和会议厅天花板上所雕刻的玫瑰花图案提示人们这里的谈话不得外露。

(4)象征王朝。在英国历史上的英格兰兰开斯特王朝曾用红玫瑰作为其王朝的象征标志。而约克王朝则选用白玫瑰作为其标志。于是人们就将这两个王朝之间所爆发的战争被为玫瑰之战。

二、竹子与 bamboo

(一)竹子在汉语中的文化内涵

在中国，竹子是一种文化性很强的植物，可以说是文化的一种承载物。具体来说，竹子的含义主要体现在以下两个方面。

(1)在古代，竹子是一种书写记载工具，为汉文化古代文字的记录做出了不可估量的贡献。在使用竹简记录文字之前，人们主要是使用甲骨类作为文字的主要记录工具，但是甲骨刻写是非常艰难的。竹简的使用则是文字发展历史上的一个极大进步，它大大地提高了记录的效率和携带的方便性。所以，在当时的条件下，竹简的使用对中华民族文化的贡献可与后来活字印刷术的使用对中华文化乃至世界文化的贡献相媲美。值得一提的是，竹简在中国历史使用的主要年代(从战国至魏晋)正是汉文化最为繁荣兴旺的时期，可见竹简的贡献是相当大的。

(2)在传统的汉文化中，竹子由于其特性也被赋予了人格化的含义。例如，竹子的枝弯而不折，代表着柔中有刚的做人原则；竹子空心代表着虚怀若谷的品格；竹子不畏霜雪、四季常青，象征着顽强的生命和青春永驻；竹子生而有节、竹节必露则象征着高风亮节。正因如此，在汉文化中，竹子既是“岁寒三友”(松、竹、梅)之一，又是“花中四君子”(梅、兰、菊、竹)之一。

古今文人墨客都对竹充满了赞美，留下了大量的咏竹诗和竹画。国画中的竹常以水墨表现竹的形象与气韵，墨竹画在写意花鸟画中占有重要的位置，其笔墨特征是以书入画、骨法用笔，画竹则要“成竹在胸”，这样才能在

运笔用墨时挥洒自如，表现出竹的神韵与气节。赏竹咏竹的佳句也有很多，如欧阳修的“竹色君子德，猗猗寒更绿”，李和的“常爱凌寒竹，坚贞可喻人”，邵渴的“竹死不变节，花落有余香”等。在中国的成语中“竹”字也很常见，如“胸有成竹”、“势如破竹”、“青梅竹马”等。此外，人们还用“竹报平安”来祝福平安吉祥。这些都表明了竹与中国文化传统密不可分的关系。

（二）bamboo 在英语中的文化内涵

竹子在汉语中有丰富而美好的文化联想，而英语中对应的 bamboo 一词几乎没有什么特殊的联想意义，甚至这个词本身都是从其他语言中借用过来的。这是因为竹子主要生长在亚洲热带地区，所以英国人对于竹子并不像东方人那样熟悉，在多数情况下，它只是一种植物的名称，并不能引起丰富的联想。

三、荷花与 lotus

（一）荷花在汉语中的文化内涵

在中国，荷花又称为“芙蓉”、“莲花”，其象征意义主要有以下几点。

(1)荷花常被用来与女子的娇美相比较。早在 3 000 多年前的《诗经》中，便有将莲花比作美女的记载。《国风・陈风・泽陂》中写道：“彼泽之波，有蒲与荷。有美一人，伤如之何？寤寐无为，涕泪滂沱。”其大意是一男子将莲花比作倾慕已久的美女，许久未能见到，悲伤得不得了。如今醒着睡着，眼泪和鼻涕如下雨般淌下来。再看唐代诗人王昌龄的一首诗：

越女

越女作桂舟，还将桂为楫。
湖上水渺漫，清江不可涉。
摘取芙蓉花，莫摘芙蓉叶。
将归问夫婿，颜色何如妾？

(2)象征爱情。莲花是藕这种植物的花，而“藕”与“偶”谐音，藕断丝相连，“并蒂莲开”，因此常常象征着男女间爱情的缠绵。例如，唐代诗人王勃《采莲曲》中写道，“牵花恰并蒂，折藕爱连丝。”

(3)由于荷花生于污泥之中而仍纯洁无瑕，因而成为圣洁、清白的代表，有着“花中君子”的美誉。这也是荷花在中国文化中最重要的文化形象。

此外，“莲”与“廉”谐音，因此莲花还象征着为官清廉，一尘不染。莲花还是佛教神圣净洁的象征，是人们心中真、善、美的化身。

（二）lotus 在英语中的文化内涵

在西方文化中，lotus 则象征着摆脱尘世痛苦的忘忧树。传说，人如果吃了它的果实，就会忘掉一切。因此，英语中的 lotus 有安逸、懒散、无忧虑的隐含意义。例如：

lotus land 安乐之乡

lotus life 懒散、悠闲的生活

lotus-eater 醉生梦死、贪图安逸的人

lotus-eating 醉生梦死、贪图安逸的行为

四、柳树与 willow

（一）树柳在汉语中的文化内涵

柳在汉语有着丰富的文化寓意。具体来说，主要体现在以下几点。

（1）用来比喻女子的姿色。柳枝轻盈柔软、风姿绰约，因而在中国文化中常用于形容女子姿色。例如，白居易的《长恨歌》中写道："归来池苑皆依旧，太液芙蓉未央柳。芙蓉如面柳如眉，对此如何不泪垂。"大意是唐明皇回来以后，看到太液池的芙蓉就想起了杨贵妃美丽的面容，看到未央宫的柳条就想起了杨贵妃柔美的柳眉。

（2）象征忧伤的离别之情。柳树之所以成为离别的象征，一方面是因为"柳"与"留"谐音，暗含"挽留"之意；另一方面是因为柳条纤细柔韧，象征绵绵的情谊。因此，汉语中含有"柳"字的句子，往往都包含了浓浓的离情别绪。例如，唐代诗人王维和刘禹锡的诗句：

送元二使安西

渭城朝雨浥轻尘，客舍青青柳色新。
劝君更尽一杯酒，西出阳关无故人。

柳枝词

清江一曲柳千条，二十年前旧板桥。
曾与美人桥上别，恨无消息到今朝。

（3）喻指风尘女子。春天的柳絮纷纷扬扬地到处飘飞，这就使人们觉得柳树过于轻浮、妖娆，因此柳树也就有了一层不好的含义。例如，"花街柳

巷”代指妓院等色情场所，“寻花问柳”则表示男子寻访风尘女子，嫖娼作乐。再如：

这贾蔷外相既美，内性又聪明，虽然应名来上学，亦不过虚掩眼目而已。仍是斗鸡走狗，赏花阅柳。

（《红楼梦》第九回）

（二）willow 在英语中的文化内涵

西方文化中，willow 也有较为丰富的文化内涵，主要体现在以下几个方面。

(1)象征失恋、哀伤、死亡。这一象征意义与英国人带柳叶花圈以示哀悼的习俗有关。例如，在莎士比亚的著名戏剧《奥赛罗》(*Othello*)中，黛斯德蒙娜(Desdemona)就说道：

My mother had a maid call'd Barbara;
She was in love, and he she lov'd prov'd mad
And did forsake her; she had a song of “willow”;
An old thing't was, but it expressed her fortune,
And she died singing it.
And then comes the song:
The poor soul sat sighing by a sycamore tree,
Sing all a green willow;
Her hand on her bosom, her head on her knee,
Sing willow, willow, willow;
The fresh streams ran by her, and murmur'd her moans;
Sing willow, willow, willow;
Her salt tears fell from her, and soften'd the stones;
Sing willow, willow, willow.

(2)象征女子的苗条与优雅。由于柳枝细长绵软，很容易让人联想起女性优美的身段。因此，英语中也常用 willow 来形容女子。例如：

a willowy young actress 一个苗条的年轻女演员

Clothes always look good on her because she is so tall and willowy.

她又高又苗条，穿什么都好看。

She is pale and willowy, with violet eyes.

她面色苍白，身材瘦弱，还有一双紫罗兰色的眼睛。

(3)用于驱邪。在复活节前的星期日，西方人常用柳树来祈福，将之挂于家中驱赶所有的邪恶。

五、桃花与 peach

（一）桃花在汉语中的文化内涵

桃花也是一种较为常见的大众之花。由于桃花外观娇艳美丽，因此其在中国文化中的形象也较为复杂。

（1）被当作实景来描写。例如，唐代诗人周朴的《桃花》："桃花春色暖先开，明媚谁人不看来。可惜狂风吹落后，殷红片片点莓苔。"

（2）象征女子的美貌。桃花艳丽的外表使其常被用于形容女子的美丽。例如：

诗经·周南·桃夭

桃之夭夭，灼灼其华。之子于归，宜其室家。
桃之夭夭，有蕡其实。之子于归，宜其家室。
桃之夭夭，其叶蓁蓁。之子于归，宜其家人。

（3）象征张扬、招惹是非。正是由于桃花的外表过于艳丽，不符合儒家含蓄而不张扬的传统观念，因而常被用来喻指美色、男女之事，如"桃花运"、"桃色新闻"、"桃色事件"等。

（二）peach 在英语中的文化内涵

西方文化中，peach blossom 并无特别的文化内涵，而 peach 则通常喻指肤色白里透红的美人及其他美好的事物。例如：

peachy cheeks 桃腮

a peach of a room 漂亮的房间

Your wife is an absolute peach.

你太太真是位美人。

六、牡丹与 peony

（一）牡丹在汉语中的文化内涵

同梅花一样，牡丹在汉语文化中具有非常丰富的联想意义。

（1）象征人们对富裕生活的期盼。在民间文化中，牡丹被赋予了富贵的品格，一提到牡丹，人们很容易想起"富贵"二字。人们常常用牡丹来象征对富裕生活的期盼与追求。

(2)象征国家的繁荣昌盛。在古代，牡丹就有国家繁荣昌盛的象征，这在很多诗句中都有体现。例如，唐代诗人刘禹锡写道："惟有牡丹真国色，花开时节动京城。"皮日休写道："落尽残红始吐芳，佳名唤作百花王，竞夸天下无双艳，独占人间第一春。"之后，牡丹便成为幸福吉祥、国家繁荣昌盛的象征。

(3)象征不畏权贵的高风亮节。牡丹虽然被誉为"富贵之花"，但是其并不娇嫩脆弱，并被赋予不畏权贵和恶势力的含义，人们认为她"不特芳资艳质足压群葩，而劲骨刚心尤高出万卉"。

(4)象征纯洁和爱情。在中国传统文化中，牡丹也是美、纯洁与爱情的象征。例如，我国西北广为流传的民歌"花儿"指的就是牡丹，也是对唱双方中男方对女方的称呼。

此外，在汉文化中，牡丹还可以与别的花一起被赋予象征意义。例如，牡丹与芙蓉一起具有"荣华富贵"的含义；牡丹与海棠一起具有"门庭光耀"的含义；牡丹与水仙一起具有"神仙富贵"的含义；牡丹与长春花一起则具有"富贵长春"的意义。[①]

(二)peony在英语中的文化内涵

英语中的peony来源于希腊神话故事中众神的医生皮恩(Paean)。确切地说，peony就是以皮恩的名字命名的。由于皮恩曾经用牡丹的根治好了天神宙斯(Zeus)之子海克力斯(Hercules)，因此牡丹在西方文化中被视为魔力之花，其药用价值高于其美学价值。

七、百合与lily

(一)百合在汉语中的文化内涵

在中国人眼中，百合花意味着"百年好合"，是吉祥和幸福的象征。结婚时，新娘子头上要么戴玫瑰，要么戴百合，目的是为图个好兆头。我国福建省南平市和浙江省湖州市就都以百合为市花。此外，我国古代文人也有咏颂百合的诗词。例如：

① 包惠南，包昂. 中国文化与汉英翻译. 北京：外文出版社，2004

百合花

宋·韩维

真葩固自异,美艳照华馆。
叶间鹅翅黄,蕊极银丝满。
并萼虽可佳,幽根独无伴。
才思羡游蜂,低飞时款款。

百合不仅外观美丽,医学价值也很大。中医认为,百合具有养心安神、润肺止咳的功效。因此,百合也常被用作食材,出现在人们的日常饮食之中。

(二)lily在英语中的文化内涵

百合花在英语民族中是一种较为常见的花。关于百合,还有一个传说。传说中百合花是夏娃从天堂出来时流出悔恨的泪水中出现的。

(1)对西方人来讲,百合花几乎是完美的代名词,所以如果给某事物做不恰当或过分的修饰,则无异于给百合花上颜色,称作 gild/paint the lily,相当于汉语中的“画蛇添足”。

(2)基督教艺术中,百合花是贞节、纯真和纯洁的象征。英语中 white lily 表示纯白。例如:

He marveled at her lily-white hands。

在描写人的性格方面,lily-white 又有“完美的性格”的意思。例如:

Someone who is described as lily-white has a faultless character。

此外,lily-white 在英语中还可以表示天真无邪的。

(3)在英语国家的迷信传说中人们认为懦夫的肝中是没有血液的,故以白色居多的 lily 与 liver 一起又构成了 lily-livered,有胆怯之义。

第三节 中西颜色词汇的文化内涵差异

一、白色与 white

(一)白色在汉语中的文化内涵

白色作为一种非常普通的颜色,几乎存在于人类任何一种语言中。尽管如此，白色在不同文化中还是有很多不同的内涵。即使是在汉语文化中，白色也有着相差甚远甚至互为矛盾的文化含义，可以说褒贬共存。

(1)白色首先表示其物理上的本意，这是一种中性指代，如“白雪皑皑”、“白驹过隙”、“白云孤飞”等。

(2)表示“空白，没有什么东西的”，如“一穷二白”、“白手起家”、“平白无故”、“空口说白话”等。

(3)表示知识浅薄、没有地位、没有功名或低贱的。例如，人们把平民百姓称为“白丁”、“白衣”，把缺乏锻炼、阅历不深的文人称作“白面书生”等。

(4)表示明白、清楚，这是一种中性含义。例如，“不白之冤”指难以洗雪、无法破解的冤情、冤枉，“真相大白”、“大白于天下”意为找到事实真相，将其来龙去脉公之于众。

(5)表示没有代价、没有报偿或失败、愚蠢、无利可得的。例如，在战争中失败的一方总是打着白旗表示投降，人们通常把智力低下的人称为“白痴”，把出力而得不到好处或没有效果称作“白干”、“白忙”、“白费力”、“白白浪费”等。

(6)表示诀别、凶兆、死亡，这也是白色最具有中国特色的文化内涵。在历史上，白色曾有诀别的含义。《史记·荆轲传》中记载了当荆轲与太子丹诀别时，众人于易水河边相送，“皆白衣冠以送之”。白色在中国代表“丧事”与中国的传统文化有关。根据《说文解字》的解释，“白，西方色也。”在中国古代的五方色中，西方是刑天杀神，主萧杀之秋，古代常在秋季征伐不义、处死犯人，因此有“秋后问斩”之说。因此，白色是枯竭无血色、无生命的表现，从而象征着死亡、凶兆。[①] 例如，在中国古典小说《三国演义》中就多次写到因送别亡人身着白衣白冠相送。直到现在，一般有人去世，他的后人就穿白衣为其送终。例如，亲人死后家属要披麻戴孝(穿白色孝服)办白事，要设白色灵堂，出殡时要打白幡。

(7)表示奸邪、阴险。例如，忘恩负义的人被称为“白眼狼”，戏剧中演奸臣的角色被称为“唱白脸”。

(8)表示落后、反动、投降。白色在其发展过程中受到政治的影响，从而具有腐朽、反动、落后的象征意义。例如，“白色恐怖”指反动政权制造的镇压革命的恐怖氛围，“白军”指反动军队。其他词语如“白区”、“白匪”、“白色政权”等。

此外，白色还是现代社会人们对女性美和婴幼儿健康标准的评判。人们普遍认为美丽的女性应该看起来白，因此在中国有“一白遮百丑”的说法。

---

① 李志媛.英语习语和汉语成语中“白色”的文化涵义对比.魅力中国，2009，(9)

而人们对婴幼儿的一个褒义评判标准也是“又白又胖”。

（二）white 在英语中的文化内涵

white 在英语中的文化内涵主要体现在以下几个方面。

(1)和汉语中一样，white 在英语中也首先表示其物理色彩的本意，如 white water(流得很急的白色水花的水)，white coffee(加牛奶的咖啡)等。

(2)white 可以表示快乐、欢悦、吉利、幸运、幸福等。例如：

a white day 吉日

white-headed boy 宠儿

days marked with a white stone 幸福的日子

(3)white 在英语中还代表着纯洁、善意和美好。西方人在举行婚礼时，新娘穿着拖地的白色婚纱裙，手捧鲜花，新郎身穿白色西服，并在胸前插着象征爱情的红色玫瑰花，这一点与汉语文化中以白色为孝服的颜色截然不同。当然，随着文化的不断交流，白色在汉语文化中也有了纯洁的含义，新娘在结婚时也会穿白色婚纱，以示纯洁无暇。例如：

a white soul 纯洁的心灵

a white spirit 正直的精神

a white lie 善意的谎言

white hand 廉洁、诚实

white men 高尚的、有教养的人

(4)white 在英语中还有“停火谈判”的意思。此外，与上述中国人以白为美的评价标准不同，西方人认为，女性的美丽之一就是看起来成褐色(tan)，他们认为这个颜色正是健康的标志。

(5)white 有时还有“合法、无恶意”的含义。例如：

white market 合法市场

white list 白名单(指那些守法人士、合法机构等)

二、黄色与 yellow

（一）黄色在汉语中的文化内涵

(1)皇权、尊贵。在中国的传统文化里，黄色是最为尊贵的颜色，象征着皇帝至高无上的权力与威严，因而成为帝王的专属色彩。例如，皇帝登基叫“黄袍加身”，“黄袍”是天子的“龙袍”，“黄榜”是天子的诏书或告示；只有皇宫、皇陵以及奉旨兴建的寺庙、祭坛才准许使用黄色琉璃瓦盖顶。溥仪在其回忆录《我的前半生》中就回忆道，北京皇宫里“无一不是黄的”。到20世纪初，随着清政权的倒台，黄色作为皇家专用色彩终于退出了历史舞台。

(2)象征神灵、医道。中国道家起源被认为是由传说中的黄帝和老子共同研究而成的道家之说，因此汉语中有黄老学派和黄老之学之说，道家所穿之衣冠均为黄色，用来驱鬼避邪、祭祀神灵所用之纸均使用黄纸。而“黄历”则是相传由黄帝创建的历法。同时，封建社会编写大历书亦为黄色，人们将大吉大利、宜于办事的好日子叫“黄道吉日”。

(3)代表稚嫩。例如，黄色可用来指幼儿，如“黄童白叟”，这是由于婴儿的头发是细细的黄毛。黄色也常用来讥诮未经世事、稚嫩无知的年轻人，如“黄口小儿”、“黄毛丫头”等。

(4)色情、淫秽、下流、堕落。由于受英语中 yellow back(轰动一时的廉价小说)一词的影响，黄色在现代汉语文化中具有了色情淫乱的象征意义。例如，现代汉语中有“黄色图片”、“黄色小说”、“黄色书刊”、“黄色电影”、“黄色音乐”、“黄段子(即色情的或带点荤味的短小笑话、故事)”等说法。需要指出的是，尽管汉语中黄色的色情含义来源于英语，但英语中表示色情含义的色彩词是蓝色而非黄色。

(二)yellow 在英语中的文化内涵

与黄色在汉语中丰富的文化内涵相比，yellow 在西方文化中的象征意义就没那么多了，具体来说主要有以下两类。

(1)表示耸人听闻。例如：

yellow press 采用夸张手法办报办刊的报刊

yellow journalism 不负责任地肆意夸张、渲染的新闻报道(有关凶杀、灾祸、丑闻的新闻报道)

(2)表示卑鄙、胆怯。例如：

yellow dog 卑鄙的人

yellow-livered 胆小的

yellow streak 胆怯

此外，英语中还有 the Yellow Pages 或 the Yellow Book 等说法，但它是指电话薄而非中国的黄色书刊。在英语国家，电话薄分为两种，印成黄色的为公用电话薄，印成白色的为私人电话薄，英语为 the White Pages 或 the White book。总之，英语中的 yellow 并没有“淫秽”之义。

三、黑色与 black

(一)黑色在汉语中的文化内涵

黑色是一个最常见但本身却并不讨人喜欢的颜色。同白色一样,在中国的传统文化中,黑色的文化内涵也十分复杂,褒贬共存。具体来说可归纳为以下几点。

(1)象征尊贵、庄重。在春秋时期,黑色是作为官员上朝所穿之朝服,古书《毛诗故训传》就有这样的解释:“缁,黑色,卿士听朝之正服也。”这是指古代用黑色帛做的朝服,以显其尊贵、庄严之气势,可见既然黑色作为古朝服的颜色,那么黑色在古代的地位并不低。即使在今天,黑色仍具有“庄重、显贵、正式”的含义。例如,一般的公务车是以黑色为主导色彩,因为人们认为黑色显得沉稳厚重,能给别人留下身份显赫的印象。

(2)象征刚直不阿、公正无私。在戏剧舞台上,人们一般用黑色或以黑色为主色调来表示刚直不阿、严正无私和憨厚忠诚的人物特点,如包拯、李逵、尉迟恭、张飞等人的脸谱色彩都是黑色。

(3)由于黑色常使人联想起黑夜,因此便有了负面方向的基本联想。当人们想起黑夜时,会感到恐怖和无助,当人们看到一些黑色的动物和鸟类时,如乌鸦、猫头鹰、猪等也会产生厌恶之感。此外,中国人认为,黑色是地下冥间的色彩,鬼之色就是黑色。

(4)黑色在汉语中还有反动、邪恶、违法等贬义色彩。例如,“黑户”、“黑店”、“黑心”、“黑帮”、“黑货”、“黑道”、“黑车”、“黑社会”、“黑势力”、“背黑锅”、“黑名单”等。

(二)black 在英语中的文化内涵

black 在英语中的文化内涵主要有以下几个。

(1)表示凶兆、悲哀、死亡、灾难。在西方,黑色是葬礼服装的标准色彩,因此黑色在英美文化中也一种不吉利的颜色。英国作家及诗人艾迪丝·斯蒂威(Edith Sitwell)的 *Taken Care Of* 诗中写道:

A lady asked me why, on most occasions, I wore black.
“Are you in mourning?”
“Yes.”
“For whom are you in mourning?”
“For the world.”

再如：

black words 不吉利的话

a black letter day 凶日

to wear black for his father 为他父亲戴孝

Black Mass 安灵弥撒

(2)表示耻辱、不光彩，邪恶、犯罪。例如：

black deeds 卑劣的行为

black lie 阴险的谎言

blackleg 骗子、工贼

black magic 邪恶的魔力

Black Man 邪恶的恶魔

a black eye 丢脸、坏名声

black guard 恶棍、流氓、坏蛋

(3)表示庄重、尊贵。西方人，尤其是商界巨贾、达官显贵、社会名流等上流社会阶级的人士喜欢穿着黑色的服饰以彰显其尊贵、庄重，因而有了 black suit(黑色西装)，black dress(黑色礼服)等说法。

(4)表示盈利。西方人习惯以记账通用的黑色字体来标注盈利的数字，因此就有了 in the black(盈利、有结余)的说法。

(5)表示没有希望。例如：

black news 坏消息

the future looked black 前景暗淡

(6)表示气愤、愤怒。例如：

black look 恶狠狠地看一眼

black mood 情绪低落

be black with anger 怒气冲冲

black in the face 气得脸色发紫

四、绿色与 green

(一)绿色在汉语中的文化内涵

绿色有着天然的悦目色彩，但在中国文化中，它具有两种褒贬不同的文化内涵。

(1)绿色代表春天，象征着新生和希望，还象征着生命、青春等。例如，宋代诗人王安石歌颂春天的著名诗句“春风又绿江南岸”，唐代诗人柳宗元

的“欸乃一声山水绿”都是对绿色的颂扬。

(2)代表不忠。当妻子有了外遇，丈夫就会被讥讽为“戴绿帽子”。

(二)green 在英语中的文化内涵

(1)green 在英语文化中，首先也代表着青春、生命、希望，是春天的象征。例如：

a green age 老当益壮

in the green 血气方刚

in the green tree/wood 在青春旺盛的时代，处于佳境

(2)表示幼稚、新手、没有经验、不成熟等。例如：

as green as grass 幼稚

to be green as grass 幼稚，无经验

green hand 新手

Do you see any green in my eye?

你以为我是幼稚可欺的吗？

You are expecting too much of him. He's still green, you know.

你对他要求太高，他还没经验！

(3)表示新鲜。例如：

green meat 鲜肉

a green wound 新伤口

(4)表示妒忌。例如：

green with envy 眼红

green-eyed 害了红眼病，妒忌

(5)表示钞票、金钱。由于美国的钞票以绿色为主色调，因而绿色具有钞票的象征意义。例如，“美钞”被称为 green back，并由此延伸出 green power(金钱的力量，财团)这一说法。

此外，现如今，随着环保概念的深入，东西方现在都认同“绿色”为环境保护的代名词。例如：

make green by planting 绿化

green food 绿色食品

greenish 同情环保事业的

green consumerism 绿色消费

the Green Revolution 绿色革命

the Greens 保护环境的政治团体

Green Peace Organization 绿色和平组织

五、蓝色与 blue

(一)蓝色在汉语中的文化内涵

蓝色虽然给人以轻快明亮的感觉,但其本身在中国文化中只有很少的象征意义。

(1)表示依据。这是蓝色在中国文化中一个比较常见的象征意义。例如,“蓝本”原本是指书籍正式付印之前为校稿审订而印制的蓝色字体的初印本,后来专指撰著、改编等所依据的底本、原稿。再如,“蓝图”一词源于英语单词 blueprint,原指设计图纸,因其为蓝色而得名,现在也用以喻指建设所依据的设计、规划以及人们对未来的宏大设想等。

(2)表示希望、稳定、沉着、勇敢和素净。例如,传统戏曲中的蓝色脸谱表示坚毅和勇敢。

(二)blue 在英语中的文化内涵

blue 在英语中的意义比起蓝色在汉语中的意义来说丰富得多。且很多含义是互不关联的。

(1)在英国文学史上,英语国家的文人常用蓝色来咏天颂海。例如,英国诗人 Lord Byron 在其诗 *Bluestocking Ladies* 中就写道:

Oh! “Darkly, deeply, beautiful blue,”
As someone somewhere sings about the sky,
And I, ye learned ladies, say of you.

(2)象征法规的尊严、地位的高贵以及人们对某种事物的热门。例如:

blue laws 严格的法规
blue nose 严守教规的卫道士
blue-blooded 贵族出身的
blue ribbon 最高荣誉的标志
blue blood 贵族血统、名门望族
blue-eyed boy 宠儿、红人

(3)表示情绪低落,心情郁闷等感情。例如:

blue funk 不胜惊恐;情绪低落
a blue day 忧郁的一天
sing the blues 沮丧、忧郁,悲伤
in a blue mood 处于忧郁的情绪中

have a fit of the blues 沮丧的，低沉的

(4)表示突然、迅速。例如：

have the blue 晴天霹雳

out of the blue 突爆冷门

blue streak 一闪即逝的东西

(5)表示色情的、下流的。例如：

blue video 黄色录像

blue films/movies 黄色电影

blue jokes 下流的玩笑

blue software 黄色软件

blue books and periodicals 黄色书刊

第四节　中西自然现象词汇的文化内涵差异

一、东风与 east wind

(一)东风在汉语中的文化内涵

在中国文化中，东风往往有以下几层文化内涵。

1. 象征春天和温暖

由于我国东临大海，西临高山，大部分地区属于温带大陆性气候，因此中华大地上的风往往东佳西劣。春天，风从海洋吹向陆地，带来温暖的东风，因此汉语中的“东风”也往往指“春风”，象征着“春天”和“温暖”，它吹绿了中华大地，使万物复苏，故有“东风报春”的说法，所以中国人偏爱东风。这在中国古诗词中多有表现。例如：

早梅诗

明・兰茂

东风破早梅，向暖一枝开；

冰雪无人见，春从天上来。

再如：

春日

南宋·朱熹

胜日寻芳泗水滨，无边光景一时新；
等闲识得东风面，万紫千红总是春。

2.象征革命的力量和气势

由于东风是撕裂寒冬、带来春之希望的自然现象，因此近现代的中国诗歌中也常用它来表示革命的力量和气势。例如：

满江红·游广东旋至海南岛度假一周记沿途所见

陈毅

……
渡海南巡，直飞到，天涯海角。
再南望，芳洲仙岛，星罗云播。
太平洋上不太平，联合国中欠联合。
喜东风浩荡海天宽，西风落。
抗日事，犹如昨；
老帝国，正瓯脱。
新殖民主义，又施侵略。
革命潮流方怒涌，神州跃进毋耽搁。
应中宵起舞到鸡鸣，练腰脚。
……

3.象征成功的必要条件

在很多中国古典诗词、文献中，东风还经常象征成功的必要条件。例如：

赤壁

唐·杜牧

折戟沉沙铁未销，自将磨洗认前朝。
东风不与周郎便，铜雀春深锁二乔。

4.象征封建家庭对立双方的一方

东风在中国文化中有时还象征着封建家庭对立双方中的一方。例如，宋代诗人陆游在母亲的逼迫下休弃原配夫人唐氏，几年后游沈园偶遇携夫出游的唐氏，深为感怀，于是写下了下面这首著名的《钗头凤》，表达了自己愁苦凄楚的心情。词中的“东风”一词就包含了自己的母亲。原文如下。

钗头凤

宋·陆游

红酥手，黄滕酒，
满城春色宫墙柳；
东风恶，欢情薄，
一怀愁绪，几年离索。
错、错、错！
春如旧，人空瘦，
泪痕红浥鲛绡透；
桃花落，闲池阁，
山盟虽在，锦书难托。
莫、莫、莫！

（二）east wind 在英语中的文化内涵

与中国不同的是，east wind 在西方文化中往往不被人们所喜爱。这与英国的地理位置有很大的关系：英国西邻大西洋，东接欧洲大陆，从东面吹来的风是寒冷的东风，因此东风常与寒冬、瑞雪相连，象征寒冷，所以并不受人们所喜爱。例如：

a keen east wind（刺骨的东风）—James Joyce

biting east winds（刺骨的东风）—Samuel Butler

a piercing east wind（刺骨的东风）—Kirlup

How many winter days I've seen him, standing bluenosed in the snow and east wind!

多少个冬日里，我都看见他，鼻子冻得发紫，站在冰雪和东风中！

(Charles Dickens)

二、西风与 west wind

（一）西风在汉语中的文化内涵

1. 象征寒冷和冬天

由于地理原因，在中国，西风是寒冷刺骨的，因此汉语中的“西风”象征冬天。例如：

早秋

唐·许浑

遥夜泛清瑟，西风生翠萝。
残萤栖玉露，早雁拂金河。
高树晓还密，远山晴更多。
淮南一叶下，自觉洞庭波。

2.象征破坏者

由于西风寒冷，所经之处必然叶落花黄，因此也常常被中国古代文人用以象征破坏者。例如：

忆秦娥

宋·李清照

临高阁，乱山平野烟光薄。
烟光薄，
栖鸦归后，暮天闻角。
断香残香情怀恶，西风催衬梧桐落。
梧桐落，
又还秋色，又还寂寞。

3.烘托伤感的气氛

西风的寒冷及其所代表的秋冬气息令文人们难免将其与萧条的场景、凄楚的心境联系在一起，因此西风在很多古诗词中都起着烘托伤感气氛的作用。例如：

浣溪沙

清·纳兰性德

谁念西风独自凉，
萧萧黄叶闭疏窗。
沉思往事立残阳。
被酒莫惊春睡重，
赌书消得泼茶香。
当时只道是寻常。

（二）west wind 在英语中的文化内涵

1. 象征温暖、春天

对英国人来说，从大西洋吹来的西风是温暖的、舒服的，因此英语中的west wind 十分受西方人欢迎和喜爱。例如：

It's warm wind, the west wind, full of birds' cries
I never hear the west wind but tears are in my eyes,
For it comes from the west lands, the old brown hill,
And April's in the west wind, and daffodils.

（John Masefield：*The West Wind*）

那是一种温暖的风，西风吹时，万鸟争鸣；
一听西风起，我眼眶中泪盈盈，
因为它是来自西土，那褐色的故乡边，
春天就在西风中到来，还有水仙。

2. 象征改革力量

在英国著名的浪漫主义诗人雪莱的笔下，西风是摧毁旧世界、建立新世界的一股强大的改革力量。

O wild West Wind, thou breath of Autumn's being,
Thou, from whose unseen presence the leaves dead
Are driven, like ghosts from an enchanter fleeing,
Yellow, and black, and pale, and hectic red,
Pestilence-stricken multitudes: O thou,
Who chariotest to their dark wintry bed
The winged seeds, where they lie cold and low,
Each like a corpse within its grave, until
Thine azure sister of the Spring shall blow
Her clarion o'er the dreaming earth, and fill
(Driving sweet buds like flocks to feed in air)
With living hues and odors plain and hill:
Wild Spirit, which art moving everywhere;
Destroyer and preserver, hear, oh, hear!
…
O, wind,

If winter comes, can spring be far behind?

(Percy Bysshe Shelley: *Old to the West Wind*)

呵，狂野的西风，你把秋气猛吹，
不露脸便将落叶一扫而空，
犹如法师赶走了群鬼，
赶走那黄绿红黑紫的一群，
那些染上了瘟疫的魔怪——
呵，你让种子长翅腾空，
又落在冰冷的土壤里深埋，
像尸体躺在坟墓，但一朝
你那青色的东风妹妹回来，
为沉睡的大地吹响银号，
驱使羊群般的蓓蕾把大气猛喝，
就吹出遍野嫩色，处处香飘。
狂野的精灵！你吹遍了大地山河，
破坏者，保护者，听吧——听我的歌！
……
啊，西风，
假如冬天已来临，春天还会远吗？

三、春与 spring

（一）春在汉语中的文化内涵

1. 表示春天，传递美好

在中国，"春"指的是一年中的第一个季度，一般指立春到立夏的三个月时间，也指农历"正、二、三"三个月。在这三个月中，天气转暖，万物开始复苏，因此中国人一提到"春"就会想到万紫千红、处处闻啼鸟的春天，因此"春"总是传达着美好、欢乐的情感。例如：

元日

宋 · 王安石

爆竹声中一岁除，春风送暖入屠苏。
千门万户曈曈日，总把新桃换旧符。

2.象征美好的人和事

春天的美好使人们经常用其表达美好的人或事物，如心爱之人、相恋之情等。例如：

及到了凤姐房中，王夫人一见他钗軃鬓松，衫垂带褪，有春睡捧心之遗风，而且形容面貌恰是上月的那人，不觉勾起方才的火来。

（曹雪芹《红楼梦》第七十四回）

3.暗含淡淡的忧伤

“春”的美好还让人留恋难以忘怀，但我国北方的春天是非常短暂的，转瞬即逝的“春”也总是让人们对此流露出深深的眷念与淡淡的忧伤之情。因此，“春”在中国文化中也总是暗含了淡淡的忧伤，有诗为证：

浪淘沙

南唐·李煜

帘外雨潺潺，春意阑珊。
罗衾不耐五更寒。
梦里不知身是客，一晌贪欢。
独自莫凭栏，无限江山。
别时容易见时难。
流水落花春去也，天上人间。

（二）spring 在英语中的文化内涵

在西方文化中，spring 是指 the season of the year between winter and summer（一年中介于冬天和夏天之间的季节）。和中国文化一样，春在西方文化中也是温暖、美好的象征。例如：

Spring

—William Blake

Sound the flute!
Now it's mute.
Birds delight
Day and night;
Nightingale
In the dale,

Lark in sky,
Merrily,
Merrily, merrily, to welcome in the year.

Little boy,
Full of joy;
Little girl,
Sweet and small;
Cock does crow,
So do you;
Merry voice,
Infant noise,
Merrily, merrily, to welcome in the year.

Little lamb,
Here I am;
Come and lick
My white neck;
Let me pull
Your soft wool;
Let me kiss
Your soft face;
Merrily, merrily, we welcome in the year.

春天

——威廉·布莱克

把笛子吹起!
现在它无声无息。
白天和黑夜,
鸟儿们欢喜。
有一只夜莺,
在山谷深深,
天上的云雀,
满心欢喜,
欢天喜地,迎接新年到。

小小的男孩，
无比欢快。
小小的女孩，
玲珑可爱。
公鸡喔喔叫，
你也叫声高。
愉快的嗓音，
婴儿的闹声，
欢天喜地，迎接新年到。

小小的羊崽，
这里有我在，
走过来舔舐，
我白白的脖子。
你的毛柔软，
让我牵一牵。
你的脸娇嫩，
让我吻一吻。
欢天喜地，我们迎接新年到。

四、秋与 autumn

（一）秋在汉语中的文化内涵

秋天是从夏天到冬天的过渡季节，气温逐渐下降，带给人冷冷的寒意，因此秋天意味着天气转凉，由此也引申出来别的文化内涵，现总结如下。

1. 代表清宁、秋高气爽

初秋时分的气温尚不寒冷，和煦的秋风、清凉的天气、湛蓝的天空都让人觉得神清气爽、心绪安宁，因此也有部分诗歌并未将秋天描绘得冷冷清清，而是用别样一种心情去体会秋的安宁和爽朗。例如：

山居秋暝

唐・王维

空山新雨后，天气晚来秋。

明月松间照，清泉石上流。
竹喧归浣女，莲动下渔舟。
随意春芳歇，王孙自可留。

2.包涵思念、哀愁、悲伤的情感

由于秋日寒凉，候鸟南徙，令人徒增哀愁、伤感之情，身在异乡的游子更是思念故乡，故此又多了几分思念和忧愁。例如：

登高

唐·杜甫

风急天高猿啸哀，渚清沙白鸟飞回。
无边落木萧萧下，不尽长江滚滚来。
万里悲秋常作客，百年多病独登台。
艰难苦恨繁霜鬓，潦倒新停浊酒杯。

3.代表丰收

秋天是农作物成熟的季节，人们在这个季节收获一年来辛勤劳动的果实，因此秋天也是一个代表丰收、喜悦的季节。

（二）autumn 在英语中的文化内涵

在西方文化中，autumn 是指 the season of the year between summer and winter（一年之中介于夏天和冬天的季节）。相对于中国人，西方人对秋的喜爱之情更加明显。这一点从英语诗歌中即可感受得到。

Autumn

—Thomas Ernest Hulme

A touch of cold in the Autumn night—
I walked abroad,
And saw the ruddy moon lean over a hedge
Like a red-faced farmer.
I did not stop to speak, but nodded;
And round about were the wistful stars
With white faces like town children.

秋

——托马斯·欧尼斯特·休姆

秋夜生凉意
独步月光里，
但见红润月亮倚树篱，
好似赤面农夫空中立。
未止步而言，我只点头示意，
忧郁星星挂天际，
如张张城里孩子苍白的小脸
陪伴伊。

第六章　中西节日文化对比

节日作为文化的一个重要组成部分，是一个民族历史文化的长期积淀，是随着人类社会的进步而逐渐形成和发展的。节日的由来和习俗与人们的生活密切相关。中西方民族文化不同，节日文化和习俗自然也不相同，本章对中西方节日的由来和庆祝方式加以对比，以便为之后各章节的展开做一个整体上的铺垫。

第一节　中西节日文化概述

一、节日的定义与意义

（一）节日的定义

节日就是指一年中被赋予特殊社会文化意义并穿插于日常之间的日子，是人们丰富多彩的生活和社会活动的集中展现，是国家、民族、各地区的政治、经济、文化、宗教等的总结和延伸。① 节日是世界人民为适应生产和生活的需要而共同创造的一种民俗文化，是世界民俗文化的重要组成部分。

节日由于是生活中一些值得纪念的日子，因此具有群众性、周期性的特征，并伴随一些相对稳定的活动。节日不仅是一个国家文化长期积淀的产物，同时也是识别一个民族身份的重要特征。如果人们想要了解一个民族的文化，了解它们的风俗习惯、禀性习气，观察、参与他们的节日活动无疑是最好的途径。

节日随着时间的推移，越来越丰富多彩。不同民族的人通过他们各自的周而复始的民间传统节日，将民间的文化传统进行复现、传承，并发扬光大。

---

① 殷莉，韩晓玲等. 英语习语与民俗文化. 北京：北京大学出版社，2007

（二）节日的意义

节日的重大意义集中体现在以下两个方面。

1.有助于加强民族凝聚力

通常节日，人们可以互相表达良好祝愿，联络感情。因此，节日文化有助于维系人们之间的情感，加强人际沟通与交流。节日民俗能使人在社会生活的迅速变化与发展之中，有一种亲密感和聚合感，通过对人们的身心进行调整使其适应快节奏的现代社会生活。

一个民族的亲和力往往可以从该民族节日期间的向心力体现出来，因此节日文化有利于民族凝聚力的增强。可以说，节日文化是增强一个民族凝聚力和向心力的重要途径和枢纽。通过将特定日期和特定功能联系在一起的办法，可以对一个民族群体发出巨大的号召力，让人们能在同一个时间、同一个地点内，选择一种社会行为、举办一个社会活动。[①]

2.有助于发扬民族文化

节日是民族文化的荟萃，是一个民族的象征之一，也是民族中的族群进行文化沟通与交流的重要方式。我们可以从一个民族的节日文化中看出该民族文化的理念和价值观，以及民众的文化趣味和文化情感。

节日既是对既有文化系统诸要素之间关系的民俗式的记录与解读，又是对历史的抽象化的现实影像或折射。[②] 节日与一定的民俗事象有着十分紧密的关系，节日通常借助于多种多样、仪式化的民俗活动，十分鲜明地对既定文化的价值观进行再现与强调。这些民俗活动通常会依据一定的程序有条不紊地进行，并表现出一定的关联。节日是文化民俗式的集中体现。

节日是文化传播与传承的桥梁，也是文化横向共时性传播和纵向历时性传承的桥梁。随着时间的推移，一个民族的节日文化不断地沉淀，并不断保存、丰富民族的优秀文化，使民族文化发扬光大。节日文化有助于扩大民族文化影响力。正如中国民俗学会理事长刘魁立(2005)所说："节日是历史和文化传统的积淀和再现；节日是民族性格、民族文化的集中展示；节日是社会群体和谐团结的黏合剂；节日是文化认同、民族认同、国家认同的重要标志；节日是提升美好情操和培育丰富情感的熔炉；节日是广大民众展示美

① 殷莉，韩晓玲等.英语习语与民俗文化.北京：北京大学出版社，2007

② 同上

好心灵和表现艺术才华的舞台。”

二、中西节日的起源

（一）中国节日：时令为主

中国的大多节日都与时令节气有着密切的关系，最早可以追溯到《夏小正》、《尚书》。到战国时期，一年中划分的二十四个节气已大致成型，这对后来的传统节日影响极大。宋代陈元靓的《岁时广记》中说，一年中的节日有元旦、立春、人日、上元、正月晦、中和节、二社日、寒食、清明、上巳、佛日、端午、朝节、三伏、立秋、七夕、中元、中秋、重九、小春、下元、冬至、腊日、交年节、岁除等，其中多数节日都为时令性节日。我国之所以有这么多的时令性节日，与我国农业文明的影响是分不开的。

此外，中国人比较看重世俗，在节日期间，人们抱着求平安幸福的心理，会对各种各样的神进行参拜和答谢活动，既拜观音菩萨，又供奉玉皇大帝，既有道教的太上老君，又有门神、灶神等，中国人的这种“泛神”思想使节日中浓厚的节日气息荡然无存。例如，十二月初八被佛教徒奉为“成道节”，纪念释迦牟尼佛证悟成道。该节日原本是为了弘扬佛教教义，但是它在传入中国后，却逐渐世俗化。在中国，每年农历十二月初八，人们将米和果品煮成粥，即我们所说的“腊八粥”，预示着新年即将来临。总之，中国人看重世俗的同时，忽视了宗教。

（二）西方节日：宗教为主

与中国节日的起源相比，西方节日虽然或多或少也跟节气有关，但是由于西方国家具有浓厚的宗教性，因此西方节日的形成主要与宗教有着密切的关系。例如，一月的主显节，二月的情人节（也称“圣瓦伦丁节”）、封斋节，四月的复活节，五月的耶稣升天节、圣灵降临节，八月的圣母升天节，九月的圣母圣诞节，十一月的万圣节、万灵节，十二月的圣诞节等，这些节日都与一些宗教传说有关。

此外，西方的西方一些宗教节日也是从世俗活动的演变形成的。例如，“感恩节”原本是移民北美大陆的清教徒庆祝丰收的节日，后来被华盛顿、林肯等规定为“感谢上帝恩惠”的节日，这样“感恩节”就带上了一定的宗教色彩。

三、中西节日的庆祝方式

(一)中国节日看重饮食庆祝

在中国,几乎每一个节日都可以与饮食联系在一起,如春节的年糕/饺子、元宵节的汤圆、端午节的粽子和雄黄酒、中秋节的月饼、腊八节的腊八粥等。可见,这些节日都有一种独具文化意蕴的饮食作为承载或依托。而这些饮食又一般具有两大特征。一是全家共享,即以饮食为中心进行,多以家庭为单位开展。中国自古就有逢年过节之时有回家团圆的传统,为了表现团圆的寓意,人们所吃的食物中多是圆形的,如春节的汤圆、元宵节的元宵、中秋的月饼等。二是饮食名称内涵丰富。中国传统节日中的饮食往往具有丰富的寓意和丰富的内涵。例如,冬至节人们有吃馄饨的习俗,因为该时节正是阴阳交替、阳气发生之时,暗寓祖先开混沌而创天地之意,表达对祖先的缅怀与感激之情。

(二)西方节日看重交际庆祝

虽然西方人的节日中也有很多食品,如感恩节的南瓜馅饼、圣诞节的火鸡等,但是与中国的节日饮食相比,西方的食品种类比较少,而且食物本身及其名称上基本没有特别的含义,如美国人吃火鸡只是因为当时北美是火鸡的栖息地,而南瓜也是北美地区一种十分常见的植物。当然也有例外的情况,如在复活节中,由于蛋和兔子是复活节最典型的象征,美国所有的糖果店在复活节时都会出售用巧克力制成的复活节小兔和彩蛋。

西方的节日庆祝更多的是注重交往与欢乐。例如,在复活节时,人们通常会玩滚彩蛋比赛。在英国北部、苏格兰等地,人们把煮好的彩色鸡蛋做上记号从斜坡上滚下,谁的蛋先破,就被别人吃掉,谁就认输。如果彩蛋完好无损,就是好运的象征。在这项节日活动中,重要的是人们活动的过程中收获了快乐,而不是比赛的胜负。

第二节　中西节日文化差异的根源

一、价值取向不同

西塔拉姆(K. S. Sitaram,1976)通过调查认为,“西方文化在个性、金钱、救世主、标新立异、进取精神、尊重青年、效率和守时这几方面名列第一；而东方文化在感激、谦逊、因果报应、集体责任、尊重长者、好客、土地神圣感以及和平这几方面名列第一。”[①]从中可以看出，中西方节日之所以存在差异，不同价值的取向是重要因素。

中国社会以礼治为价值取向。“礼”是华夏主文化特征的核心文化。“礼”是从社会成员的内在行为规则中引出来的范畴。这种礼治思想以集体本位主义为中心，注重个体的义务，提倡集体利益高于个人利益，个体为了集体利益要做出一定的牺牲。受这种思想影响，中国节日更加注重节庆活动中的集体参与与娱乐。

西方社会以法治为价值取向。“法”是反映西方主文化特征的核心文化。“法”是从社会成员外在行为规则中引出来的范畴。这种法治思想以个体本位主义为基础，提倡人文主义，也就是以个人利益为中心，自己为自己负责，自己的事情自己做，不希望别人介入，也不习惯关心他人。受法治思想的影响，西方节日更加注重个人的情感释放与宣泄。

二、信仰体系不同

节日除了其本身的节日意义之外，还承载着丰富而又复杂的信仰内容。

具体来说，中国传统文化是一种氏族农业文化的历史继承。人与人之间的关系一般都较为狭隘，仅限于氏族内部及相邻的氏族之间。因此，中国的宗教形态也局限于这个范围之内。一般来说，氏族宗教的内容主要是由鬼魂崇拜、祖先崇拜、自然现象的崇拜构成。人们把历史上祖先和宗族赋予神话的色彩，供宗族社会景仰和依赖。到了后来，这种氏族社会对于神话中的祖先崇拜，逐渐演变成各家族对自己真正的始祖的崇拜。例如，春节祭神、祭祖的习俗就是对传统信仰的全面展示。由此，人神关系建立起来，人们期望得到神灵的庇护，这也标志着中国宗教文化的开始。

在中国，没有真正统一的神系和信仰体系，人们一直处于泛神信仰形态，允许任何宗教的并存，同时对外来宗教也持十分宽容的态度，因而没有国家统一的宗教。中国宗教的信仰具有明显的世俗化特征。人们信仰宗教的目的十分明确，有“以神道设教”、“祭神如神在”之说。人们请尊神来净化人的思想情感，帮助实现愿望，对神的有无并不真正关心。人们通常也可以同时信奉两种或多种宗教。此外，一些中国人对祖先、神和宗教的态度有时也不仅仅是单纯的信仰，有很多功利的成分存在。从节庆活动中的祭神和

---

① 殷莉，韩晓玲等. 英语习语与民俗文化. 北京：北京大学出版社，2007

禁忌等方面就可以看出这种功利主义态度:几乎一切节庆活动都体现了国泰家安、人丁兴旺的愿望;所有的禁忌都为了消除灾祸、祈求平安好运。

而对西方很多国家来说,人们把基督教的上帝视为至高无上的存在,终极的真理,独一的神。基督教要求信徒信仰虔诚、坚定,不允许基督教徒信仰其他宗教,否则便被视为异教徒。基督教要求信徒追求上帝而非现实功利,不准在信仰中掺杂现实功利的欲望,以获取永生的幸福为信仰的目的,而不是为了实现现实的功利。在西方,大多数人都把宗教作为人生的规律,宗教信仰和宗教教会指导着人生的一切,因而宗教与社会生活及私人生活都有着十分密切的关系。西方的这种浓厚基督教色彩也深刻地体现在其各种节日文化中。

第三节　中西重要节日文化的对比

一、中国春节与西方圣诞节

春节和圣诞节分别是中西方最重要的传统节日,这两个节日的共同之处是都突显了家庭大团圆而营造的一种欢乐、祥和的氛围。中国人的春节通常会伴随着多种多样的风俗活动,举家同庆新年的快乐,表达了深深的思亲情结,享受着无限的天伦之乐。而西方的圣诞节则具有浓厚的宗教色彩。下面就分别介绍这两个节日。

(一)春节

在中国,春节是一个古老的节日,也是最富有特色的传统节日。关于春节的起源有很多说法,但人们普遍接受的说法是春节是由虞舜时期兴起的。从时间上看,春节一般是指农历的正月初一,也就是一年的第一天,因此春节俗称“过年”。但在民间,一些习俗活动一进入腊月就开始了,有民谣可反映春节期间的准备和忙碌:“腊月二十一,不许穿脏衣;腊月二十三,脏土往外搬;腊月二十五,扫房掸尘土;腊月二十七,里外全都洗;腊月二十八,家具擦一擦;腊月二十九,杂物全没有。”春节在千百年的历史发展中,形成了一些较为固定的风俗习惯,其中有许多还相传至今。下面就介绍一些春节期间的习俗或庆祝方式。

(1)扫尘。从腊月二十三的祭灶“过小年”开始,家家户户开始打扫房屋庭院,并谓之日“扫尘”。据《吕氏春秋》记载,我国在尧舜时代就有春节扫尘的风俗。因“尘”与“陈”谐音，新春扫尘寓意“除尘(陈)布新”，也就是要把一切穷运、晦气统统扫出门。这一习俗寄托着人们破旧立新的愿望和辞旧迎新的祈求。

(2)贴春联。春节期间人们要贴春联。春联也叫“门对”、“对联”、“对子”等，它以工整、对偶、简洁、精巧的文字描绘时代背景，抒发美好愿望，是我国特有的文学形式。据传这一习俗起于宋代，在明代开始盛行，到了清代，春联的思想性和艺术性都有了很大的提高。在民间，每逢春节，家家户户都要精选一幅大红春联贴在门上。不仅如此，人们还会在门上或墙壁上贴个“福”字。“福”字寓指福气、福运，寄托着人们对幸福生活的向往和对美好未来的祝愿。值得一提的是，很多人喜欢将“福”字倒过来贴，表示“幸福已到”、“福气已到”。

(3)爆竹。中国民间素有“开门爆竹”一说。爆竹至今已有 2 000 多年的历史。在中国古代没有火药和纸张时，人们通常用火烧竹子以驱逐瘟神。竹子焚烧发出“噼噼叭叭”的响声，“爆竹”因此得名。可见，爆竹反映了人们渴求安泰的美好愿望。此外，放爆竹也可以创造出喜庆热闹的气氛，是春节期间的一种娱乐活动。随着时间的推移，爆竹的应用越来越广泛，品种花色也日见繁多，每逢重大节日及喜事庆典，及婚嫁、建房、开业等，都要燃放爆竹以示庆贺，图个吉利。当然，爆竹因其环境污染及易发事故的缺点也受到很多人的诟病，对于春节期间燃放爆竹，有人主张取消这一活动，也有人主张限制爆竹数量，可以说见仁见智。

(4)团圆饭。在中国，春节也是与家人团聚的时刻，这也是中华民族长期以来不变的传统习惯，在外的游子都争取在大年夜之前赶回家与家人团聚，吃团圆饭。团圆饭也称“年夜饭”，即全家人聚齐进餐，济济一堂，有吉祥和谐的寓意。在北方，人们吃“更年饺子”，而南方人吃年糕，预示一年比一年高。此外，团圆饭的饭桌上，鱼是必不可少的一道菜，因其有年年有“余”(鱼)之意。

此外，在春节期间，中国人既重视与在世亲友间的团聚，还注重与祖先的团聚。因此，每逢除夕，人们都到坟地烧香、烧纸、放鞭炮的习俗活动，寓意请祖先回家过年，与家人团圆。

(5)拜年。从大年初一开始，人们都早早起床，穿上最漂亮的衣服，在过年的欢乐祥和的气氛中，出门去走亲访友，恭祝来年大吉大利。这就是“拜年”。拜年时，通常是晚辈要先给长辈拜年，祝长辈人长寿安康，长辈可将事先准备好的压岁钱分给晚辈，因“岁”与“祟”谐音，因此压岁钱被认为可以压住邪祟，让晚辈可以平平安安度过一岁。

(二)圣诞节

圣诞节来源于《圣经》里的一个传说故事。《圣经》记载,圣母玛利亚受圣灵而怀孕,在返家路途上经过一座名为伯利恒的小城,所有的旅店客满,就在客店的一个马槽里产下耶稣。据说,那天在遥远的东方有三个博士追随着天上一颗明亮的星星找到耶稣,并且膜拜安详地睡在马槽里的耶稣。后人把每年的12月25日定为圣诞节,以纪念耶稣的诞生。

圣诞节是西方国家一年中最隆重的节日。在美国,很多人从平安夜(Christmas Eve)开始准备过节,一直延续到1月6日的"主显节"(Epiphany),这段时间就称为"圣诞节节期"(Christmas Tide)。在英国,按照当地的习俗,圣诞节后还要连续欢宴十二日,这段时间统称为"圣诞季节"(Yuletide)。在这期间人们一般不劳动,直到1月7日的圣帕特里克节(St. Distaff's Day),人们才开始从娱乐的节日气氛中走出来。西方很多国家的人们都十分重视这个节日,并把它和新年连在一起,而庆祝活动的热闹与隆重程度大大超过了新年,成为一个全民的节日。与中国人过春节相同的是,西方的圣诞节也很注重家人的团圆,人们围坐在圣诞树下,全家共享节日美餐,吃火鸡,并齐唱圣诞歌,祈求幸福。

圣诞树是圣诞节中必不可少的。西方人以红、绿、白三色为吉祥的圣诞色。人们用一些如彩灯、气球、礼物和纸花等饰物来装饰绿色的常青树,点燃起红色的圣诞蜡烛,期盼着穿着红衣、留着长长白胡子的可爱的圣诞老人。圣诞老人是圣诞节活动中最受欢迎的人物。圣诞节的那一天,圣诞老人会送给孩子们一份礼物,寓示吉祥、快乐。此外,人们相互之间也会互赠礼物,共同感受着节日带来的欢乐。

二、中国七夕节与西方情人节

中国的七夕节和西方的情人节(圣瓦伦丁节)都是表达爱的节日,都有着一段美丽又忧伤的爱情故事传说。

(一)七夕节

在中国传统节日中,七夕节可以说是最具浪漫色彩的一个节日。七夕节又称"乞巧节"、"七巧节",体现着年轻男女对美满姻缘的向往和追求。

七夕节来自于牛郎与织女的传说。相传,牛郎是一个聪明忠厚的小伙子,父母早逝,常受到哥嫂的虐待。牛郎只有一头老牛相伴。这只老牛本是天上的灰牛大仙，因触犯了天庭中的规定被贬到凡间。有一天，老牛给牛郎出了计谋，要娶织女为妻。有一天，美丽的仙女们从天上下凡间沐浴。这时牛郎偷偷地跑出来拿走了织女的衣裳，仙女们急忙上岸穿好衣裳飞走了，唯独剩下织女。牛郎织女因此结缘，后来结为夫妻。牛郎织女男耕女织，相亲相爱，并育有一儿一女。后来，老牛在即将死去时，叮嘱牛郎要把它的皮留下来，到急难时披上以求帮助，夫妻俩忍痛剥下牛皮。好景不长，织女和牛郎成亲的事被天庭的玉帝和王母娘娘知道后，他们勃然大怒，因为神仙是不可以与凡人结合的。因此，王母娘娘亲子下凡间抓回织女。牛郎回家不见织女，伤心欲绝，急忙披上牛皮，带上一对儿女去追。在快要追上时，王母娘娘拔下头上的金簪一挥，就出现了一道银河，牛郎再也过不去了。从此，牛郎和织女只能隔河相望，对目而泣。喜鹊被他们忠贞不渝的爱情所感动，每逢七月初七，人间千万只喜鹊就要飞上天去，搭成鹊桥，让牛郎织女搭鹊桥相会。玉皇大帝和王母娘娘对此也很无奈，就准许他们每年七月初七在鹊桥相会。

我国古代词人秦观的《鹊桥仙》可谓是赞美牛郎织女忠贞不渝爱情的佳作："纤云弄巧，飞星传恨，银汉迢迢暗度。金风玉露一相逢，便胜却人间无数。柔情似水，佳期如梦，忍顾鹊桥归路。两情若是久长时，又岂在朝朝暮暮。"

后来每逢七月初七，人们都会仰望天空，试图找到在银河边相会的牛郎和织女星，并为他们的爱情祈祷、祝福。传说七夕夜深人静之时，人们还能在葡萄架下听到牛郎和织女在天上的脉脉情话；又说秋天晴空里飘浮的游丝，是喜鹊上天为牛郎和织女搭桥时献身所化。此外，在这一天，年轻的姑娘们也会以一种含蓄的方式，默默地祈祷自己能获得像牛郎和织女一样的坚贞的爱情与幸福的婚姻，七夕节便由此产生了。

值得一提的是，由于中国传统节日多注重合家团圆和伦理道德，忽视了家庭成员个体空间，导致中国的七夕节普遍受到年轻人的冷落，远不像西方的情人节那样热闹浪漫，七夕节也因此被称为"中国的情人节"。

（二）情人节

对于西方情人节的来源，一直有不同的说法。其中一个说法是，公元3世纪，古罗马的战事一直连绵不断，暴君克劳多斯征召了大批青年前往战场。人们对此怨声载道，他们不愿离开家庭，年轻的小伙子们也不忍心与情人分开。克劳多斯大发雷霆，传令人们不许举行婚礼，甚至连已订了婚的也要立刻解除婚约。一位神庙的修士叫瓦伦丁，他对暴君的虐行感到十分悲愤，也为年轻的恋人们感到难过。当一对情侣来到神庙请求他的帮助时，瓦伦丁在神圣的祭坛前为他们悄悄地举行了婚礼。很多人闻讯，也陆续来到这座神庙，在瓦伦丁的帮助下结成伴侣。最后，消息传进了宫殿，克劳多斯非常愤怒，他命令士兵们将瓦伦丁抓走，投入地牢。瓦伦丁在监狱中与典狱长的女儿产生了感情，后来，瓦伦丁被处以死刑，这一天是 2 月 14 日。行刑前，他曾给典狱长的女儿写了一封信，表明了自己光明磊落的心迹和对她的一片情怀。

从此，人们便将每年的 2 月 14 日定为情人节。这个节日既是恋人表达爱意的最佳时刻，也是向心爱的人求婚的最浪漫的时刻。情人节时，恋人间会互送表达情愫的礼物，如情人节卡片、玫瑰花和巧克力等。

三、中国中秋节与西方感恩节

（一）中秋节

中国的中秋节在农历八月十五，正值三秋之半，故名为“中秋节”。此外，中秋节还有很多名称，如“月夕”、“仲秋节”、“团圆节”、“八月会”、“八月节”、“玩月节”、“拜月节”、“追月节”、“女儿节”等。

中国人很早就开始观察天象。在远古时期，人们就因为对天象的崇拜而产生了一些敬拜月亮的习俗，而中秋节正是这一活动的遗痕。据说在中秋节这一天，地月距离达到最小值，因而月亮看起来也是最大最圆的，由此形成了饮宴赏月的习俗。根据《周礼·春官》的记载，我国早在周代就已有“中秋献良裘”、“中秋夜迎寒”、“秋分夕月（拜月）”的活动；到了汉代，人们常在中秋或立秋之日敬老、养老。晋朝虽有中秋赏月之举却并不普遍；唐代时，嫦娥奔月、吴刚伐桂、玉兔捣药、杨贵妃变月神、唐明皇游月宫等神话故事与中秋有机结合在一起，赏月之风开始兴盛。

从气候上看，中秋节时秋高气爽，又正逢收获季节，在明月的映照下，人们围坐在一起赏月、吃月饼、品美食，好不惬意。需要说明的是，举行中秋祭月活动时，月饼和西瓜是必不可少的，有的地方还会把西瓜切成莲花状。此外，人们还常常摆放一些时令水果，如苹果、葡萄等。

在中国，与中秋节有关的诗句有很多，最脍炙人口的莫过于“海上升明月，天涯共此时”与“但愿人长久，千里共婵娟”。这些诗句都表达了人们希望花好月圆、人间团圆的美好愿望。此外，与中秋节相关的习语也有不少，如“月到中秋分外明”、“月半十六正团圆”、“八月十五月儿圆，西瓜月饼摆得全”等。

(二)感恩节

“感恩节”的英文是 Thanksgiving Day,这个节日来源于北美早期移民的真实经历。

1620 年 9 月,102 名清教徒及其家属乘坐“五月花号”轮船经过两个多月的艰难航行踏上了北美大陆。由于时值冬天,天气寒冷、食物不足,再加上过度疲劳,这批清教徒死亡过半。第二年春天,当地印第安人给清教徒送来了种子并教他们耕种、打猎、捕鱼。当年秋天,清教徒们获得了大丰收。为感谢印第安人给他们的帮助,也为了感谢上帝的恩赐,清教徒于当年 11 月下旬的星期四邀请印第安人与他们一起庆祝,这场庆祝共持续了三天,这就是美国历史上的第一次感恩节。从这一年起,感恩节的传统就沿袭下来。后来,美国首任总统乔治·华盛顿把感恩节设定为全国性节日,但并没有固定日期。1863 年,美国总统林肯正式确定感恩节的日期为每年 11 月的第四个星期四。

由于感恩节最初是为了庆祝丰收,因此直至今天,感恩节大餐仍是主要的过节方式。这一天的主菜是烤火鸡,南瓜派也是必不可少的传统食物。一家人与亲朋好友围坐在一起,一边品尝美食,一边表达自己的感恩之情。此外,这一天的活动也异彩纷呈,如化妆游行、体育比赛、戏剧表演等。

四、中国清明节与西方万圣节

(一)清明节

上元、清明、立夏、端午、中元、中秋、冬至和除夕是中国传统意义上的“八节”,这其中就包括清明。可见,清明节在中国是非常重要的一个节日。

要了解清明节的来历就不得不提介子推。春秋战国时期,晋国的重耳曾在外流亡 19 年,介子推一直跟随着他。有一次,他们到了一座荒山,又累又饿,找不到一点吃的,介子推就把自己腿上的肉割下来煮成汤给重耳充饥。19 年后,重耳回国当上了晋文公,在犒赏官员时却偏偏把介子推给忘了。于是,介子推便带着母亲去了绵山。晋文公听到消息后,就去绵山请介子推。无论晋文公怎样劝说,介子推就是不下山。晋文公没有别的办法,只好放火烧山,想把介子推逼下山来。等到山火被扑灭后,仍然没有看到介子推的身影,晋文公急忙上山寻找,结果发现介子推已与母亲在一棵柳树下被烧死了。晋文公为了纪念介子推,便把这一天定为“寒食节”。第二年的同一天,晋文公来祭奠介子推时,惊奇地发现那棵老柳树死而复活,于是便为老柳树赐名“清明柳”，并把寒食节后的那一天定为清明节。

清明是中国二十四节气之一，通常在公历的四月五日，介子推的故事使其上升为一个重要的节日。在这一天，人们通常要扫墓并祭祀先人，以表达自己的哀思。同时，还要禁火，吃冷食。为了防止冷食伤身，因此人们常举行一些体育活动，如荡秋千、放风筝、蹴鞠等。此外，由于清明时逢阳春三月，风清物宜，正是郊游的大好时光，于是，踏青也成为了清明的重要活动。因此，在清明这一天，既有思念亲人的悲伤泪，又有踏青游玩的欢笑声，不能不说是一大特色。

（二）万圣节

传说在中国农历七月十五日这一天，地狱之门会被打开，已故的祖先可以回家团圆，因此这一天又被称为“鬼节”。在西方国家也有类似的传说，人们常通过万圣节来进行庆祝。

在基督纪元以前，凯尔特人为了感谢上苍和太阳的恩惠，常在夏末举行仪式来驱赶传说中四处游荡的妖魔鬼怪，这一仪式通常以占卜者实施巫术的方式进行。后来，这个仪式与罗马人的丰收节（即用苹果和果仁来庆祝丰收的节日）相融合，就演变成了今天的万圣节，日期确定在每年的 10 月 31 日。

中国人对鬼魂常怀有敬畏之心。与此不同的是，西方的万圣节多了一层好奇与狂欢的意味，人们往往带着愉快的心情来庆祝这个节日。具体来说，在这一天，人们常常把自己装扮成鬼怪的模样，或者戴上面具，或者穿上鬼魂的服装，甚至还有人在脸上画上一些吓人的图案。孩子们则去邻居家敲门，嘴里喊着“不给糖就捣乱”（Trick or Treat）。不管是否受到惊吓，邻居一般都会准备一些糖果、水果或点心。年轻人在这一天一般会去参加最酷的化装舞会，或者去吃一顿恐怖的万圣节大餐。值得一提的是，南瓜灯是万圣灯的保留节目。南瓜灯的具体做法是：把南瓜掏空，在表面刻上鬼怪脸谱，然后在里面点上灯。

第七章　中西习语与宗教的文化内涵差异

习语文化与宗教文化都是社会文化中的重要组成部分，不同的民族，其习语、宗教的文化内涵存在很大的差异。本章就对中西习语与宗教的文化内涵差异进行深入探究。

第一节　中西习语的文化内涵差异

习语，顾名思义，就是习惯使用而形成的固定语言形式，是指人们通过对社会现象和生活经验的总结而形成的，经久流传下来的固定表达形式。①习语是语言的核心和精华。一般来说，习语是一种富于形象色彩的语言手段，有助于增加语言的美感。英语和汉语都是高度发达的语言，这两种语言中都存在大量的习语。下面就对中西习语的文化内涵差异进行分析研究。

一、习语分类及英汉习语文化内涵对比

习语的种类多种多样，概括起来主要包括成语、谚语、俗语、俚语、粗俗语等。此外，汉语习语还包括歇后语。

（一）成语

《现代汉语辞海》将成语定义为：人们长期以来习用的，形式简洁而意思精辟，定型的词组或者短句。成语是人们在长期实践和认识过程中提炼出的语言结晶。成语的结构一般比较固定，不能随意改动，也不能随意增减成语中的成分。

英语中存在大量的成语。英语成语构成十分灵活，具有多种多样的形式，且长短不一。例如：

the Troy Horse 木马计

un in the air 悬而未决

① 李建军.新编英汉翻译.上海：东华大学出版社，2004

float on air 欢天喜地;得意洋洋

by fair means or foul 不择手段

the law of the jungle 弱肉强食

ins and outs 事情的底细;露出马脚

a blue stocking 女才子,女学究

to lay heads together 大家一起商议(问题)

burn one's figures 自作自受、自食其果

throw good money after bad 继续花钱打水漂

汉语中也有许多成语,并占有很重要的地位。汉语中的成语多出自古代经典或名著、历史故事或经过人们的口头流传下来,意思精辟,语言简练。与英语成语结构不同,汉语成语主要以四字字格为主,如"小题大做"、"孤掌难鸣"、"卧薪尝胆"、"道听途说"、"老马识途"、"雪中送炭"等。当然,也有不是四字格的成语,如"三个臭皮匠,赛过诸葛亮"。

英汉成语除了在结构上有所不同外,在修辞手法上也存在差异。由于成语采用的修辞手法主要是比喻,下面就对英汉成语在比喻运用方面进行对比,从中体味二者在语义表达与文化内涵方面的差异。

(1)喻体相同,喻指相同或相似。例如:

英语	汉语
as light as a feather	轻如鸿毛
as could as ice/ in an icy manner	冷若冰霜
add fuel to the fire/flames	火上浇油
fish in troubled waters	浑水摸鱼
be on pins and needles	如坐针毡

(2)喻体相同或相似,喻指不同。例如:

英语	汉语
as quiet as a mouse(喻指"肃静")	胆小如鼠(喻指"胆小")
as straight as an arrow(喻指"直")	光阴似箭(喻指"时间飞速")

(3)喻体不同,喻指相同或相似。例如:

英语	汉语
a stone's throw	一箭之遥
as timid as a rabbit	胆小如鼠
as strong as a horse	健壮如牛
like a cat on hot bricks	热锅上的蚂蚁
kill two birds with one stone	一箭双雕
between the devil and the deep blue sea	进退维谷

teach one's grandmother how to suck eggs 班门弄斧

(4)英语是明喻或直接表述,汉语是明喻。例如:

英语	汉语
to have a silver mouth	巧舌如簧
to fly into a rage/to hit the ceiling	暴跳如雷

(二)谚语

所谓谚语,是指在群众中流传的固定语句,用简单通俗的话反映出深刻的哲理。一般来说,谚语都会集中说明一定的社会生活经验和做人的道理。谚语在英汉两种语言中都十分常见。例如:

sour grapes 酸葡萄

He who hesitates is lost.

机不可失,时不再来。

Bitter pills may have blessed effects.

良药苦口利于病,忠言逆耳利于行。

East or West,home is best.

金窝银窝,不如自家的草窝。

A merry heart makes a long life.

笑一笑,十年少。

月润而风,础润而雨。

路遥知马力,日久见人心。

落地的兄弟,生根的骨肉。

留得青山在,不怕没柴烧。

怒从心头起,恶向胆边生。

生平不做亏心事,夜半敲门心不惊。

同成语类似,英汉谚语在比喻运用方面既有相同点,也有不同点。具体体现为以下几个方面。

(1)喻体相同,喻指相同或相似。例如:

英语	汉语
Walls has ears.	隔墙有耳。
Strike while the iron is hot.	趁热打铁。
Out of sight, out of mind.	眼不见,心不烦。
Like father, like son.	有其父,必有其子。
Man proposes, God disposes.	谋事在人,成事在天。

(2)喻体相同,喻指不同。例如:

英语	汉语
Love me, love my dog.(喻指"爱屋及乌")	狗仗人势(喻指"仗恃主人势力欺负他人")
Still waters run deep.(喻指"大智如愚")	静如止水(喻指"心境平和")

(3)喻体不同,喻指相同或相似。例如:

英语	汉语
You cannot judge a tree by its bark.	人不可貌相。
There is no smoke without fire.	无风不起浪。
One swallow does not make a summer.	独木不成林。
Money makes the mare go.	有钱能使鬼推磨。
Rome was not built in a day.	冰冻三尺,非一日之寒。

(三)俗语

俗语主要是指借助于某种比喻来说明某种道理,比较通俗易懂,经常出现在口语中。

英汉语言中均有一定量的俗语。英语中的的俗语,如 to show one's cards(摊牌),round-table conference(圆桌会议),with the tail between the legs (夹着尾巴逃跑)等。汉语中的俗语有"杀鸡给猴看","脚踩两只船","偷鸡不着蚀把米"等。

同样,下面对英汉俗语的喻体与喻指进行对照,以此来体味二者在语义表达及文化内涵方面的异同。

(1)喻体相同,喻指相同或相似。例如:

英语	汉语
pie in the sky	天上掉馅饼
chain reaction	连锁反应
Money talks.	财大气粗。
Easier said than done.	说起来容易做起来难。
Soon got, soon gone/spent.	来得容易去得快。

(2)喻体相同或相似,喻指不同。例如:

英语	汉语
eat one's word(喻指"承认说错话")	食言(喻指"毁约、失信")
like a bear with a sore head(喻指"脾气暴躁")	狗熊掰棒子(喻指"愚笨")

(3)喻体不同,喻指相同或相似。例如:

英语	汉语

a piece of cake	小菜一碟
a dog's life	牛马不如的生活
All the fat is in the fire.	生米已成熟饭。
His bark is worse than his bite.	刀子嘴，豆腐心。

（四）俚语

俚语是一种区别于标准语，只在一个地区或者一定范围使用的话语。英汉语言中都存在一定数量的俚语。

英语中的俚语通常是一些通俗俚语。所谓通俗俚语，是指较为流行但又不十分粗俗的俚语，包括下里巴人的通俗词语，戏谑调侃的用语，较为唐突、不大礼貌的乃至狂妄自傲的用语，轻蔑、贬损的用语，以及一些带有个别不雅字词的用语；有些则是粗俗俚语的委婉说法或避讳用语。[①] 例如：

suck 差劲、糟糕透了

cool 酷，棒极了

take a dump 上大号、大便

lose one's bottle 失去勇气

cough up 不十分情愿地勉强交出

four letter words 脏字、淫秽词语

all mouth and no trousers 毫无正当理据的吹牛

汉语中的俚语多为方言或地方流行语，如“麻利”（迅速、赶快；手脚敏捷），“拉倒”（到此为止；算了、作罢），“开瓢儿”（打破头），“撒丫子”（放开脚步跑），“侃大山”（长时间漫无边际地闲谈），“仨瓜俩枣”（一星半点的小东西、不值钱的零星物品）等。

从结构上来看，英语俚语的结构形式多种多样，有单词、词语、句子等；而汉语俚语通常是词或短语。从内容上看，英语俚语通常以下里巴人式的通俗表达方式为主体，不受方言限制；而汉语俚语的主要组成部分则是汉语流行区内广为流传的方言。

（五）粗俗语

粗俗语就是人们日常生活中所说的粗话、脏话，常常与人们所禁忌的性、伦理道德和种族歧视等有关。粗俗语虽然粗野、庸俗，但是也是每一种语言必不可少的一个组成部分，是人们表达各种情感的常用手段。

粗俗语在英汉两种语言中都十分常见。在英语中，常用的粗俗语有

① 闫文培. 全球化语境下的中西文化及语言对比. 北京：科学出版社，2007

damn, devil, hell, shit, bullshit, ass hole, piss, cunt, luck, fucking, fucker 等。其中，damn，hell，devil 等粗俗语与宗教(基督教)密切相关。在汉语中，粗俗语往往与人们认为不屑的事物相关。例如，“流氓”、“婊子”、“野种”、“婊子养的”、“狗”、“狗杂种”、“猪”、“笨猪”、“蠢猪”等。

英汉粗俗语的共同之处在于都采用了与性以及人体的排泄有关的词语，此外还运用了与牲畜相关的词语，人们借此来宣泄其愤怒、不满、怨恨等情绪。

(六)歇后语

歇后语是指由两个部分组成的一句话，前一部分像谜面，后一部分像谜底，通常只说前一部分，而本意在后一部分。[①] 歇后语是汉语中所特有的，它的结构比较特殊，一般分前后两截，在前半截用具体浅显的比喻来说明后半截一个较为抽象的道理。例如：

擀面杖吹火——一窍不通
肉包子打狗——有去无回
武大郎开店——高朋满座
狗咬耗子——多管闲事
骑着毛驴看账本——走着瞧
帐子里放风筝——远不了
猪八戒照镜子——里外不是人
泥菩萨过江——自身难保
哑巴吃黄连——有苦说不出
黄虎狼给鸡拜年——没安好心
旗杆上绑鸡毛——好大撣(胆)子
狗咬吕洞宾——不识好人心
瞎子点灯——白费蜡
竹篮子打水——一场空
芝麻开花——节节高
木匠拉大锯——有来有去
秋后的蚊子——嗡嗡不了几天
裁衣不用剪子——胡扯

作为汉语中所特有的一种习语，歇后语中渗透着浓郁的中国文化传统与民族习语，同时还体现着特有的含义表达方式，不了解中国文化传统的西

---

① 卢红梅. 华夏文化与汉英翻译. 武汉：武汉大学出版社，2006

方人将很难真正理解其含义，有时会给他们带来一定的文化困惑，阻碍中外语言交际的顺利进行。

二、英汉习语中所蕴含的中西文化差异

由于不同的民族生活在不同的历史条件下、生存环境中、人文社会里，他们产生了迥然不同的思维模式、世界观、价值观、宗教信仰，而这一切又必然映射到作为其载体的语言中，尤其是作为语言之精华的习语中。[①] 因此，英汉习语所映射的中西文化传统必然存在差异。无论是英语习语还是汉语习语，都清晰地映射出具有各自民族特征以及文化特色的社会状况、宗教信仰、历史实践、价值观点、生活方式、民族习俗等。这里主要从以下几个方面来对英汉习语中所蕴含的中西文化差异进行分析。

（一）神话故事

神话是原始人想象力的加工创造。神话具有极强的民族性特征，是一个民族文化发展的土壤，因民族不同而不同。一个民族的神话对该民族的语言也会产生一定的影响。

在英语中，大多习语都与古希腊、古罗马等的神话故事有关。例如，Analthea's horn（吉祥之物）源于这样一个神话故事：据说希腊一神女 Analthea，是罗马神话中宙斯（Zeus）的保姆。婴儿时宙斯由神女 Analthea 以羊乳喂养。为了感恩，宙斯敲下一羊角送给她，并许诺让羊角主人永远丰饶。后来就用 Analthea's horn 比喻“吉祥之物”。再如，Swan song 也源自一个传说：天鹅（swan）在临终前唱的歌最优美动听。后人就用 swan song 来比喻诗人、作曲家、演员等的“最后作品”。又如，Mercury fig 源自这样一个传说：罗马人把无花果树上结出的第一批果实送给墨丘利，现用以比喻“获得的第一批成果”。

在汉语中，来自神话故事的习语也十分常见。汉语的神话传说源远流长，代代流传下来，体现了灿烂的汉文化。汉语中这类习语有“嫦娥奔月”、“开天辟地”、“女娲补天”、“精卫填海”、“八仙过海——各显神通”等。

（二）宗教信仰

宗教是人类思想文化的一个重要组成部分，不同的宗教可以体现不同的文化传统。

---

① 闫文培. 全球化语境下的中西文化及语言对比. 北京：科学出版社，2007

在西方,人们主要信仰基督教,信奉上帝,因此英语中与基督教或上帝有关的习语有很多。例如,英语中 wash one's hands of something(洗手不干……;与……断绝关系),就源自《圣经·马太福音》。据记载,犹太巡抚彼拉多主持审判耶稣,由于他判定耶稣无罪,一些犹太人不服,因此他当众宣布洗手辞职并交出了耶稣,以证明自己与此案无关。类似的习语还有 as poor as a church mouse(一贫如洗),make a god of(视……为神灵),a fly in the ointment(美中不足), bone of the bone and flesh of the flesh(血肉关系)等。

在汉语中,很多与宗教相关的习语都来自佛教文化。例如,"救人一命,胜造七级浮屠"中的"浮屠"是佛教用语,指"塔",为纪念笃行善事、功德圆满的僧侣而建,该习语是宣扬救死扶伤、行善积德的思想。这方面的习语还有很多,如"一尘不染"、"善男信女"、"在劫难逃"、"刀山火海"、"因果报应"、"半路出家"、"四大皆空"、"大彻大悟"、"顶礼膜拜"等。

(三)历史事件

语言深受社会历史发展的影响。随着时代的变迁,新的语言相继产生,旧的语言逐渐消亡。历史文化的痕迹在习语中也有相应的体现。

英语中,来自历史事件的习语通常反映过去的战争方式和状况,或是描述历史上的一些宗教实践或猎人骑士的冒险经历。例如,sword of Damocles 来自这样一则古代希腊的历史事件:公元前 4 世纪在西西里岛上的统治者狄奥尼修斯一世有个亲信叫达摩克里斯,他十分羡慕帝王的豪华生活。狄奥尼修斯为了教训这个人,而在一次宴会上,要他坐在国王的宝座上,当他猛然抬头,只见头顶上有一把用头发悬着的宝剑,随时都有刺到头顶的危险。他吓得战战兢兢,时刻提心吊胆。后来,就用 sword of Damocles 这一成语来比喻临头的危险或情况的危急。类似的习语还有 meet one's Waterloo(遭遇惨败),Columbus's egg(万事开头难),eat crow(忍受侮辱)等。

与英语相比,汉语中这类习语多为列国帝王将相之间的争权夺利,或是描述劳动人民反抗封建统治斗争的语言,人们借助这些史实来警示历史的教训,揭示某种深刻的哲理。例如,"鸿门宴"、"卧薪尝胆"、"四面楚歌"、"负荆请罪"、"完璧归赵"、"杞人忧天"、"三顾茅庐"、"兔死狗烹"、"抛砖引玉"等。

(四)文学作品

通常,文学语言对习语的影响主要通过以下几种形式得以体现。[①]

(1)文学作品中的一些精彩词句进入社会普通语言,经过反复使用,脍炙人口,成为习语。

(2)文学作品中的一些故事情节给人留下深刻的印象,经过读者的广泛传诵,形成习语。

(3)文学作品中一些人物性格特征鲜明,其名字具有象征意义,流传广泛,也成为习语。

(4)有些习语本来已在小范围中使用,后来由于文学名著的引用,得以广泛流传,影响深远。

在英语中,one pound of flesh 出自莎士比亚的喜剧著作《威尼斯商人》,与夏洛克要残忍地从欠债人安东尼奥的胸前割下一磅肉来的故事情节有关,后用于指“割肉还债,残酷榨取”。再如,man Friday(忠实的仆人)出自笛福的小说《鲁滨逊漂流记》,as busy as a bee(忙碌之极)出自乔叟的《商人的故事》,Catch 22(第 22 条军规指一种无法摆脱的困境)出自美国小说家海勒的《第 22 条军规》等。

汉语中的习语也有很多出自文学作品,如“万事俱备,只欠东风”出自《三国演义》,借诸葛亮借东风的故事喻指“万事俱备,只差一步”。类似的习语还有“汗马之劳”出自《韩非子》,“鬼斧神工”出自《庄子》,“鸿鹄之志”出自《吕氏春秋》,“桃园结义”、“赔了夫人又折兵”出自《三国演义》等。

(五)行业用语

自从社会分工以来,人们所从事的职业千差万别,并逐渐把各个行业有关的用语应用于生活之中。

英汉两种语言中有很多习语来自于不同的行业,特别是发展最早的农业和工业,包括手工业,还有商业等。

(1)来自农业的习语。例如:

live on the land 靠种田为生

put the plough before the oxen 本末倒置

land flowing with milk and honey 富饶的地方

make hay while the sun shines 抓紧有利时机

As cool as cucumber.

---

① 平洪,张国扬. 英语习语与英美文化. 北京:外语教学与研究出版社,1999

泰然自若。

青黄不接

瓜田李下

不耕不种

一年之计在于春

一分耕耘，一分收获

种瓜得瓜，种豆得豆。

仰面求人，不如扑面求土。

由于中国自古以来就是农业大国，因此与农业相关的习语特别多。而英国是一个岛国，英语民族的生活方式并不以农业耕作为主，因此英语中与农业相关的习语数目远没有汉语中的多。

(2)来自工业的习语。例如：

A square peg in a round hole.

文不对题；不得其所。

Between the hammer and the anvil.

腹背受敌。

班门弄斧

得寸进尺

(3)来自餐饮业的习语。例如：

dine and wine 吃吃喝喝

have other fish to fry 有别的事要干

bite off more than one can chew 不自量力

food for thought 值得深思的东西

A little pot is easy hot.

壶小易热，量小易怒。

Out of the frying-pan into the fire.

才出狼窝，又落虎口。

添油加醋

山珍海味

如烹小鲜

另起炉灶

酒囊饭袋

姜还是老的辣

酒香不怕巷子深

(4)来自商业的习语。例如：

talk shop 说行话

a good buy 价廉物美的东西

plain dealing 坦白直率

take stock 盘存;仔细检查

horse trade 讨价还价互相让步的交易

put paid to 在……写上已付款

foot the bill 在账单下面签字

blank cheque 空头支票

monkey business 胡闹,骗人的把戏;欺骗;恶作剧

over head and ears in debt 债台高筑

lose one's shirt 丧失全部财产

Business is business.

公事公办。

Cheats never prosper.

骗人发不了财。

Adversity leads to prosperity.

穷则思变。

Penny wise, pound foolish.

小事聪明,大事糊涂。

Money is the root of all evil.

金钱是万恶之源。

All is not gold that glitters.

发光的未必都是金子。

Two of a trade never agree.

同行是冤家。

The fool is busy in everyone's business but his own.

傻瓜忙别人的事情,不知道忙自己的事情。

Jack of all trades and master of none.

杂而不精的人。

水货

票贩子

二道贩子

物以稀贵

富甲天下

囤积居奇

口不二价

买空卖空

挂羊头卖狗肉

买卖不成仁义在

王婆卖瓜，自卖自夸

刻薄不赚钱，忠厚不折本。

三句不离本行。

三百六十行，行行出状元。

师傅领进门，修行靠个人。

滚石不生苔，转业不聚财。

(5)来自礼仪方面的习语。例如：

Do right and fear no man.

行为端，不畏人。

False friends are worse than open enemies.

虚假的朋友比明处的敌人更可怕。

Manners make the man.

言行举止显人品。/观仪态而知其人。

None so blind as those who won't see. None so deaf as those who hear.

视而不见为最瞎，充耳不闻为最聋。

Soft and fair goes far.

公平和气成大事。

This is nothing lost by civility.

礼貌待人不吃亏。

Words hurt more than words.

言语伤人胜利剑。

A good fame is better than a good face.

美名胜过美貌。

A good conscience is a soft pillow.

不做亏心事，不怕鬼叫门。

A joke never gains an enemy but loses a friend.

戏谑不能化敌为友，只能使人失去朋友。

A liar is not believed when he speaks the truth.

说谎者即使讲真话也没人相信。

A still tongue make a wise head.

寡言者智。

Courtesy on one side only lasts not long.

来而不往非礼也。

四海之内皆兄弟。

在家靠父母,出门靠朋友。

勿以恶小而为之,勿以善小而不为。

己所不欲,勿施于人。

渡船渡到岸,帮人帮到底。

严于律己,宽以待人。

逢人只说三分话,未可全抛一片心。

若要人不知,除非己莫为。

海内存知己,天涯若比邻。

精诚所至,金石为开。

君子之交淡如水。

言不信者,行不果。

君子一言,驷马难追。

贫而无谄,富而无骄。

善气迎人,亲如弟兄;恶气迎人,害于戈兵。

此外,值得提及的一点是,由于英语是个岛国,因此英语中还很多习语来自海洋渔业。例如:

make sail 起航

make land 到岸

high water mark 顶点

plough the waves 乘风破浪

miss the boat 错失良机

smooth sailing 一帆风顺

put in one's oar 干预他人的事

sail in the same boat 同舟共济

ships that pass in the night 萍水相逢

have an oar in every man's boat 爱管闲事

虽然汉语中也有这类习语,但从数量上看远没有英语中的多。

第二节　中西宗教的文化内涵差异

英语中的religion(宗教)一词,源于拉丁语religare。其中,re-表示强调,ligare是to bind(捆绑)的意思,因此religare指的是bind tightly(紧紧地结合在一起)。该词源很好地解释了religion的意义:用某种教义、教规和道德观念把教徒们束缚在一起。①

在汉语中,关于“宗教”一词的来源,说法不同。华鸣在《“宗教”一词如何定义》一文中认为,“宗教”一词是日语借用汉字“宗”和“教”二字而造的一个新词。宗教就是奉祀神祇,祖先之教。《景德传灯录》十三《圭峰宗密禅师答史山人十问》之九曰:“(佛)灭度后,委付伽叶,展转相承一人者,此变盖论当为宗教主,如土无二王,非得度者唯尔数也。”这种说法认为“宗教”二字合并起来使用始于佛教术语。《辞海》给出的“宗教”的含义是:“宗教,社会意识形态之一。相信并崇拜超自然的神灵。”

综上所述,“宗教”一词在英汉两种语言中有着不同的出处,但其基本的含义是相通的,即宗教是人对神灵的信仰。

宗教化是人类思想文化的一个重要组成部分。宗教具有民族性的特征,宗教是由各民族的宗教信仰、意识等所形成的。不同宗教是不同文化的表现形式,反映出不同的文化特色。下面就对中西宗教的文化内涵差异进行分析。

一、中西宗教中神的来源对比

每个民族都有自己的宗教,而不同的宗教有各自的体系。主神在这个体系中占有最为突出的位置。关于神的来源,中西方宗教存在很大的差异。西方的神是先天就存在的,来自人类之外,东方的神则是由世俗的人物修炼而成的。

(一)西方的神是先天存在的

摩西是古希伯来人的宗教领袖。希伯来人最为重要的宗教典籍就是摩西所传的《十诫》。实际上,摩西原本是一个十分普通平凡的人,后来由于他接受了上帝耶和华的谕示,耶和华指定他来作希伯来人的领袖,带领希伯来

① 平洪,张国扬.英语习语与英美文化.北京:外语教学与研究出版社,1999

人建立他们新的生活，就成为了希伯来人心目中的神。《圣经》写道："上帝晓谕摩西说，我是耶和华……所以你要对以色列人说，我是耶和华。""这些律例、典章和法度，是耶和华与以色列人在西奈山借着摩西立的。""摩西将以色列众人召了来，对他们说……耶和华在山上，从火中，面对面与你们说话。（那时，我站在耶和华和你们中间，要将耶和华的话传给你们……）"由此可以看出，摩西之所以成为神，不是由于自身的因素，而是由于外在的因素。

西方文化中真正的宗教是基督教。由于基督教是西方人对古希伯来教进行改造的产物，因此它保留了古希伯来人的许多宗教因素。耶稣是基督教的神。耶稣是上帝耶和华同民间女子玛利亚之子，是上帝作为自己解救人类、替人类赎罪的使者，是上帝与普通人类之间联系的纽带。作为耶和华之子，"耶和华的灵必住在他身上，就是使他有智慧和聪明的灵，谋略和能力的灵，知识和敬畏耶和华的灵"。耶和华是无上的神，是超出于人类世俗之外的神，是先于人类，而且独立于人类而存在的。它是永恒的，绝对的，是一切存在的终极的原因。①

由此可见，西方文化中的宗教，所有的神都是上帝赐予的，是先天就存在的，超越于世俗人事。

（二）中国的神是由世俗的人物修炼而成的

中国的神都是由十分平常的、现实的、世俗的人修炼而成的。儒教的教主孔子，只是一个少时生活贫困的私生子，后来成为收徒讲学的教师；道教的主神太上老君是老子，他是春秋时代的一位的智者，一位东周朝廷的柱下史，他们都是历史上真实存在的人。孔子、老子仅仅是凭借他们自己深刻的思想、渊博的学识和伟大的人格成为了神，而并不是得到了神的谕示。他们以其思想、学识和人格的力量赢得了民心，赢得了人们的信仰，才逐渐得到神性，并最终变成神。

此外，中国的佛教源自印度。释迦牟尼是印度佛教的主神，他也是世俗中的一个普通的王子。释迦牟尼因厌倦了王宫里的生活，想探索人生的真理，解救无数处于痛苦之中的人民，经过四十九天的冥想，终于开悟，成为一个得道之人。因此，他吸引了大批的信徒，并尊崇他为思想的导师。

由此可见，在东方，神一般是一个得道之人，它不是由天外之神加冕而成，而只是一些杰出人物通过精神探索和人格修行的产物，这也体现了中国宗教中神的来源与西方之间的差异。

---

① 汪德华. 中国与英美国家习俗文化比较. 杭州：浙江大学出版社，2011

二、中西宗教中的人神关系对比

(一)忏悔与接受忏悔

在西方,人们对基督教的主神上帝持有一种信仰和膜拜的态度。与中国宗教的心理基础不同,罪感是西方宗教的心理基础,其内容是深切地认识到自己及其祖先对于上帝犯有不肖之罪。《圣经》中提到:“遮掩自己罪过的人,必不成功。无论是谁忏悔和放弃罪过,都将得到宽恕。”因此,对于西方人来说,向上帝忏悔是一个必不可少的宗教社会活动之一。西方人面对上帝时抱有一种忏悔的心态,是一种无条件的、绝对的屈从。西方人信仰、膜拜上帝,正是这种无条件的皈依。

(二)祈福与赐福

畏感是中国宗教的心理基础。这种畏惧心理主要是人类意识到自己力量薄弱,无法独立面世而产生的。因此,中国人在面对自己信仰的神灵时有一种虔诚、恭敬的态度,而不是无条件的信仰和膜拜。他们之所以信仰神,主要是想真诚地去祈福,去祈求神灵的保佑,期望神能降福于自己,而不是去忏悔。中国人对于自己信奉的神的基本态度是“信而不仰”。换句话说,人们只是相信神,敬畏它,但并不仰视它。

三、中西宗教的社会地位对比

(一)西方宗教的至上性

西方的宗教是超越于文化之上的,属于超文化的一个领域。在中世纪的欧洲,教权高于一切。罗马教皇而不是皇帝掌控着国家的最高统治权。罗马教皇既控制和管理宗教事务,也管理生活中的其他领域,包括政治、经济、法律、文化、教育、医疗、科学等。罗马教皇甚至对国王的任命,乃至皇帝的任命拥有最终决定权。由此可见,教皇的权力高于一切,凌驾于其他一切文化权力(如政治、法律等)之上。此外,西方的宗教也是衡量一切价值的最高准绳。

(二)中国宗教的世俗性

与西方文化中的宗教不同,中国各种宗教的领袖都来源于世俗社会,是由一些杰出人物修炼而成的，这也决定了宗教在社会中的地位是世俗性的。在中国，宗教是文化的一个重要组成部分，因为它本身就是文化伟人对人生的憬悟和理解，是文化伟人对人生思考的结晶。作为一种文化现象，宗教具有强烈的世俗性质。长期以来，中国的宗教都没能与皇权相抗衡。尽管在印度佛教中，佛教还拥有至高无上的神权，佛教传入中国的初期阶段，也表现出藐视皇权的倾向。但这种倾向很快就发生了变化，并最终教权屈服于皇权之下。

四、中西宗教对异教的态度对比

（一）西方宗教的绝对性与排他性

西方的基督教具有十分明显的排他性，一个人只能信奉一个神，一个宗教。在基督教之外，不允许其他宗教的存在，其他宗教都是非法的；而信奉这些非法宗教的人被称之为“异教徒”，是要受到惩罚的。帕斯卡尔说：“凡是到耶稣基督之外去寻求上帝并且停留在自然界之中的人，要么便不能发现任何可以使他们满意的光明，要么便走向为自己形成一套不要媒介者就能认识上帝并侍奉上帝的办法；并且他们便由此不是陷入无神论便是陷入自然论，而这两种东西几乎都是基督宗教所同样憎恶的。”①因此，为了要消灭异教徒，维护自身宗教的唯一性，西方历史上经常出现迫害异教徒的事件，以及频繁的宗教战争。

值得一提的是，基督教对待异教的态度与他们的教义是自相矛盾的。基督教的教义主张宽容、博爱，但在卫教问题上则却没有做到宽容、博爱。就基督教的性质本身而言，它不可能接受一个与它地位平等的宗教。否则，就意味着对上帝权力的否定，动摇了上帝的至高无上性。

（二）中国宗教的相对性与相容性

中国的宗教较之于西方的宗教，更具有一种相对性、相容性和多元性，它允许其他宗教的存在。在中国，各宗教之间是互相平等、互相尊重、互相交流的关系。除了个别时期曾发生过利用皇帝的权力排斥异教的事情之外，在大部分时期，三教是并存的。从唐代起，儒、道、禅三教逐渐走向融合；到宋代，便出现了合流之后的宋明理学，形成了中国思想史上的又一个高峰。

---

① 转引自汪德华．中国与英美国家习俗文化比较．杭州：浙江大学出版社，2011

中国各教教徒一般也很尊敬其他宗教的领袖，很少有持敌对态度的。因为他们是人类中的最高智慧和最高人格的象征，是一个社会、一个民族、一个时代的灵魂。佛教的领袖释迦牟尼就教导那些投奔他的异教弟子，让他们仍然尊敬原来的宗教首领。阿育王遵照释迦牟尼的这一教导，恭敬供养在其统治区内的所有宗教，并发布法文："不可只尊重自己的宗教，而菲薄他人的宗教。应如理尊重他教。这样做，不但能帮助自己宗教的成长，而且也对别的宗教尽了义务。反过来做，则不但替自己的宗教掘了坟墓，也伤害了别的宗教。因此，和谐才是好的，大家都应该谛听，而且心甘情愿地谛听其他宗教的教义。"①

由此可见，中国宗教中的教义都比较开放、包容，并且宗教领袖们都对其他宗教具有十分宽广的胸襟。这些都证明了中国宗教的相对性与相容性。

五、中西宗教对世俗的态度对比

（一）罪恶的与自然的

西方基督教将人的世俗生活看得极其低下，认为一切感官的满足（包括饮食、性、娱乐、舒适等）都是带有罪恶的和不净的，因此都被压缩到最小的限度，以仅能维持个体生命存在和人类的生命延续为度。

与西方宗教不同，中国宗教对世俗的、感性的满足十分肯定和尊重，认为世俗的满足是自然的。因此，中国人对饮食、养生之道、娱乐以及生命过程的体验都给予了充分的重视。

（二）重视灵魂与重视肉体

中西宗教对待肉体的不同态度是他们对待世俗态度的集中体现。

西方宗教对灵魂极其重视，而蔑视肉体。在基督教中，人的肉体被看作是自我暂时寄住其中的一个住所，是灵魂的一个偶然且短暂的躯壳，并非真正属于人类自己的东西，而灵魂才是真实永恒的东西。人死之后，灵魂便会从这个住所离开，升入到天堂或地域。西方宗教远离世俗、远离感性可以从这种灵魂对肉体的蔑视中达到体现。

而中国人十分重视自身的感受，重视肉体，重视感官的满足，重视生命的享受。在中国人看来，真正属于我自己的东西就是肉体，而不是灵魂。人死之后，身体没有了，"我"就因此而不复存在了。正是基于这样的观念，中

① 转引自汪德华．中国与英美国家习俗文化比较．杭州：浙江大学出版社，2011

国人往往是紧紧抓住现实，抓住现世，享受世俗，对“身”后之事很少关注。

六、中西宗教的教义对比

（一）西方的基督教教义

在西方文化中，基督教是主要的宗教形式，每个国家都有80％以上的国民信仰基督教，基督文化已深入人心。

基督教的教义主要包括如下内容。

(1)十诫。除了我(上帝)以外你不可有别的神；不可为自己雕刻和敬拜偶像；不可妄称耶和华你上帝的名；当守安息日为圣日；当孝敬父母；不可杀人；不可奸淫；不可偷盗；不可作假证陷害人；不可贪恋别人妻子和财物。

(2)三位一体。这是基督教的基本信条之一。相信上帝唯一，但有三个[位格]，即圣父——天地万物的创造者和主宰；圣子——耶稣基督，上帝之子，受上帝之遣，通过童贞女玛利亚降生为人，道成肉身，并[受死]、[复活]、[升天]，为全人类作了救赎，必将再来，审判世人；圣灵——上帝圣灵。三者是一个本体，却有三个不同的位格。

(3)信原罪。这是基督教伦理道德观的基础，认为人类的祖先亚当和夏娃因偷食禁果犯的罪传给了后代子孙，成为人类一切罪恶的根源。人生来就有这种原罪，此外还有违背上帝意志而犯种种[本罪]，人不能自我拯救，而要靠耶稣基督的救赎。因而，原罪说以后逐渐发展为西方的[罪感文化]，对欧美人的心理及价值观念影响深远。

(4)信救赎。人类因有原罪和本罪而无法自救，要靠上帝派遣其独生子耶稣基督降世为人做牺牲，成为[赎价]，作了人类偿还上帝的债项，从而拯救了全人类。

(5)因信称义。人类凭信仰就可得救赎，而且这是在上帝面前成为义人的必要条件。

(6)信天国和永生。人的生命是有限的，但人的灵魂会因信仰而重生，并可得上帝的拯救而获永生，在上帝的国——天国里得永福。

(7)信地狱和永罚。人若不信或不思悔改，就会受到上帝的永罚，要在地狱里受煎熬。

(8)信末世。相信在世界末日之时，人类包括死去的人都将在上帝面前接受最后的审判，无罪的人将进入天堂，而有罪者将下地狱。

（转引自宗教研究中心编，《世界宗教总揽》）

（二）中国的佛教教义

在中国的三大教派中，佛教对中国人的影响最大。

佛教的教义主要提倡“无神”（uncreativeness）、“无常”（no ever-lasting existence）、“无我”（anatma）、“因果相续”（the interdependent nature）等思想。佛教使人相信生死轮回，善恶有因果报应，并认为人们来到这个世界上就是为了受苦，所有的苦难也都源于人们的欲望，因此教化人们去抵制各种各样的诱惑并抑制自己的欲望，如贪、嗔、痴、慢、疑、恶等。在现实生活中，佛教倡导人要用好智慧、向好学好、有善意的目的、符合伦理的言行、谨慎处事、感情专一等。

佛教的基本教义主要是“四圣谛”、“八正道”等，被称为“释迦牟尼的根本教法”。

1.“四圣谛”

佛教中的四圣谛对中国人的信仰和思想有着极其重要的影响。四圣谛的主要内容如下。[①]

(1)苦谛：指万物众生的生死轮回充满了痛苦烦恼。苦难始终贯穿人的一生，包括生、老、病、死等，人活着就是受苦受难。

(2)集谛：指造成众生痛苦的根源是欲望。人总是摆脱不了各种欲望和诱惑，这是给人们带来苦难的根源。

(3)灭谛：指消除世间众生痛苦的途径是放弃欲望。

(4)道谛：指通向寂灭的道路。人们消除欲望，最终脱离苦海，到达极乐的境界。

2.“八正道”

八正道，即合乎正法的八种悟道成佛的途径，又称“八圣道”。其包括如下内容。

(1)正语：正确的言语，也就是不妄语、不慢语、不恶语、不谤语、不绮语、不暴语，远离一切戏论。

(2)正见：正确的见解，离开一切断常邪见。

(3)正思维：正确的思维，离开一切主观分别、颠倒妄想。

(4)正业：正确的行为活动，也就是不杀生、不偷盗、不邪淫等，诸恶莫做，众善奉行。

---

① 李建军. 文化翻译论. 上海：复旦大学出版社，2010

(5)正命:正确的生活方式,即远离一切不正当的职业和谋生方式,如赌博、卖淫、看相、占卜等。

(6)正精进:正确的努力,去恶从善,勤奋修行,不懒散度日。

(7)正念:正确的念法,即忆持正法,不忘佛教真理,时时以惕励自己。

(8)正定:正确的禅定,即专注一境,身心寂静,远离散乱之心,以佛教智慧去观想事物的道理,获得人生的觉悟。

佛教对中国文化的影响主要体现在两大方面:善恶因果的道德说教和生命与宇宙之间循环协调关系的哲学思辨关系。

(三)中西宗教教义的差异

除了上面所提到的差异外,中西宗教教义还在以下几个方面存在差异。

1.宇宙观不同

基督教认为是上帝创造了宇宙。宇宙是受上帝统治,且依据上帝的目的而运行的。依据佛教的观点,一切是因缘和合而生,认为世界的成因是依循成、住、坏、空的自然定律循环。

2.修行观不同

基督教主张,只有依赖信仰上帝以及耶稣基督的救赎才能得救,也就是“因信称义”(基督新教),赎罪获救是其目的所在。基督教是信仰型的外在超越,主张信靠上帝。而佛教认为,众生皆有佛性,所有要努力自我修行,只要挖掘出压抑遮蔽的佛性,就可以觉悟,解脱烦恼,离苦得乐是其目的所在。佛教是智慧型的内在超越,主张发挥人自身的潜能。

3.苦难观不同

基督教认为人生是苦的,人的罪是其根源,人类祖先犯的罪是“原罪”,会一代一代地遗传下去,人类自己所犯的罪是“本罪”,个人是无法从因双重的罪而造成的生命苦难中解脱出来,只能信赖上帝的解救。而佛教四谛中有“苦谛”,认为人生的本质是苦的,其根源是来自人性中的贪、嗔、痴,只有“降伏其心”,内修开掘佛性,了悟人生究竟,克制欲望,才能使烦恼得到消除,从而实现解脱。

第八章　中西专有名词的文化内涵差异

专有名词作为词汇中的一种，也是语言的一个重要组成部分。语言之间的文化差异必然能够在专有名词中得到体现。人名与地名均属于专有名词，其中涉及历史、地理、民俗、心理、社会等多种领域的知识，具有十分丰富的文化内涵。由于中西方文化背景不同，人名与地名也具有很大差异。本章就选取专有名词中的人名与地名对中西专有名词的文化内涵差异展开研究。

第一节　中西人名的文化内涵差异

人名是一个民族文化中的重要组成部分。作为一种特殊的语言现象，人名受到各民族的语言习惯、社会制度、风俗等因素的影响，有着独特的历史发展轨迹和文化内涵。本节就来分析中西人名的文化内涵差异。

一、人名的含义

人名是语言与文化结合下的产物。因此，人名既是一种语言符号，又是一种文化符号。

（一）人名是一种语言符号

众所周知，语言是人类社会交际的一种十分重要的工具。为了适应人类社会成员之间相互交际、相互识别，逐渐就产生了人名，人名可以说是人类语言系统中一种独特的语言现象。波特（Potter，1950）曾说，“很容易理解，在语言的初期阶段，最早出现的词语就是名称（names），而且主要的是专有名称（proper names）。非特有的通称或类属词，如 man，animal，tree 等随后发展起来，再往后才出现抽象名词，如 courage，ferocity。”人名是专有名词中的一种。人名作为一种语言符号，是语音、语义和语法的结合，有其独特的语言表现形式，同时指称着特定的人物。正如索绪尔（Saussure）所言，“人名是能指和所指的结合。”

总的来说，人名是语言的产物，并随着语言的发展而发展。同时，语言又是一种文化现象，是思维的工具和文化的载体。可以说，自从有了人类社会就出现了语言，语言又随着社会的发展而发展。人名作为一种语言符号，体现了社会变迁和文化发展的轨迹。

（二）人名是一种文化符号

同时，人名还是一种文化符号。如上所述，人名是社会的产物，反映了特定的社会现实以及文化内涵。与一般的语言符号不同，人名现象作为人类文化的一个重要组成部分，有着十分悠久的历史。人名的产生可以追溯到氏族社会，并随着社会的发展变化而变化。此外，人名的起源、结构、组合方式等还受一定的文化机制影响，并以一种特定的形式传承下来。因此，人名在一定程度上反映了文化的内涵。

二、中西人名的文化内涵对比

（一）姓名结构对比

中西姓名在结构上存在一定差异。

1. 中国姓名结构

在中国，汉语姓名的结构是“姓＋名”的形式。更为具体的说，汉语三字姓名其实更多的是“姓＋辈分＋名”。可以说，用专字表辈分是汉语人名所独有的一种现象，这体现了个人在家族中的排行顺序。

随着社会的不断发展和思想的不断解放，我国传统的家族观念也受到了很大的冲击，正在不断地淡化，而且辈分也不像从前那样受到人们的重视，名字中对于辈分的体现已经不那么普遍。目前的汉语姓名可以分为两种，即显性名（三字姓名）和隐性名（两字姓名）。

2. 西方姓名结构

在英美等西方国家，人们的姓名顺序是名在前，姓在后，如 Shakespeare 是姓，William 是名。英语姓名一般由三部分构成，即教名（the Christian name/the first name/the given name）＋中间名（the middle name）＋姓（the family name/the last name），如 Eugene Albert Nida（尤金・阿尔伯特・奈达）。但很多时候，英语的中间名仅写首字母或不写，如 Eugene Albert Nida 写成 Eugene A. Nida 或 Eugene Nida。

(二)姓名顺序对比

从上面中西姓名的结构中可以看出,中西人名都由姓与名组成,但姓与名的顺序却正好相反。具体来说,中国人名采取"姓前名后"的顺序,如在"曹操"这个名字中,"曹"为姓,放在前面,"操"为名,放在后面,包括越南、日本、朝鲜等在内的东方国家基本也都使用这种"姓前名后"的排列结构。与此相反,英国、美国等印欧语系的大多数国家都按照"名前姓后"的顺序来表示人名。例如,Roman Jakobson 中,放在前面的 Roman 是名,放在后面的 Jakobson 是姓。

(三)姓氏来源对比

1. 中国姓氏的来源

中国人姓氏的来源主要有下列几个方面。

(1)远古母系氏族社会,以母为姓,以"女"为旁。例如,姜、姬等。

(2)以原始部落图腾的动物、植物为姓。例如,牛、马、羊、鱼、龙、熊、杨、柳、花等。但需要注意的一定是,汉语中的人名一般不以凶狠的动物为姓,如狼。

(3)以古国名或地名为姓。例如,周、夏、齐、鲁、晋、秦、楚、赵、屈等。

(4)以居住地为姓。例如,春秋时期齐国公族大夫分别居住在城郭四周,就以东郭、西郭、南郭、北郭为姓。再如,西门、柳下、东门、欧阳、南宫、百里等。

(5)以官职、职业为姓。例如,司马、司徒、石、屠、陶、卜、巫、贾等。

(6)由帝王赐姓。例如,周穆王的一个宠姬死后,其为了表示哀痛之情,便赐她的后代姓"痛";周惠王死后追为"惠",他的后代便姓"惠"。又如,唐为李家天下,"李"就是国姓,唐太宗赐有功之臣为"李"姓。

(7)以借词为姓。这些借词由少数民族姓音译而来,一般为双字姓,如贺兰、长孙、耶律、呼延等。

(8)以数字为姓。例如,伍、陆、百、万、丁等。

(9)以神话中的传说为姓。例如,传说舜时有个纳言是天上龙的后代,其子孙便以龙姓传世。又如,传说神仙中有个青鸟公,便有了复姓青鸟。

(10)以古代同音字的分化为姓。例如,"陈"由"田"姓分出,"何"由"韩"姓分出(《华夏文化词典》,1988)。

除了上述介绍的姓氏来源外,中国人的姓氏还有以乡、亭之名为姓氏的,如阎、郝、欧阳、陆等;以山河名称为姓氏的,如乔、黄、武等;以家族次第为姓氏的,如孟、仲等。还有一些姓氏在一般人看来则非常不可思议。例如，据2005年9月7日《羊城晚报》记载，一些人以“虫、酱、兽、妖、尸、犬、仄、炕、鸡、兔”等为姓。

2.西方姓氏的来源

西方英语国家的姓氏来源主要有以下几个方面。

(1)以表示血缘继承关系的词及其所构成的词为姓。例如，Clinton(克林顿)，Jones(琼斯)等姓都是直接把自己的名字作为后代的姓氏使用的。还有一些是在名字上加一些前缀或后缀转为姓氏来使用。常见的前缀有Mac-(表示父子关系)，Fits-(表示父名)等，如Mccarthy(麦卡锡)，Mac Arthur(麦克阿瑟)，Fitzgerald(菲茨杰拉德)等；常见的后缀有-s，-son(表示某人之子或后代)等，如Adams(亚当斯)，Johnson(约翰逊)，Robertson(罗伯逊)等。

(2)以职业为姓。例如：

Clerk 克拉克(办事员)

Barber 巴伯(理发师)

Thatcher 撒切尔(盖屋顶的人)

Weaver 威弗尔(织布工)

Turner 特纳(车工)

Carter 卡特(马车夫)

Cook 库克(厨师)

Smith 史密斯(铁匠)

Tailor 泰勒(裁缝)

Cooper 库伯(制桶匠)

Hunter 亨特(猎手)

Fisher 费舍尔(渔夫)

(3)以颜色名称或个性特征为姓。例如：

Brown 布朗(棕色)

Black 布莱克(黑色)

White 怀特(白色)

Short 尚特(矮个子)

Red 雷德(红头发者)

Whitehead 怀特海(白色的头部)

Wise 怀斯(聪明)

Grey 格雷(面色铁灰或头发银灰者)

Long 朗(个子瘦高者)

Strong 斯特朗(身体强壮者)

Campell 坎佩尔(歪嘴)

(4)以居住地附近的地形、地貌为姓。例如,住在小溪边的姓 Brook(布鲁克),住在田地边的姓 Field(菲尔德),居住在山中的就姓 Hill(希尔)等。事实上,西方的姓氏有很多都是由表示地貌特征的词汇衍化而来的。再如:

Lane 莱恩(小巷)

Bush 布什(灌木丛)

Well 韦尔(水井)

Lake 雷克(湖)

Pond 庞德(池塘)

Ford 福特(渡口)

Green 格林(草地)

Cliff 克利夫(悬崖)

Forest 福雷斯特(森林)

Moor 穆尔(小山)

Churchill 丘吉尔(山丘)

Wood 伍德(丛林)

(5)以官衔为姓。例如:

Marshall 马歇尔(元帅)

Judge 贾奇(审判官)

King 金(国王)

(6)以地名为姓。例如,住在伦敦的就姓 London,住在华盛顿的就姓 Washington。再如,Kent(肯特),Oxford (牛津),York(约克),Sheffield(雪菲尔德)等。

(7)以动物或植物名称为姓。例如:

Wolf 沃尔夫(狼)

Rice 赖斯(大米)

Lamb 拉姆(羔羊)

Bull 布尔(公牛)

Rose 罗斯(玫瑰花)

Fox 福克斯(狐狸)

Flower 福拉沃尔(花)

Cock 科克(公鸡)

(8)以民族名称为姓。例如:

German(德国人)

Angles(盎格鲁人)

Welsh(威尔士人)

(9)以武器、器物或货币名称为姓。例如:

Coffin 科芬(棺材)

Sword 索德(剑)

Pike 派克(长矛)

Pound 庞德(英镑)

(10)以人体部位名称为姓。例如:

Temple 坦普尔(太阳穴)

Arms 阿姆斯(手臂)

Foot 富特(足)

(11)以自然现象为姓。例如:

Frost 弗罗斯特(霜)

Rain 雷恩(雨)

Snow 斯诺(雪)

(12)以《圣经》中的人物名和基督教中的圣徒名为姓。例如:

James 詹姆斯

John 约翰

Elliot 埃利奥特

Lawrence 劳伦斯

Gregory 格雷戈里

Michael 迈克尔

由上述对中西姓氏来源的介绍可见,中西姓氏的来源存在很大的差异。当然,二者之间也有一些相同之处,如英汉姓氏都有以职业作为姓氏,以地名作为姓氏等现象。

(四)姓氏数量对比

西方人的姓氏在数量上要远多于中国人的姓氏。根据《中华古今姓氏大辞典》所收录的情况,目前汉语的姓氏(包括少数民族的姓氏)共有 12 000 个。而英语的姓大约有 15.6 万个,常用的有 35 000 个左右。英语民族的多姓现象与他们的社会、经济状况有密切关系。郑春苗在《中西文化比较研究》一书中解释了造成这一现象的原因。①

这个时期(18～19 世纪,笔者注),欧洲的城市资本主义经济有了广泛发展,宗法大家庭越来越被小家庭所代替。征兵纳税以及各国之间贸易往

① 转引自殷莉,韩晓玲. 英汉习语与民俗文化. 北京:北京大学出版社,2007

来和人口频繁迁徙等因素使个人的地位和作用越来越突出，于是作为解决财产所有权和承担社会权利和义务的姓就必然成为广泛的社会问题，迫使各国政府下令每人都必须有姓。在这种个体小家庭广泛存在的社会条件下，姓氏数量就自然比中国人多。

（五）姓氏作用对比

从所起的作用来看，中国人的姓氏所负载的内容比西方人的姓氏负载的内容要多。中国人的姓氏主要有以下两方面的作用。

(1)承载宗族观念。姓氏既是有血缘关系的家族或宗族的标志，还可以用于对不同族群进行区分。家族或宗族因姓聚居，姓在心理上起到了宗族归属感的作用。传统中国强调宗族观念，姓反过来又对宗法观念和制度起到了加深的作用。

(2)区别婚姻。中国有“同姓不婚”的习俗。这种习俗不仅是出于优生的考虑，延续血缘的需要，更是巩固家族的需要。如果不同姓氏的宗族集团结成姻亲，双方的家族势力就会得以加强。

与中国人姓氏不同，在西方，英语姓名中“姓”没有“名”那么重要，所以其姓氏的作用似乎没有中国人姓氏的作用明显。

（六）姓氏的概括性与表述性

在中国，汉族姓氏具有概括性。姓以单字词为主，也有复姓为双字词。从词源上看，中国人的姓氏一般表示族群，而不是表述个体的特征，而西方人的姓则具有表述性。

如上所述，中西姓氏中均有来源于动物的姓氏，但它们的意义却不同。中国人所用的动物姓如“龙”、“熊”、“牛”等，是原始部落图腾的标志；而西方人所用的源自动物的姓氏多为对个体特征的描述。例如，bull（牛）描述的是“忠实厚道或力气过人者”，wolf（狼）表述的是“凶残者”，fox（狐狸）为“奸诈狡猾者”。再如，Davidson 表述的是 the son of David，意思是“大卫之子”，Longfellow 表述的是 a long fellow，意思是“身子长的人”。

（七）姓氏的求美性与随意性

中国人对姓氏的要求极为严格，追求姓氏的美感。例如，汉语姓氏中不会出现“丑”、“恶”等字眼。汉语中源自部落图腾的姓，如“狼”、“猪”、“狗”，为了避丑后来将其改成了“郎”、“朱”和“苟”。

而西方人的姓氏千奇百怪、五花八门，一些中国人认为不雅的、不吉利的、不悦耳的词都可以作为他们的姓氏而代代相传。例如，wolf（狼），poison(毒药),fox(狐狸),tomb(坟墓)等。

(八)"重姓轻名"与"重名轻姓"

1. 中国"重姓轻名"

在中国,姓源于母系氏族社会,最早用于指"女生",与女性生子有关,相同的姓表示同一个母系的血缘关系。最早的姓通常以"女"为旁,如姚、姜、姬等。"姓氏"在早期有不同的所指。氏是在姓之后产生,是按父系来标识血缘关系的产物,只有在父权确立之后才使其变为可能。春秋时,一般是男子称氏,女子称姓。春秋之后,受战争的影响姓与氏的界限逐渐变得模糊,姓与氏渐渐结合在一起统称"姓"或"姓氏",代表的是血缘、群体和宗族。与姓相比,名的产生晚一些,虽然在原始部落已有雏形,但其固定是在夏商出现文字之后。这也是中国文化传统"重姓轻名"心态的一个很好体现,中国人的姓与宗族、氏族、群体和血缘有着十分密切的关系。中国传统文化强调共姓至上、三纲五常。正是在这样的传统文化的影响下,汉语人名中的"姓"必然在前,因为它代表宗族、家族、群体,而代表个体个性符号的"名"则位于"姓"之后。例如,司徒建华,其中"司徒"是双姓,位于表示辈分名的"建"和表示名的"华"之前。

2. 西方"重名轻姓"

在西方,英语民族的姓产生于11世纪,直到14世纪才固定下来。由于西方文化重视个性和个体,尊重个体独立的人格和主体意识,因此英语中姓没有名重要。摩尔根(Morgan)在《古代社会》一书中指出,"我们的祖先撒克逊人直到被诺曼底人征服时,还只有个人名字,而没有代表宗族的姓氏。"由此可见,西方人"重名轻姓"。因此,西方人名把代表个性的名放在前面,而把代表共性的姓放在后面是理所当然的。

可以说,中国"重姓轻名"与西方"重名轻姓"的民族观念是中西人名文化最明显的差异。

(九)"男女各姓"与"妇随夫姓"

1. 中国"男女各姓"

受中国传统观念影响,中国人重男轻女、男尊女卑的现象非常严重。妇女在社会中的地位极其低下,很少出入社交场合,人们在称呼已婚妇女时通常以其夫名加上表示尊称的亲属称谓,如京剧样板戏《沙家浜》中的"阿庆嫂”。在封建社会，妇女无论结婚与否，其家姓都会保留下来，称呼已婚妇女通常以其家姓加上“氏”字，如王氏、赵氏等。这一方面反映了中国封建社会女性地位的卑微，另一方面也体现了重姓轻名的文化心态。

2. 西方“妇随夫姓”

在西方，称呼已婚妇女通常要放弃自己的家姓，而使用夫姓，如 Mary White 与 John Brown 结婚后，女方姓名就变为 Mary Brown。这里值得提及的一点是，有些女作家、女演员往往会因职业原因，并不使用夫姓。随着妇女解放运动的发展日益深入，为了体现男女平等和妇女独立的观念，西方很多女权主义者提倡妇女婚后继续使用自己的家姓。现在，很多西方国家的女性结婚后开始采用夫妇二人的合姓作为其新姓，并用连字符连接男女两姓。例如，Marie Brown 和 John Williams 结婚，婚后女方姓名就是 Marie Brown-Williams。

（十）人名所折射的亲子关系对比

从英汉民族姓名中可以发现其折射出的不同人伦关系。这种差异具体表现为亲子关系的不同，即中国的“孝”和西方的“爱”。

1. 中国的“孝”

在中国，汉民族的人名体现了家族本位与血缘宗法观念。在宗法制的社会里，维护家庭的稳定和谐成为基本的伦理目标。作为宗法制的伦理基础和家庭伦理的核心，“孝”首先可确保家族得以顺利延续和发展，规定“不孝有三，无后为大”，“生儿育女、传宗接代”是同一姓氏家族血脉传承者极其重要的义务；其次，“孝”也是调节几世同堂的大家族复杂的人伦关系的伦理规范，在国家为“君君臣臣”，在家族为“父父子子”，强调子辈对亲族的绝对顺从。这种以“孝”为核心的关系体现着亲子之间上下的不平等关系。尽管这种“孝”中也包含着爱，但这种爱更多的是子对亲的敬爱。而在“父慈子孝”的伦理规范中的“慈”却大多被忽视，而“孝”却被强调至无以复加的地步。

2. 西方的“爱”

在西方英美国家，子女可以直接称呼他们父母的名字。西方亲子关系是一种平等、友爱的关系，“爱”是西方人伦关系的核心。此外，同中国的宗法社会不同，西方社会的家族观念总是比较淡漠，家庭结构简单，一般都是以夫妇为核心的家庭，子女成人后便离开父母，独立生活，父母与子女之间不用互相牵挂。西方文化强调自由，子女的意志会得到父母的尊重而不是加以抑制，父母与子女之间是平等、友爱的关系。

（十一）人名避讳对比

避讳主要来源于中国封建制度。在封建社会，皇权至高无上的特征要求凡与帝王以及皇族名字相同的任何名称都要更改。避讳的成规，臣民对君主及其亲属，晚辈对长辈，普通人对圣人、贤者都要尊敬，不能直呼其名。

在中国，人名存在比较严格的避讳。在古代是对帝王避“国讳”，即全国上下所有臣民都避讳使用帝王的名字；对圣人避“圣讳”，即避讳孔子这一类圣人的名字；对祖辈则是避“家讳”。虽然在现代社会已经没有所谓的“国讳”或“圣讳”，但是人们在给孩子取名时仍然会普遍遵循避“家讳”的制度，即禁止使用长辈（包括父母、祖父母等）名字中的字，甚至也不会使用这些字的同音字。万建中先生在解释名字的避讳时，总结道：“名字的避忌，最初的原因是为保密起见；名字的保密与巫术崇拜及其恐惧有直接关系。西周以后，统治者一方面为了自身的安全，不让人们随便诅咒伤害自己，尤其是运用自己的名字来施行巫术；一方面又为突出其至高无上的地位，维护森严的等级制度，表示自己神圣不可侵犯，便对远古民间积淀下来的避用人名的风习加以传扬和完善，使其带有浓重的‘尊祖敬宗’的宗法伦理色彩，逐渐形成一种举国上下普遍遵循的完备的避讳制度。”

与之相反，西方在名字选择上没有太多的避讳，他们常常使用父辈名字，以表达某种纪念意义，或是为了表达父母的骄傲，或是为了纪念家族中的某一位成员，或是因为表达对家族中某个成员的爱戴和敬仰等。因为在西方没有强烈的宗族，也没有森严的等级制度，家庭之间的关系比较松散，他们更注重人与人之间的平等。

第二节　中西地名的文化内涵差异

地名是专名的一种，地名文化与各民族的文化息息相关。由于文化背景不同，中西地名的文化内涵也存在诸多差异。本节就对中西地名的文化内涵差异进行探析。

一、地名的含义

《中国大百科全书》对地名的解释为“地名是人们在相互交流中为了识别周围的环境对于地表特定位置上的地方所赋予的名称。”

英语字典 *Webster's Ninth new Collegiate Dictionary* 将 toponymy(地名)解释为:“The place—names of a region or language or esp. the etymological study of them.”。

从中西方对地名的界定可以看出,地名是代表地理实体的一种符号,简单来说指的是某个地方的名字。名字可以是一个字,也可以是多个字,用名字来代表一种事物,以与其他别的事物区分开。地名是对多种地理实体的指称,包括地方、地点、地物(包含地上建筑物、园林等)、地域、水域等。

二、中西地名的文化内涵对比

(一)中西地名来源对比

1. 中国地名的来源

(1)来自神话故事。我国的五湖四海、山川河流的名字很多都与神话故事有关。例如,珠穆朗玛峰就与一个古老的传说有关。传说这座山是后妃女神变成的,珠穆朗玛系藏语“久穆拉面”的转音,意思为“后妃天女”。

(2)来自美好的愿望。有很多地名可以体现出中华民族的期盼和愿望。例如,反映人们追求长寿幸福、昌盛富强愿望的地名有福寿山、万寿山、昌水河、万福河、富裕县、永昌县、昌平县、万寿城、福州市、福建省等;反映人们对太平、安康社会的期盼的地名有太平山、太平桥、太平寺、永宁河、永宁镇,永安市、永安县、永和县、永和镇、安定门、东安市场等。

(3)来自移民故乡。在中国历史上,由于种种原因发生过很多次大规模的移民。为了表达对故乡的思念之情,移民常常用自己故乡的地名来给新的居住地命名。例如,北京的一些地名采用的是山西的县名,当时明朝为了充实京城,从山西向北京有移民的计划。这些地名包括大兴区东南凤河两岸的地名,如霍州营、长子营、河津营等;在顺义西北有红铜营、东降州营、西降州营、夏县营等。

(4)来自宗教。自古代以来,中国就曾经出现很多影响较大的宗教,如道教、佛教、伊斯兰教、基督教、天主教以及民间宗教。因此,许多名胜古迹名称的取定都与宗教有关，如白云观、礼拜寺、城隍庙、布达拉宫等，也都有其各自的通名，如观、庙、寺、阁、塔、宫等。下面就来介绍一些与宗教有关的地名。

①与道教有关的地名。例如：

白云观（北京西便门外）

永乐宫（山西芮城内）

楼观台（陕西西安西南76公里的秦岭北麓）

武当山（湖北均县南）

九宫山（湖北、江西交界的幕阜山东段）

青城山（四川省灌县西南）

②与佛教有关的地名。例如：

少林寺（嵩山）

白马寺（洛阳）

五台山（山西）

峨眉山（四川）

九华山（安徽）

普陀山（浙江）

③与伊斯兰教有关的地名。例如：

北京宣武区牛街礼拜寺

北京东四清真寺

陕西西安化觉寺

江苏扬州仙鹤寺

上海大桃园清真寺

南京净觉寺

福建泉州圣友寺

(5)来自历史人物的名字。在中国，反映人们对历史人物或民族英雄的崇敬、敬仰之情的地名也有很多。例如，中山市来源于革命先行者孙中山、左权县来源于革命先烈左权、靖宇县来源于革命先烈杨靖宇、志丹县来源于革命先烈刘志丹等。类似的例子还有夫子山、卧龙岗、韩江、韩山、太白山、黄盖桥、子龙滩、黄浦江、木兰溪等。

(6)来自地形、地貌特点。中国有些地名来源于地物本身的特征。例如，黄河、黄海皆因其水中含有大量泥沙而得名，齐齐哈尔因该城市拥有天然牧场而得名，海南岛的五指山因其形状像五指而得名。类似的例子还有金沙江、清水河、流沙河、黑山、狼牙山、白云山、摩天岭等。

(7)来自方位和位置。在中国，以东、南、西、北方向为依据产生的地名有河南、河北、湖南、湖北、山东、山西、广东、广西等。古代中国将“山南水北”称为“阳”，将“山北水南”称为“阴”，由此产生了很多包含“阴”与“阳”的地名，如洛阳（位于洛水以北）、衡阳（位于衡山之南）、江阴（位于长江以南）等。

(8)来自姓氏。以姓氏为地方取名的现象在中国十分多见，如李家湾、石家庄、王家屯、肖家村等。

(9)来自河流、湖泊、山脉、海洋等。例如，四川因省内有四条江（长江、岷江、嘉陵江、沱江）流过而得名。再如，澳门位于珠江口，当地将海湾内可以泊船的地方称为“澳”，因此得名“澳门”。

(10)来自矿藏和物产。这样的地名有无锡、铜陵、铁岭、铁山、盐城、钨金县、铜鑵山等。

(11)来自动物或植物。中国有很多地名来源于动物，如马鬃山、鸡公山、凤凰山、瘦狗岭、奔牛镇、黄鹤楼等。此外，中国部分地名是以植物名命名的，如桂林、樟树湾、桃花村、榆林庄、三柳镇等。

2. 西方地名的来源

(1)来自普通名词。有些表示地方的专有名词来自于普通名词。这是因为这些地方在所属类型的地形中十分突出，因而被直接冠以该地形的名字，成为专有名词。下面介绍几种常见的这种地名。

①原意是“山”的地名，如Balkan（巴尔干），Alps（阿尔卑斯），Pyrenees（比利牛斯）等。

②原意是“河”的地名，如Niger（尼日尔），Elbe（易北），Douro（杜罗）等。

③原意是“湖泊”的地名，如Chad（乍得）等。

④原意是“港口”的地名，如Portsmouth（朴茨茅斯），Bordeaux（波尔多）等。

⑤原意是“平原”的地名，如Seville（塞维利亚），Syria（叙利亚）等。

(2)来自山河湖泊。这样的地名在西方也比较常见。根据河流命名的地名，如美国的Tennessee（田纳西州），Ohio（俄亥俄州），Colorado（科罗拉多州）等；根据湖泊命名的地名，如美国的Michigan（密歇根州），加拿大的Ontario（安大略省）等；根据山脉命名的地名，如美国的Nevada（内华达州）等。

(3)来自姓氏、名字。虽然来源于人名的地名在中国并不多见，但在西方国家却十分普遍。例如，西方的Bering Sea（白令海），Bering Strait（白令峡）都是以丹麦航海家维图斯·白令（Vitus Bering）的名字命名的。又如，美国的首府华盛顿哥伦比亚特区(Washington D.C.)和西北部的华盛顿州都是为了纪念美国总统华盛顿(George Washington)而命名的。美洲国家地名用著名航海家哥伦布(Columbus)的名字命名的也有很多,如美国南卡莱那州(South Carolina)首府哥伦比亚(Columbia)、西北部的哥伦比亚河(the Columbus River)、佐治亚州(Georgia State)的哥伦布城(Columbus City)等。

(4)来自地理形状和特征。例如,Holland,Netherlands(荷兰)的意思就是“低洼的土地”,这与荷兰地势低洼的地理特征相吻合。再如,位于美国密西西比河流最南端的红河(Red River)就是因为其河水呈红色而命名的。又如,冰岛(Iceland)的意思是“冰的陆地”,这是因为冰岛这个国家大部分的土地都被冰山所覆盖,因而取名“冰岛”。

(5)来自矿藏和物产。例如,美国犹他州(Utah)首府盐湖城(Salt Lake City)因其附近的大盐湖(Salt Lake)而得名。

(6)来源于日常事物的地名,如 Moon(穆恩,意思是“月亮”),Money(马尼,意思为“金钱”),Hot Coffee(霍特咖啡,意思是“热咖啡”),Tombstone(汤姆斯通,意思是“墓碑”)等。

(7)来自动物。例如,亚速尔群岛(Azores Islands)因岛上海鹰众多而得名;坎加鲁岛(Kangaroo Island)因岛上袋鼠成群而得名。

(8)来自美好愿望。例如,位于非洲的好望角(Cape of Good Hope)其名字的由来是因为这里常年因强劲的西风急流掀起惊涛骇浪,航行到此处的船舶往往会因这种“杀人浪”而遇难,而被认为是世界上最危险的航海地段,因此人们希望这个海角可以为人们带来好运,就将原名“风暴角”改为“好望角”。再如,太平洋(Pacific Ocean)意思是和平之洋,体现了人们对和平的向往和美好愿望。

(9)来自移民故乡。众所周知,美国是一个移民国家,英国、法国、西班牙等国是其早期的移民来源地。因此,美国的地名很多都是以移民地的名称命名的。例如,美国的 New England(新英格兰)是第一批英国移民乘坐“五月花”号船为此地所取的名称;New York(纽约)源于英国东北部约克镇;New Orleans(新奥尔良)则是源于法国北部的奥尔良市。又如,New Jersey(新泽西), New Berlin(新柏林),New Plymouth(新普利茅斯)等。此外,在西方各大都市的 Chinatown(唐人街)也是一个很典型的例子。

(10)来自宗教。西方地名中有很多与宗教文化相关的命名。西方带有宗教色彩的地名通常以 San, Santa 或 ST 开头,如 Santa Anna(圣安娜),San Francisco(旧金山), San Ardo(圣阿杜)。此外,在美国以“上帝”冠名的地名达一千多处,以 Bethlehem(圣城,耶稣诞生地)命名的地名有八百多处。

(11)来自神话传说。例如,Saine River(塞纳河)这个名字就来源于一个古老的传说:在塞纳河源流的小溪上有一个小洞,洞里有一尊女神雕像。她白衣素裹,半躺半卧,手里捧着一个水瓶,神色安详,嘴角流露微笑,姿态优雅,以泉水为源的塞纳河源头小溪就是从这位美丽的女神背后流出的。传说中这尊女神是于公元前五世纪降临人间的,名字叫塞纳,是降水大神,“塞纳河”就是源自这位女神的名字。

(12)来自地理方位和位置。例如,南斯拉夫(Yugoslavia)指的是南方说斯拉夫语言的国家。又如,美国以方位命名的地名也很常见,其中以“西”开头的地名最多,如西弗吉尼亚州(West Virginia)。英国的一些地名,如Portsmouth(朴茨茅斯), Yarmouth(雅茅斯), Plymouth(普利茅斯), Cambridge(剑桥), Oxford(牛津)等,从这些地名的词尾可以看出其所在的位置。

(13)其他来源。西方国家还有一些来源奇特的地名,有因一时误会而将错就错产生的地名。例如,美国阿拉斯加州西部的C. Nome(诺姆角)的产生就是如此:一位早期的地图编制者发现这个地方尚未命名,于是写上“? name”的字样,意思是问“名字呢”。但由于笔迹潦草,因而被误以为此地的名为C. Rome。久而久之,人们便将其作为该地的名字。还有一些地名是人们创造的奇怪词语,如Tensleep(滕斯利普,意思是“睡十觉”),Deadhorse(戴德霍斯,意思是“死马”),Malad City(马拉德城,意思是“瘟疫城”)等。

(二)地名避讳对比

与人名相同,中国的地名也遵守避讳这一原则,地名的避讳是很常见的现象。例如,三国时期因孙权祖父的名字是孙锺,为了避祖讳,将南京朝阳门外的锺山(即钟山,又名“紫金山”)改为蒋山。又如,五代后唐时期因避李国昌讳,就有很多县改名,如山东的博昌县改名为博兴县,昌阳县改名为莱阳县;河南的昌乐县改名为南乐县;湖南的昌江县改名为平江县等。另外,湖北省的天门县,原名是景陵县,因其与康熙陵号相同而被更改为天门县。与中国地名避讳不同,西方的地名很少涉及避讳问题。

第九章　中西习俗方面的文化内涵差异

习俗是一个民族在特定的历史条件和地理环境中不断发展并承袭下来的,它是某种文化形态的象征和体现。由于习俗文化是跨文化交际活动的一大障碍,所以人们在跨文化交际中必须具备扎实的文化功底,形成良好的习俗差异意识。本章就对中西习俗方面的文化内涵差异进行系统论述。

第一节　中西称谓习俗的文化内涵差异

一、中西亲属称谓习俗的文化内涵差异

亲属称谓语属于语言使用中的一个重要现象。亲属称谓是任何一种语言中都不可或缺的一个部分。可以说,在人类社会中,每一个特定的社会结构及其关系都是类似的。这些亲属之间的关系构成了一个基本的社会群体单元。但在某一个特定的社会中,人们又会使用不同的称呼来表示这些关系。这些不同的称呼不但表达了亲属之间的关系,而且也表明了他们在这一家庭中的地位、责任与义务。因此,这些有着各自特点的称谓语在某种程度上也揭示了一个社会发展的状况。由于中国与英语国家分别是在不同的社会状态下发展起来的,也因为它们的文化有着各自的特点,所以使这些相同或相似或不同的称谓语有着不同的内涵与解释。

在传统的中国社会中,各个家庭成员之间的称呼已经有了一定程度的细化。每一个成员在这一家庭中都有着不同的称呼。每一个成员在家庭中的不同地位和责任也都能通过称谓得到体现。因此,这些称呼也成为责任与义务的标志符号。同时,这些称谓语决定了亲属之间的亲疏关系,还可以区分内亲与外戚的关系。与英语中家庭称呼的泛化不同,汉语中家庭称呼非常复杂,甚至有时连自己都很混乱。一般人都认为,西方家庭中各个成员之间的称呼之所以单一、简单是西方社会工业经济高度发达而使家庭独立导致的,而家庭的独立又是社会与家庭关系的单薄、家庭成员之间交往减少而造成的。另外,西方社会中的社会关系金钱化也使这一问题更加明显。

这里我们将导致西方家庭称谓语泛化的原因总结为两点:一是西方社会有着较早的工业化进程,二是中西方封建社会的结构不同所造成的。

中西亲属称谓系统的特点是:汉语亲属称谓详细而具体,属于叙述式(descriptive)系统;而英语亲属称谓简单而笼统,属于类分式(classificatory)系统。

(一)汉语亲属称谓系统的特点

汉语的叙述式亲属称谓系统是以几千年来传承的"九族五服制"为基础的,既包括由血缘关系产生的亲属系统,也包括由婚姻关系产生的姻亲配偶系统。因此,汉语亲属称谓详细且复杂,严格区分了直系亲属和旁系亲属、父系亲属和母系亲属,同时也表明了长幼尊卑。复旦大学教授游汝杰先生(1993)在《中国文化语言学引论》一书中就对中国的亲属系统进行过详细描述。

1.行辈上的特点

在中国,亲属称谓是随辈分的变化而不断变化的。相关研究表明,中国现代亲属称谓中的23个核心称谓都是分辈分的,包括父、母、夫、妻、子、女、兄、弟、姐、妹、嫂、媳、祖、孙、伯、叔、姑、舅、姨、侄、甥、岳、婿。另外,中国的行辈差别还体现在长辈与晚辈之间的称呼上:长辈可以直呼晚辈的名字,而晚辈则不可以直呼长辈的名字。

2.同辈长幼上的特点

对于同辈亲属,汉语称谓一般因长幼的不同而有所差别。例如,古代妻子称丈夫的哥哥为"兄公"或"公",称丈夫的弟弟为"叔",称丈夫的姐姐为"女公",称丈夫的妹妹为"女叔"。而在现代汉语中,称父亲的哥哥为"伯",称父亲的弟弟为"叔"。此外,同辈亲属间还有哥哥与弟弟、姐姐与妹妹、兄嫂与弟媳等区别。这些均能体现被称呼者的年龄及与自己的关系。

3.父系母系上的特点

在中国文化中,即使是对同辈亲属的称呼也会因为父系、母系的不同而有所区别,如称父亲的姐妹为"姑",称母亲的姐妹为"姨";称父亲的哥哥和弟弟为"伯"或"叔",而称母亲的哥哥和弟弟为"舅"等。

4.血亲姻亲上的特点

汉语中的姻亲关系也会导致同辈亲属称呼的不同。例如,叔叔与姑父,哥哥与姐夫,弟弟与小舅子,姐姐与嫂子,妹妹和弟媳等。

5. 直系旁系上的特点

在汉语中,直系、旁系的差异也会导致对同辈亲属的称谓不同。例如,父亲与叔叔,母亲与姨妈,儿子与侄子、外甥,女儿与侄女、外甥女等。

但是,"兄弟"与"表兄弟"、"姐妹"与"表姐妹"之间却没有因直系、旁系而产生差异,因为其核心词语都是"兄弟"、"姐妹"。正如古制中,父亲的兄弟为从父,母亲的姐妹为从母,从父有伯父、叔父之称。但这些称谓的核心词都是"父"、"母",所以并未体现直系、旁系导致的差异。

(二)英语亲属称谓系统的特点

英语类分式的亲属称谓特点源自其以辈分来划分家庭成员关系的制度,其承认的血缘包括五种基本形式:父母、子女、祖父母、孙儿孙女、兄弟姐妹。下面对这五种基本形式进行具体描述。[①]

第一等级包括我自己,我的兄弟姐妹及种种从表兄弟姐妹之属。

第二等级包括我的父母以及他们的兄弟姐妹和种种从表兄弟姐妹之属。

第三等级包括我的祖父母以及他们的兄弟姐妹和种种从表兄弟姐妹之属。

第四等级包括我的儿女以及他们的种种从表兄弟姐妹之属。

由以上描述可知,英语的父母、子女、祖父母、孙儿孙女、兄弟姐妹都有具体的称谓,而其他亲属就没有这种精确的称谓。例如,父母这个等级中,父称 father,母称 mother,而对父母的兄弟姐妹的子女统一称 cousin。此外,英语亲属称谓的同辈之间也很少区分长幼,如英语中的 brother,可表示"哥哥"和"弟弟",uncle 可表示"伯伯"和"叔叔"等。

可见,英语亲属称谓系统是以辈分来标记亲缘关系的,而不标明亲缘关系的远近,也不区分父系亲属和母系亲属。

二、中西社会称谓习俗的文化内涵差异

除上述涉及的亲属称谓语外,在中国社会中,各个成员之间的称谓,不论在口语还是书面语中都很讲究。社会称谓语,即社会成员之间的称谓。作为社会礼制的反映,社会称谓语受社会制度、伦理习俗的影响颇深。由于

① 白靖宇. 文化与翻译(修订版). 北京:中国社会科学出版社,2010

中国古代是一个封建宗法社会，注重礼仪，而西方则是自由民主、崇尚基督教的社会，这就造成了中西方各自不同的社会称谓的差异，即和亲属称谓差异一样，中国的社会称谓繁杂、等级性强，而西方的社会称谓则比较简单、等级性较弱。尽管今天中国的社会制度、伦理习俗发生了很大的变化，但社会称谓是在历史的长河中逐渐形成、发展和流传的，因此汉语中的社会称谓仍保留了很多旧习惯，和西方社会称谓之间仍有较大差异。

（一）汉语通称

所谓通称，即不对被称谓者的年龄、职业、身份等进行严格区分。这种社会称谓语在社会上的使用极为广泛。通称的社会称谓语的特点是：数量少，使用人数多，使用频率高。汉语中常见的通称社会称谓语包括如下四种。

（1）小姐、女士、太太、先生，它们的前面可直接用“姓氏”表示。

（2）阿姨，它是对母辈女性的称谓，称呼时显得很亲切、随意。

（3）大妈、大伯、大哥、叔叔等，这些称谓是由亲属称谓转换而来的，是一种泛亲属称谓现象。

（4）朋友，具有讲哥们儿义气的感觉。它前面可以加“小、老”以体现年龄或亲密度。

请看下面例句。

鸿渐道：“怪不得贵老师高先生打电报聘我做教授，来了只给我做副教授。”

（钱钟书《围城》）

1938 年初秋，一个薄雾弥漫的日子，我和黄阿姨以及她的丈夫来到了伦敦，是他们把我从老家南昌千里迢迢带到英国来的。

“老伯是明白的，我玉英向来不掉枪花。我也不要多，小小的菜头就行了！”

（茅盾《子夜》）

她（孙柔嘉）初来时叫辛楣“赵叔叔”，辛楣忙教她别这样称呼，鸿渐暗笑。

（钱钟书《围城》）

（二）汉语职务称谓语

所谓职务称谓语，是指用受话人所具有的官衔、职衔、学衔、军衔等作为称谓语，它其实是一部分职业称谓的具体化。有时，这些称谓语也可以体现出称谓者的身份和权势。具体来说，汉语职务称谓语可以分为如下几种。

(1)官衔,如总统、主席、总理、市长、局长、校长、处长、院长、主任、科长、所长等。

(2)职衔,如教授、总工程师、工程师、高工等。

(3)学衔,如博士、硕士等。

(4)军衔,如元帅、将军、上尉、参谋长等。

请看下面例句。

“导师制是教育部的新方针,通知各大学实施,好像反应不太好。咱们这儿高校长是最热心奉行的人——我忘掉告诉你,李瞎子做了训导长了,咦,你知道了——这位部视学顺便来指导的,明天开会他要出席,可是他今天的讲话不甚高明……”

(钱钟书《围城》)

方博士是我世侄,我自小看他长大,知道他爱说笑话,今天天气很热,所以他有意讲些幽默的话。

(钱钟书《围城》)

那女人讲了一大串话,又快又脆,像钢刀削萝卜片,大意是:公路票买不到,可以搭军用运货汽车,她认识一位侯营长,一会儿来看她,到时李先生过去当面接洽。

(钱钟书《围城》)

(三)汉语职业称谓语

职业称谓语是指以受话人从事的职业来称呼的称谓语。在一些正式的交际环境中如机关、学校等,人们经常会使用到职业称谓语。职业称谓语可以表示对对方职业和劳动的尊重,是一种礼貌称谓语。例如,“老师”、“教练”、“医生”、“律师”等。但是,在有些场合中,人们不知道被称谓者的姓名时,中国人习惯根据某人的衣着和从事的职业头衔来称谓,如“护士”、“警察”、“记者”等,或者在一些非正式场合也会用“开车的”、“送货的”、“卖菜的”等称谓。

(四)汉语中的拟亲属称谓语

拟亲属称谓是一种亲属称谓语的变体,它是由亲属称谓语泛化而来的。一般情况下,拟亲属称谓语表现了谦虚、恭敬或亲热,被称谓者感到受到尊重、喜爱和礼遇,可大大缩短交际双方的心理距离。具体的拟亲属称谓语有如下几种。

(1)直接用亲属称谓语,如爷爷、奶奶、伯伯、叔叔、哥哥、姐姐、嫂子、妹子等。

(2)姓/小/大/老+亲属称谓语,如李哥、王伯伯、孙姨、小姐姐、大妈等。

(3)职业称谓语+亲属称谓,如款爷、空嫂、富姐、打工妹等。[①]

请看下面例句。

陆虞候道:"阿嫂,我同兄长到家去吃三杯。"林冲娘子赶到布帘下叫道:"大哥,少饮早归。"

(施耐庵、罗贯中《水浒传》)

那时候,方鸿渐也到甲板上来,在她们前面走过,停步应酬几句,问"小弟弟好"。

(钱钟书《围城》)

(五)汉语中的敬称与谦称

人们在社会交往中往往使用恭敬的口吻称呼他人、他事,而用谦恭的口吻称呼自己以及和自己相关的人或事。尤其是中国,受到儒家尊卑有序思想的深刻影响,人们更加注重社会交往时称呼的礼仪,敬称抬高对方以示敬意,用谦称贬低自己以示谦恭。

目前,汉语中的很多敬称和谦称在日常交际中已并不常见,但在一些正式场合以及文学作品、各类典籍中仍有使用。

1.对自己和亲属的敬称与谦称

(1)汉语中常用的对自己的谦称为:不才、鄙人、下愚、晚生、后学等。

(2)汉语中敬称对方的父亲为:令尊、令翁、尊君、尊公、尊侯、尊大人;谦称自己的父亲为:家父。

(3)汉语中敬称对方的母亲为:令堂、令慈、令母、尊夫人、尊堂、尊上;谦称自己的母亲为:家母。

(4)汉语中敬称对方的兄弟姐妹为:尊兄、令兄、尊姐、令弟、令妹;谦称自己的兄弟姐妹为:家兄、家姐。

(5)汉语中敬称对方的妻子为:夫人、太太、令妻、贤内助、令正、贤阁;谦称自己的妻子为:贱内、内人、爱人。

(6)汉语中敬称同辈或晚辈(叔父母以外)的堂、表兄妹为:贤兄、贤弟、贤姐、贤妹。

(7)汉语中敬称对方的子女为:令郎、令子、令嗣、令爱、令嫒;谦称自己的子女为:犬子、不肖子、小儿、小女。

(8)汉语中敬称对方的孙子、孙女儿为:令孙、令孙女儿。

---

① 卢红梅.华夏文化与汉英翻译.武汉:武汉大学出版社,2006

(9)汉语中长辈对晚辈的敬称为:贤弟、贤侄、贤婿等。

(10)汉语中还常用“贵+所指事物”来构成对和对方有关的事物的敬称。例如,“贵姓”、“贵庚”、“贵国”等。

2.以职位表敬称

(1)古代对皇帝的敬称有:天子、人主、人君、君王等。

(2)古代对宰相的敬称有:丞相、中堂。

(3)古代对将帅的敬称有:大将军、主帅、主将。

(4)现代社会中常用“姓+被称呼者的职位”来敬称对方。例如,“王校长”、“张处长”、“李省长”、“赵主任”等。

需要指出的是,职位多有正副之分,而使用“姓+被称呼者的职位”的称呼方式就难免遇到这一问题。中国人注重礼貌和尊敬他人,因此常将职位中的“副”字省去,如称“王副秘书长”为“王秘书长”。

(5)现代社会中也常用“姓+被称呼者的职业”来敬称对方。例如,“钱大夫”、“孙教授”、“马法官”、“韩律师”、“成师傅”等。

(6)现代社会中对男士、女士的广泛敬称通常为:先生、小姐、太太等。例如,“蔡先生”、“费小姐”、“刘太太”。

3.其他敬称和谦称

(1)敬称对方的著述为:大作、大著、大札;谦称自己的著述为:拙著、拙文、拙译。

(2)敬称对方的住所为:府上、尊府;谦称自己的住所为:寒舍、白屋、舍下。

(3)敬称对方的见解为:高见、指教;谦称自己的见解为:愚见、鄙见。

(六)英语中的敬称

通过前面的阐述不难发现,汉语中敬称、谦称的表达极为复杂,相比之下,英语中的敬称方式则较为简单。下面对其总结如下。

1.对王公贵族的敬称

(1)英语中对国王的敬称为:Your Majesty,His or Her Majesty。

(2)英语中对王后的敬称为:Madam。

(3)英语中对王子、公主的敬称为:Your Highness,His or Her Highness

(4)英语中对公爵、侯爵、伯爵、子爵、男爵等贵族或高级官员的敬称为:the lords。

2. 对男子、女子的敬称

(1)英语中对男子的敬称主要有以下几种表示方法。

①“Mister/Mr. +姓”是对男子的常用的一般性敬称。例如,Mr. Stinson。

②“sir+姓名/职务”。这种称谓方式通常是对不认识的男子、上级、长辈或担任某一职务的人的敬称。例如,Sir Smith,Sir Judge。

③“sir+姓名/名字”,表示“……爵士”。需要指出的是,这种 sir 不能放在姓氏之前。例如,Sir John White,Sir John。但不存在 Sir White 的说法。

(2)英语中对女子的敬称主要有以下几种表示方法。

①“Mrs. +姓”通常表示对已婚女士的敬称。例如,Mrs. Pope。

②“Lady+姓”可表示对已婚和未婚女士的敬称。例如,Lady White。

③“Miss+姓”用来表示对未婚女士的敬称。例如,Miss Fox。

3. 以职务表敬称

以职务表敬称的现象不仅常见于汉语中,也常见于英语中。“Doctor+姓名”表示对医生、大夫的敬称;“Professor+姓名”表示对教授的敬称;“Governor+姓名”表示对地方长官、总督的敬称。另外,神职人员也多采用类似的方式表示尊敬,如“Father+姓”、“Sister+教名”。The lord 表示对大主教的敬称。

第二节 中西餐饮习俗的文化内涵差异

一、中西饮食观念的文化内涵差异

(一)中国的泛食主义与西方的实用主义

在中国,饮食的形式背后包含着丰富的心理和文化意义以及人们对食物的认识与理解,从而获得了更加深刻的社会意义,并转换成了社会心理的一种调节。中国的诸多学者都将“民以食为天”的观念称作“泛食主义”的文化倾向。中西方文化的差异带来了饮食文化上的差异,而这种差异又多源自中西方人的不同思维方式和哲学观念。中国人注重“天人合一”,而西方人则强调“以人为本”。中国人的这种观念形成了中餐以食表意、以物传情的特点，注重食物的意、色、形、香、味一应俱全，却忽视了食物的营养。可见，中国人对食物的美性追求大大超越了理性，这种饮食观念是与中国传统的哲学思想吻合的。中国哲学的显著特征是宏观、直观且模糊。这就导致中国人对饮食所追求的是一种难以言表的"意境"，

中国人将烹饪当作一种艺术，与其他艺术一样，烹饪带有一定的趣味性和游戏性，吸引着无数以饮食为乐的中国人。

相反，西方人在烹饪过程中始终坚持着食物的实用性，均会从营养的角度出发，注重食物对人体的健康，不追求花样和其他功能。[①] 西方人认为，吃仅是一个生物的机器注入燃料，确保其正常运转，只要吃了就能保持身体的健康、结实，可以抵御各种病菌和疾病的侵入。可见，吃在西方人的心中仅具有维持生命的作用。就交际手段而言，宴请是为了向提供服务者表示感谢；对达成某一比交易而庆祝；为赢得客户的信任；请他人帮忙；建议或讨论某些看法等。尽管吃对人类很重要，但西方人对其文化意义的理解仅停留在简单的交流和交际上，并没有像中国那样被赋予了更多、更加重要的意义。

（二）中国的和合与西方的分离

群体文化是中国的主导价值观。中国人希望国家"政通人和"；称美好的婚姻是"天作之合"。而西方国家则更强调个体主义，特别是个人的尊严和价值，个体的特征与差异。这两种价值取向也在中西饮食上有所体现。

通常来说，中国人在请客吃饭时会采用"共享"的方式，大家共享一席，共同品尝桌上的菜肴。这也许与"饮食所以合欢也"的集体主义思想有关，突出一个"合"字。相反，西方人在宴请客人时一般会采用分餐制。客人们可以自己点自己的菜，想吃什么自己点，也充分体现了西方追求个性、尊重他人个性的特点。上菜后，每个人一盘，各吃各的，各自随意添加调料。付账也多采用 AA 制，各自平均付账。[②]

二、中西烹饪方式的文化内涵差异

（一）中国的烹饪方式

中国的烹调方式可谓技术高超、品种丰富。具体来说，体现在如下几个方面。

---

① 卞浩宇，高永展. 论中西饮食文化的差异. 南京林业大学学报，2004，(2)

② 蔡华. 试论中西饮食文化的差异. 邵阳学院学报，2007，(4)

(1)中国文明开化较早,烹调技术较为发达,对食材的冷与热、生与熟以及同种食材的不同产地都讲究颇多。此外,在烹制的过程中,对火候、时间等要素都有严格的控制。

(2)中国对食材的加工方法也已经非常成熟。中国的刀功包括切片、切丝、切丁、切柳、切碎、去皮、去骨、去壳、刮鳞、削、雕等各种技法。中国的烹调方法就更多了,有煎、炒、烹、炸、烧、蒸、爆、煮、炖、煨、焖、熏、烤、烘、白灼等等,真是数不胜数。

(3)中国各地的菜肴就地取材,因地制宜,根据风味的不同可分为京菜、川菜、鲁菜、粤菜、湘菜、徽菜、苏菜、闽菜八大菜系。厨师常常根据季节的变化来变换调料的种类或数量,烹制出口味有别的菜肴。例如,四川、重庆地区气候湿热,菜肴常以麻辣为特点,这样既能刺激胃口,又能发散人体内的湿热,有益于健康。

(4)同一种食材可以通过不同的加工方式制作出变化无穷的菜肴。据史书记载,南北朝时期梁武帝萧衍的厨师可以把一个瓜变出十种式样,将一个菜做出几十种味道,烹调技术的高超令人惊叹。山西面食以白面为基本原料,却能变幻出刀削面、包皮面、猫耳朵、拉面、剔尖、剥面、切面、饸饹、揪片等几十种花样,充分体现出中国人丰富的想象力。

(二)西方的烹饪方式

相比较而言,西餐的烹饪方式较为简单,食材的分类也很简单,如烤、炸、煎等可以用于各种食物的制作,而且各种食材常常混合在一起进行制作,如将面食与肉类、蔬菜甚至水果混在一起。可见,西方对食物的烹调方式虽然可以保持其营养成分但却缺乏一定的艺术性。值得一提的是,西方不少国家的中小学校都有营养师,以保证青少年的营养充足和平衡。中国在这个方面的关注明显不如西方。

三、中西菜式命名方式的文化内涵差异

中西方菜式的命名方式的文化差异主要体现在:中菜命名追求文雅、含蓄和吉利,注重表情和联想功能,所以常常用修辞手法,除了一些大众化菜肴以原料直接命名外,有很多是以创始人、景物、典故、传闻等命名的。例如,“叫花鸡”、“麻婆豆腐”、“东坡肘子”、“贵妃鸡翅”、“宫保鸡丁”等,它们均蕴含了中国久远的历史和丰富的文化。相反,西式菜肴的命名方式则更加直截了当,会令人们一目了然,突出原料,很少用类似中式菜肴命名的修辞手法,虽然缺少一些艺术性,但实用性很强。例如,麦当劳快餐中的汉堡包、

麦乐鸡、炸薯条等,均是采用原材料与烹饪方法相结合的方式命名的。[①]

四、中西饮食对象的文化内涵差异

(一)中国的饮食对象

中国自古就是一个农业大国,直到现代,由于人口压力不断增大,粮食作物的需求也在不断增加,这就造成了中国人饮食上的特点。从饮食结构上看,农作物是中国人的主要饮食对象。中国人的传统饮食习惯就是以植物性作物为主,以蔬菜为辅,外加少量的肉食。这就是典型的中餐的饭菜结构。具体来说,中餐的主要饮食对象包括五谷杂粮,五谷包括稻、粟、黍、麦、豆。随着社会的发展,人们越来越注重健康饮食,中餐中蔬菜的比例在不断增加,人们对于素菜的需求量更大。荤菜只会在节假日的时候才会吃得比较多。另外,在中国,虽然人们对于肉类的摄入量并不大,但是人体所需的蛋白质可以通过豆制品来进行补充。因此,这样的饮食结构也是合理健康的。中国人普遍信奉一种说法,认为吃什么就会补什么,因此从吃的对象上来说,中国人的饮食对象范围很广,不仅是通常的农作物,还有动物的内脏以及鲨鱼鳍即鱼翅、燕窝等都是中国人食物选择的对象。中国人的饮食可谓是无所不包。

(二)西方的饮食对象

西方多数国家都属于典型的游牧民族、航海民族,他们多以渔猎、畜牧业为主要食物来源,所以西方国家的食物多以肉类为主。同中国的饮食相比,西方国家的饮食对象就相对少一些,西方人在吃的方面也有很多禁忌,有些东西西方人是不会吃的,如在中国很受大家欢迎的动物内脏。西方人认为动物的内脏很脏,所以他们的食物中绝对不会包括动物内脏。虽然随着社会的发展,种植业的比重也在不断增加,西方国家的人在饮食上大大增加了对蔬菜的摄入量,但是其肉食在饮食中的比重仍然高于中国。

五、中西就餐方式的文化内涵差异

(一)中国的就餐方式

中国人的就餐方式主要是圆桌与合餐制。圆桌可以营造一种团结、礼

① 孙波.中西饮食文化差异对比分析.海外英语,2011,(11)

貌、共趣的气氛。美味佳肴放在一桌人的中心，既可以作为大家欣赏、品尝的对象，又可以当作大家感情交流的媒介。人们相互敬酒、相互让菜、劝菜，在美好的事物面前，既体现了彼此之间相互尊重、礼让的美德，又符合中华民族“大团圆”的普遍心态。此外，在一些较为正式的宴会上，人们坐席的安排、斟酒的次序、敬酒的规矩也都有着严格的规定，这些均反映了中国人长幼尊卑、上下先后的等级观念，发挥着别亲疏、别尊卑的伦理功能。

（二）西方的就餐方式

相反，西方人就餐时多采用方桌和分餐制。分餐制是指每人都有一份餐具和一份摆放在自己面前的属于自己的食物。另外，西方还很流行自助餐，即将所有食物一一陈列出来，大家各取所需，不必固定在位子上吃，走动自由。自助餐既可以体现西方人对个性、自我的尊重，又给大家的交流留下了空间。概括来说，西方人就餐的核心在于交谊，在于通过与邻座客人之间的交谈，达到一定的交际目的，而食物只是一种方式。

六、中西饮食特点的文化内涵差异

（一）中西方主要的象征性食物

1. 中国主要的象征性食物

中国的象征性食物主要有两大类：一类是谐音象征，另一类为类比象征。谐音象征食物主要包括鱼、枣、栗子、花生、桂圆等。

(1)鱼象征着吉祥，这种意义是由古代图腾崇拜演变而来的。中国人每逢过节，家家户户都有吃鱼的传统，这是因为鱼有着“连年有余”的寓意。

(2)枣的谐音是“早”，象征着“早”。另外，由于枣树多实，所以也有“多子”的意思。枣与花生、桂圆放在一起就构成了“早生贵子”的象征。枣同栗子或荔枝放在一起就构成了“早立子”。

属于类比象征的食物主要有饺子、桃子、杏、石榴等。

(1)饺子是中国春节不可缺少的食物，其有三种寓意：首先，饺子的谐音为“交子”。其次，饺子的形状像元宝一样，所以吃饺子是为了“招财进宝”。最后，饺子里有馅儿，人们可以将各种有吉祥寓意的东西包进去，寄托了人们对新的一年的希望。

(2)桃子之所以是中国的象征性食物，主要有两个原因。第一，桃树的栽培较容易，产量很高，果实也多，所以多指收获大、人才辈出等。第二，

"桃"具有一定的宗教和神话色彩。《太平御览·汉东朔·神农经》记载:"玉桃服之长生不老。若不得早服之,临死服之,其尸必天地不朽。"传说,西王母的花园中有一种仙桃,人们吃到它就能延年益寿,这种桃要三千年才能开一次花,所以吃一枚就能增寿六百岁。

(3)在古代,杏常与读书、科举、功名联系在一起。

(4)由于石榴多籽,所以常常象征多子多孙、子孙满堂。

2. 西方主要的象征性食物

西方的象征性食物主要有面包、葡萄酒、牛奶、蜂蜜、苹果等。

(1)面包(bread)是西方人十分喜爱的食物,特别是大洋洲和北美洲等国家。在古代,欧洲人就认为面包是"生命之粮食"。面包还是贯穿《圣经》和基督教的象征符号。可见,面包既是生命之粮,又是人的精神食粮。

(2)葡萄酒(wine)与面包一样,也是基督教文化中的重要象征符号。《圣经》将面包看作是耶稣的肉,将酒当作耶稣的血液。人们将葡萄酒看作是大自然的力量的标志。西方人在祭奠死去的人时,将葡萄酒洒在地上,象征着生命的繁衍。

(3)蜂蜜(honey)是神仙、先知和诗人喜爱的食物,多与纯洁、灵感、雄辩、上帝的祝福有关。

(4)牛奶(milk)同蜂蜜一样,也象征着美好、富饶。

(5)苹果(apple)多象征欢娱享乐和欲望。

(6)蛋(egg)是西方的吉祥符号,多象征生命、好运、富裕、健康。

(二)中西方象征性食物所具有的文化特征

1. 中国象征性食物所具有的文化特征

中国人注重的是现世。肯定人的世俗生活,强调人的生命价值。因此,中国人的饮食观念多是求生、乐生,保佑后代幸福平安。具体体现在如下几个观念。

(1)生育观

中国人具有极强的"家国一体"思想。家族首先是一个血缘系统,其次是一个基本的社会单位。这就需要每个中国人首先应维系家族的繁衍,然后再考虑"齐家、治国、平天下"。这就导致中国人长期坚持一种观念,即将关注血统的繁衍和物质资料的生产相提并论。生殖繁衍成了中国人最重要的一个观念。在过去的一段时间内,中国是以家庭为单位的农耕经济,对劳动力的需求极为迫切，这就使生育成了每个家庭想要富足起来的一个手段。于是，涌现出了各种求子的食物象征物。

(2)家庭观

中国人还具有极强的家庭观念。重视家庭就意味着要与家庭成员建立起良好的关系，保持高度的和谐统一。家庭成员的和睦与团结是实现家庭兴旺的基本前提。于是，一些圆形的食物就成了象征家庭团圆的重要物质载体。例如，正月十五的汤圆。

(3)人生观

"禄"在民间五福中排行第二，它充分体现了中国人的官本位意识和对功名利禄的追求。

在中国传统文化中，"修身、齐家、治国、平天下"是重要的价值取向。然而，想要达到这一目的，就要从从政当官开始。对于社会底层的百姓来说，科举考试是他们改变现状、实现理想的惟一途径。因此，人们在考试的过程中逐渐将希望寄托于食物的象征意义上。例如，"三元汤"是由鱼丸、肉丸、汤圆三种圆形食物做成的，图的是"元"的谐音，具有"连中三元"的美好寓意。

(4)长寿观

长寿几乎是每一个中国人所向往的。所以，人们在庆祝生日时会烹饪一些带有长寿寓意的食物。例如，寿桃、长寿面等。

(5)财富观

财富是保证人类生产、生活和发展的重要基础。尽管中国儒家的理论观念有"重义轻利"一说，但在现实的生活中，人们一直对财富有着执着的追求和向往。人们对财富的追求同样可以体现在食物上。例如，饺子、鱼。

2. 西方象征性食物所具有的文化特征

文化研究领域习惯将中国文化称为"乐感文化"，而西方文化则称之为"罪感文化"。在西方有这样一个传说：人类因偷吃禁果背判了上帝，被驱逐出乐园，这就是人的"原罪"。西方人的原罪思想使他们一生都在为赎罪而斗争：改造自己以得到神的眷顾，重新回到上帝的怀抱和失去的乐园。因此，人类必须遭受各种苦难。痛苦成了人类获得快乐的一种手段。由于宗教是英美国家象征性食物的一大来源，所以其通常具有"节制"和"隐忍"的意思。

七、中西餐饮礼仪的文化内涵差异

(一)中国的“敬长”礼仪

中国人在吃饭时特别注重座位的安排,多按照长幼有序、尊重长者的标准排座,位高权重者或年长者常常先入座并坐首席。入席时,年长的、尊贵的客人一般要入上座,年幼者通常也会受到特殊关照。开餐时,一般是长者和贵客先来,然后再轮到年轻人动手。这种谦虚、含蓄、尊老爱幼的餐饮礼仪,也正是中华民族的传统美德,体现了家和万事兴的审美原则。对于吃饭的座次安排,中国古代有着特别多的讲究。魏晋南北朝之前,中国人吃饭通常是席地而坐,坐西向东为主席,坐北朝南为次席,接着就是坐南向北,最后是坐东向南。直到胡人的胡床引入中原,桌椅板凳等家具逐渐出现,座次才成为人们关注的一项重要礼仪。如今,座次多是以“北”为大,皇帝是国家的老大,其座位多是坐北朝南,所以人们就习惯将坐北朝南的座位当作上座。中国人还习惯以“右”为大,上座的右边坐西朝东就是次座,上座的左边坐东朝西也是次座,坐南朝北就是下座。当无法辨别方向时,通常将距离门口最远的地方当作上座,距离门口最近的地方当成下座。下座通常是上菜的地方,也是陪客人的座位。

中国的宴会上缺少一些对女性的尊重,很多地区至今还有“女人不上席”的习惯,即便上席,女性的座位也不是特别显眼。

另外,中国的就餐礼仪中还有一个特点,即“让”。宴会开始时,所有人都会等待主人,当主人请大家开动时,方可开始宴会。当上来一盘新菜时,主人也会请主宾或年长者先用以示尊敬。吃饭时,不能只顾自己吃,也不能将剩余的饭菜放回锅里,更不能在盘子里搅动着挑自己爱吃的吃个不停。主人一般要给客人夹菜,时时招呼大家不要客气,频频为客人夹菜、劝酒。吃饭完后,主人也不会要求客人收拾碗筷。

(二)西方的“尊女”礼仪

在西方,人们通常按照女士优先、尊重妇女的标准来安排宴会的座位。在安排座位之前,主人会先按性别列出名单,然后按照名单安排座位的形式和具体的座位。如果参加宴会的有男有女,那么男女主人要一起主持,要将男女宾客的名单分开列出,一般的座位安排形式是:男女主人正对面,男主人的左右两侧都为主宾,然后按时针方向朝外侧排列。需要注意的是,夫妇的座位应该在同一边但不相连;男宾应根据地位而非年龄来安排。此外,如果男士与女士同时入场，男士应该为女士开门，做到女士优先；当主人将女宾客们带入大厅，男主人应该邀请第一女主宾入席，然后帮她拉椅子、入座，女主人则要跟着男贵宾最后进入。在上菜和进餐时，应该先从左侧开始给女士上菜，然后按照顺序为其他女士上菜，最后给女主人上菜；接着，以同样的顺序给男士上菜。当所有女士拿起餐巾、刀叉开始进餐时，男士们才可以开始享用美食。进餐结束后，必须待女主人起身离席，其他人才能离席，男士们同样也要为女士们拉椅子，让她们先行，以表示对女性的尊重。

第三节　中西社交习俗的文化内涵差异

一、中西问候方式的文化内涵差异

中西方的问候方式均包括语言问候和非语言问候两类。前者是通过语言行为进行的问候，如“您好”、Hello；而后者则是指人们见面或相遇时，由于各种原因，通过点头、微笑或挥手致意等面部表情、体态语言进行的问候。下面就对中西方问候方式进行研究。

（一）语言问候方式的差异

中西方的语言问候方式均可以分为五类：关心式问候、交谈式问候、称谓式问候、称赞式问候、祝愿式问候。但是，在这五类问候方式中二者又存在一些差异。

1. 关心式问候

所谓关心式问候，是指打招呼者的问候体现了他对对方身体或生活、工作等方面的关心。例如，汉语中的“你吃了吗?”“你到哪儿去?”；英语中的“How are you?”，“How are you doing?”，“How is everything?”，“How is your family?”等均属于关心式问候。不同的是，汉语中的“你吃了吗?”“你到哪儿去?”等并不要求被问候者给予回答，问话者并不关心最后的答案，它只是一种中国人特有的问候方式。如果将汉语中的关心式问候直译成英语后是无法被欧美人士接受的，他们会认为对方在打探自己的隐私。

2. 交谈式问候

中国人常常以对方正在做的事情为话题，进行一些问候，如“上班去?”“忙什么呢?”“出去呀?”“回来了?”“打球呢?”等。然而英美国家的人们，特别是英国人,常通过谈论天气来打招呼,如"It's a fine day today,isn't it?"。此外,中国人寒暄时可能会互相谈及年龄、工资和婚姻等问题,显示自己对他人的关心。但是,如果中国人与西方人讨论这些问题,就会被认为是在打探他们的隐私,容易造成误解,让人产生戒备心理。

3.称谓式问候

称谓式问候指在人们见面或相遇时只以某种方式称呼对方,而不说或省略那些正式的问候语。在中国,人与人之间通常用对方的姓氏、名字或者用"姓氏+通称"来问候对方。例如,"张老师"、"白大夫"、"刘处长"、"赵大爷"、"小李"、"老王"等。当然,在英语国家也有这种类似的称呼方式,但没有汉语中的数量多,如 Jane,Tom,Mr Smith 等。

4.称赞式问候

称赞式称呼对拉近人与人之间的关系有重要作用。在中国,两个时隔很久没见面的朋友,尤其是女士,相见时会说"你变苗条了"、"你气色不错"等。同样,西方人在一段时间没有见面偶尔再次相遇时,也会用称赞语相互问候,以表达见面的喜悦心情,但却不如中国人说的那么具体。需要注意的是,在中国说一个人没怎么变是对他的赞美,但是在西方人眼中,这是一种不高的评价,表示此人一直没有进步,安于现状。

5.祝愿式问候

祝愿式问候基本上是一种期望对方平安无事、一切都好的良好祝愿。这种问候语在中西方都很常见,如汉语中的"您好"、"新年快乐"等。英语中的"Good morning!","Have a nice day!","Merry Christmas!"等。

(二)非语言问候方式的差异

体态式问候是非语言问候的最常见形式。这种问候通常包括举手致意、点头致意、欠身致意、脱帽致意、微笑致意等动作。世界通行的握手礼等都是人们见面时必要的礼仪行为。此外,人们在使用语言问候时也会伴随一些形体动作,如中国人的鞠躬、作揖,英美等西方国家的拥抱、吻面。

二、中西送礼方式的文化内涵差异

(一)送礼观念上的差异

中西方都有赠送礼物的习惯,但是对于送礼有着不同的讲究。中国人比较注重礼品的实用价值。例如，送给新婚夫妇的礼物常是一些生活用品或一些小的家用电器，为新生儿庆生或抓周则常常送包装精美的小衣服等。即使是送高雅礼品，中国人也十分注意其实用价值。例如，中国人送字画、邮册，看重的是字画、邮品的收藏价值，而不在乎对方是否欣赏。

相反，西方人对礼物的轻重或礼品价格没有太多的要求，却将礼品的纪念意义和包装当作主要考虑的因素。某人被邀去做客时，通常送给女主人一束鲜花，送给男主人一瓶葡萄酒。

（二）送礼时间上的差异

就送礼的时间而言，中西方也存在很大差异。中国人送礼，常常是在请求别人的帮助前送出。到某人家里提着礼物，一定是有事相求。找别人帮忙时，提前送礼为的是事情办得更顺利一些。

相反，西方人通常在得到帮助后通过送礼来表达谢意。他们注重的是送礼这一行为以及礼物的象征意义。因此，他们的礼物一般都不贵。

（三）对礼物反应方式上的差异

在中国人的传统观念中，在客人面前打开其送的礼物是很不礼貌的，或让人感到对所接受的礼物过分在意。因此，人们接受礼物时往往并不喜形于色，且不当面打开礼品。在客人离开后，主人才回到家打开礼品。

相反，在西方国家，人们在接受礼物时，往往会当面小心地打开礼物并称赞一番，若礼物非常合心意还会拥抱一下。

第四节　中西婚礼习俗的文化内涵差异

一、中西婚礼过程的文化内涵差异

（一）中国婚礼过程

中国有一个特别的婚礼传统，即民间结婚的日子多选择在秋冬季节。之所以会选在这两个季节，主要有两个原因：(1)因为秋冬季节已经基本忙完所有农事，人们有更多的闲暇时间；(2)因为在秋冬季节，天气情况也比较适宜，结婚所需要的食物等都准确齐全，且便于很好地保存。此外，秋冬季节之后，新年将至，此时可谓喜上加喜。但是随着经济的发展，越来越多的年轻人已经脱离了黄土地，他们更愿意到大城市工作，由于休息时间发生改变，所以他们对结婚时间的选择也有所变化，现代的年轻人越来越倾向于选择在国家法定节假日举行婚礼。虽然人们对于结婚时间的选择具有了很多变化，但是对于传统的婚礼习俗仪式仍很重视。

中国拥有55个少数民族，不同的民族有着各自的婚礼习俗，如在云南的少数民族摩梭族就流行一种"走婚"习俗，这种习俗与我国社会传统的婚姻观念和结婚过程不同，在"走婚"习俗中，情投意合的男女通过男到女家走婚的方式，维持感情并生养下一代。最为中国人所熟知的就是汉族人的结婚传统，下面就以汉族的传统婚礼过程为例，对中国婚礼过程进行分析。

在汉族传统婚礼中，婚礼前一天，女方有送嫁妆（南方称"铺房"）的习俗，通常是女方家属亲眷到男家家里送嫁妆，如柜箱、衣服、被褥、首饰等，用于新郎、新娘成家立室之用。

在婚礼当天，新郎、新娘双方家中张灯结彩，燃放鞭炮，摆宴席以招待亲朋好友。新郎在亲朋好友的陪同下，前往女方家中迎娶新娘。新娘在出嫁时，一般会精心打扮一番。一般会将发式梳成成年妇人型。此外，新娘出嫁就意味着即将与异性结合，难免会有些害羞。鉴于此，汉魏时的汉族便有了为新娘遮面的习俗，并流传至今。遮面所使用的那块红巾，俗称"红盖头"。

通常，新娘在上花轿之前，会请一位福寿双全的老太太在花轿的里里外外都撒上一些谷子和豆子。这一习俗大概始于两宋时期，撒谷豆的行为主要是为了避邪免灾。新娘上轿时还不可以让双脚沾地，所以会请其父亲、哥哥等将其抱或背入花轿。此外，汉族中还有新娘哭嫁的习俗，新娘在出嫁时大多啼哭。新娘由伴娘搀扶进入男方家中。在一些地区，新娘入门之后有传递布袋的习俗，寓意为"传宗接代"。在有的地区，新娘进入男方家中时要跨过马鞍，"鞍"与"安"谐音，期望日子可以过得"安安稳稳"。

新娘进入婆家之后，会与新郎举行隆重的拜堂仪式。拜堂也称"拜天地"。拜天地的具体程序为：拜天地，男女结合延续后代，应该拜天神地祇；拜高堂，女方嫁入男方，成为男方家中的一员，所以要拜"高堂"；夫妻对拜。现代有些地区，新郎和新娘还要拜自己的亲朋好友以及列祖列宗。

拜堂结束后，新郎、新娘同牵"同心结"进入洞房。进入洞房之前，由亲属中长辈妇女选一名吉祥人，手执盛枣、栗子、花生等的托盘，走进洞房，并把这些果子撒向寝帐，同时还要吟唱"撒帐歌"。其中，"枣"具有"早生贵子"的意思；栗子是"立子"或"妮子"的谐音；花生的寓意是"早得贵子"、"儿女双全"。撒帐结束后，新郎、新娘进入洞房，喝交杯酒。新婚之夜，中国很多地区都有"闹洞房"的习俗。通常，闹洞房的人多是男方的亲密朋友以及邻里小伙，他们通常会出一些题目来难为新郎新娘。例如，让新郎新娘同啃一个用红线拴起的糖果；让新郎新娘从一个板凳的两端走向中间等。

新婚第二天到来之际，一对新人要拜见本家长辈。婚后第三天，新郎偕同新娘去岳父家，俗语称“回门”。此时，女方家会大摆筵席，招待亲朋好友。至此，婚礼环节基本完毕。

（二）西方婚礼过程

在西方，尤其是美国，年轻的男女在婚礼之前通常会有一个比较正式的订婚仪式。订婚仪式完毕之后，新娘的父母会写一些邀请信以通知双方的亲朋好友，凡是收到邀请信的人都要回函以表示祝贺并开始准备贺礼。如果有特殊原因届时无法参加婚礼的，也应回函表示歉意。

在西方国家，举办婚礼的场所一般为教堂，这是因为西方人多信奉基督教，他们认为教堂是神圣的地方。在西方参加婚礼的除了新郎以及新娘的亲朋好友外，还有主婚的牧师。婚礼上，新娘会穿白色的婚纱，它象征着洁白无瑕。与中国新娘的装扮有些类似，西方的新娘一般也会佩戴面纱，因为在西方面纱有辟邪之用。

在《婚礼进行曲》响起之时，新娘会在其父亲的陪伴下，踩着圣洁的红毯，缓缓走向圣坛，女傧相、花童等在旁边陪伴，此时新郎已在圣坛边。当新娘的父亲偕新娘走到圣坛时，牧师会向新娘的父亲问话，新娘父亲同意后将女儿的右手递给牧师，随后，牧师再将新娘的右手递给新郎。接着，牧师分别向新郎、新娘提问，问他们是否愿意结为夫妻并永远忠于自己的伴侣，无论贫穷还是疾病都不离不弃。在得到新郎以及新娘的肯定回答后，牧师就会正式宣布两人结为夫妻。之后，牧师引导新人宣读婚誓。接着，新郎、新娘开始交换纯金的结婚戒指，戒指一般戴在左手无名指上，据说该手指通向心脏的血脉。然后，新郎、新娘互相亲吻对方，同时牧师宣布婚礼结束。最后，新人走出教堂，来宾们则把一些玫瑰花瓣、五彩纸屑和大米等撒向新人，祝福他们早生贵子。

婚礼仪式的结束并不意味着整个婚礼的结束，他们还会举行宴会，邀请亲朋好友来参加。婚礼宴会的场面都会很宏大，热闹非凡。新娘的父亲、新郎、男傧相陆续祝酒致词，最后还要吃结婚蛋糕，在西方婚礼上的蛋糕也有着一定的寓意。在古代的西方，结婚时宾客们各自都会带来一片面包，并且将这些面包堆在一起，新娘和新郎站在面包堆中接吻，预示着婚后生活甜甜蜜蜜，早生贵子，这些面包就是结婚蛋糕的前身。婚礼中的蛋糕通常都会有很多层，且多用一些容易长久保存的食材来制作，其中每一层都有不同的用意，最底层的蛋糕是为参加婚宴的远房亲戚所准备的，最顶端的应该被新人精心保管，用来庆祝周年婚庆或是迎接爱情结晶的到来。在婚礼中，新郎和新娘还要互相喂蛋糕,用以增添婚礼的喜庆气氛,也寓意着夫妻双方永浴爱河。

婚宴结束之后还有一个重要环节,即新娘站在椅子上,将结婚时的捧花扔向年轻的未婚姑娘们。相传,谁抢到捧花就预示会有幸福降临于身,且将会成为一个结婚的新娘。至此,结婚庆典圆满结束。

二、中西婚礼细节的文化内涵差异

(一)媒人与牧师

中国自古就有一个说法:“父母之命,媒妁之言”,媒人在中国传统婚姻制度中具有重要地位。事实上,媒人是在一夫一妻制形成之后才出现的。在中国传统社会,媒人又称“冰人”,由于在古代习俗中,人们认为春秋宜嫁娶,所以媒人一般是在冰天雪地的冬季为男女撮合姻缘,牵线搭桥。媒人的主要职责在于撮合男女婚事,他们既为男女双方的婚事奔走,也在双方出现纠纷时从中调停。在封建社会中,媒人的地位特别高,是双方家长意志的代理人。媒人在中国传统婚礼中的作用不仅上升到了礼的高度,更被法律所规范。只有请媒人作证,男婚女嫁才算合法化,否则便被认为是可耻的、不光彩的。

与中国媒人的地位一样很高的是西方的牧师。在婚礼上,牧师会帮助新人主持婚礼,且让新人在亲朋好友的见证下,接受一些提问:“你愿否接受此女人(男人)为你合法之妻子(丈夫),与你共同生活在圣洁的婚姻中吗?无论在生病还是健康时,你愿热爱她(他)、珍视她(他)、保佑她(他)、尊敬她(他),并摒弃一切,唯她(他)是赖,共度生活吗?”待得到双方的肯定答案后,牧师就会正式宣布他们成为合法夫妻。尽管牧师在婚礼中出现的时间很短暂,只有几分钟,而且他们在婚礼上所说之词都是相同的,从未发生改变,但是他们的存在不仅给婚礼增添了一种神圣感,同时还见证着这对新人结合的合法化。因此,牧师在西方婚礼习俗中的重要性不可忽视。

(二)“早生贵子”与撒米粒

在中国的传统婚俗中,人们常常会祝福新人“早生贵子”,这在新人“铺床”的方式中就有所体现。“铺床”在婚礼中是非常重要的一个环节。提到“铺床”,必然与被褥有关。在中国,新人的被褥多是由福寿双全的妇人缝制而成,在缝被褥期间不允许孕妇和寡妇的参加。与一般的被褥注重舒适不同的是,在为新人缝制被褥时,会往套被里放入一些具有美好寓意的坚果或物品，如红枣、核桃、莲子等，它们均有“早生贵子”的意义。待被褥制作完成后，就到了铺床的环节。在中国，为新人“铺床”也是特别有讲究的，新人的床褥多是长辈中儿女双全的人来铺，边铺床边唱念吉语，同时也会在床上抛撒一些吉祥物，祝福新人和和美美、早日得子。

在西方，婚礼上通常会撒米粒或五彩碎纸，这一习俗起源于希腊人在新婚夫妇头上撒甜肉的风俗。西方的很多国家多有在婚礼上撒谷物的习俗。例如，在苏格兰，人们向新郎新娘头上泼洒燕麦粥；在英国早期，人们都是撒小麦和玉米，到了公元 9 世纪中期出现撒米粒的习俗。

在西方婚礼上，人们向新人播撒米粒象征着昌盛富饶。因为，米粒象征谷物的收成，寓意新人能多生贵子。近年来，越来越多的“丁克”家庭出现了，少生优生的思想也已经深入人心，所以撒米粒的寓意也渐渐发生了微妙的变化，其象征着新婚夫妇的财产像丰收的谷物一样多，具有兴旺发达的意思。

（三）闹洞房与小夜曲

中国传统婚礼习俗中，“闹洞房”是不可缺少的调节气氛的一个环节。“闹房”又称“吵房”、“戏心”、“戏妇”等。在中国，闹房一般在结婚当晚，新郎、新娘喝过交杯酒之后开始。新人的亲朋好友，不论是平辈的、晚辈的、长辈的，都可以参与进来。他们纷纷拥进新人的房间，想出各种让新人难为情的游戏，让他们当众表演，以逗乐取笑。新婚，与其说是新郎新娘的节日，不如说是一切相关人们的共同节目。民间有“三日无大小”之说，来宾贺客可以不讲礼法，对新郎新娘恣意戏谑取乐，进行一场新房中的嬉闹。[①] 应该说，“闹洞房”与中国的民族心理有密切关系，中国人认为不闹不发，愈闹愈发。“闹洞房”也是对新郎和新娘的一种祝福，希望新郎、新娘以后的生活能红红火火。

在西方，特别是美国，在结婚之夜，宾客们聚集在新房的窗口外，为新郎、新娘演唱小夜曲，表达对他们的祝福。有时，还会邀请一支乐队来为其庆祝，宾客们通过敲打水壶、水桶等发出声音来伴奏，以使婚礼显得随意、热闹。这项活动一直延续到新人打开窗门，并扔下谢礼后才会终止。

---

① 汪德华. 中国与英美国家习俗文化比较. 杭州：浙江大学出版社，2011

第十章　中西文化差异与跨文化交际

在当今社会，经济全球化的趋势、政治多极化格局的形成以及信息技术的飞速发展都对文化产生了重要的影响，使文化呈现出多元性的特点。在这样的时代背景下，文化的融合，即不同国家、不同地区及不同民族间的跨文化交流具有十分重要的意义。本章首先来讨论文化的多元性，接着分析与文化的融合——跨文化交际相关的问题，最后探讨跨文化交际能力的培养。

第一节　文化的多元性

一、多元性的原因

文化是上层建筑的一部分，必然要受到客观的社会、历史、政治环境的影响。20 世纪 60 年代，由于欧美民权运动的兴起、文化本身的发展以及后现代主义的张扬，文化的多元性特征越来越明显，已成为社会和政治生活中不容忽视的一种客观存在，甚至成为国家政策中的一个重要组成部分。具体来说，文化的多元性之所以产生如此巨大的影响，离不开下面几个因素的共同作用。

首先，第二次世界大战以来，许多殖民地、半殖民地国家纷纷开展民族解放运动。他们在获得政治地位的同时，也开始重新恢复民族文化。例如，马来西亚为强调其民族统一性，坚持以马来语为国语；以色列决定将长期以来仅仅用于宗教仪式的希伯莱文重新恢复为日常通用语言等。换句话说，他们开始重拾自身文化的独立性。可见，文化不是向着“趋同”而是向着多元的方向来发展的。

其次，随着国际局势的发展变化，两极格局被打破，各种“中心论”纷纷解体，世界各个角落都有其存在的合法性，国与国、地区与地区之间的联系越来越密切。在这一过程中，各个文化不仅需要在与他种文化的对比中更深入地认识自己以求发展，还需要扩大视野，了解与自己的生活习惯、思维定势全然不同的他种文化，并通过吸收他种文化来更好地丰富自己，这极大地推动了文化多元性的发展。

最后，随着经济发展与科技进步所带来的物质与文化的极大丰富，原来相对贫困、落后地区的人们不仅创造了物质文化，与此同时，他们也有条件、有能力来发展、传播着自身的精神文化。于是，在频繁的互动中，那些处于偏僻地区、原本不为人知的少数民族文化开始广为人知并得到发展，这无疑也为文化多元性的发展创造了条件。

二、多元性的表现

自 20 世纪 40 年代以来，信息与通讯技术取得了长足的发展，以电子计算机、人造地球卫星、电视等为核心的信息技术形成了一个统一的传播系统。这一系统的最大特点就是信息一体化。换句话说，它可以在全世界范围内及时、准确、综合性地加工、传递、存储信息，并且超越时空限制，将人类联结为一个信息整体。从这个角度来分析，文化的多元性既包含了信息化，又以信息化为媒介与载体。

得益于信息化的推动作用，文化的多元性表现为各种文化的相互渗透。一方面，任何一种文化都不可避免地影响着其他文化；另一方面，任何一种文化也都会不同程度地吸收其他文化从而求得自身更完善的发展。例如，中国文化、印度文化、欧洲文化、日本文化等都有大量的学者进行研究。此外，随着文化交流的发展，生活在异质文化中的人也越来越多。

值得一提的是，信息化的强大力量使人们可以跨越地域、语言、民族等方面的障碍并立刻知晓这个世界当前正在发生的种种变化。由于不同文化间的联系与影响越来越紧密，因此世界上某个角落的社会变迁就可以及时地传播到全球范围，在这个过程中，各种文化可以在传递与交流中取长补短，相互融合。可见，由于文化的相互交流，世界已成为一个巨大的信息网络，身处这个网络中的人与人、地区与地区、国家与国家、文化与文化间的关系逐渐形成“你中有我、我中有你”的局面，呈现出鲜明的全球化的特点。

第二节　文化的融合——跨文化交际

文化的多元性极大地拓展了跨文化交际的深度与广度。由于不同文化间的差异，跨文化交际具有自身的特点，体现在文化融合的过程中就是既有吸收也有碰撞。因此，了解跨文化交际的影响因素就显得非常必要。

一、跨文化交际概述

(一)跨文化交际的定义

所谓“跨文化交际”,就是指在特定交际情景之中,具有不同文化背景的交际者用同一种语言(母语或目的语)进行的口语交际。① 从这一定义可以看出,跨文化交际具有以下几个特点。

1.交际双方必须使用同一种语言进行交际

交际双方必须使用同一种语言进行交际,这是显而易见的。如果交际双方使用不同的语言,那么交际就无法进行。交际双方的文化背景不同,且需要用同一种语言,那么用来交际的语言对于一方来说是母语,对于另外一方来说就是习得的“目的语”。例如,一个中国人和一个英国人交谈,他们既可以使用英语,也可以使用汉语,这样就是用同一种语言进行交际,而不是通过翻译的帮助。

2.交际双方应来自不同的文化背景

不同的文化背景所产生的文化差异是个很宽泛的概念,既可指不同文化圈之间的差异,也指同一文化圈内部亚文化之间的差异。

从当前的跨文化交际实践来分析,因文化差异而产生的交际冲突主要反映在中国和西方国家的人际交往上。由于日本、韩国等亚洲国家与中国同属于东方文化圈,在交际规范、文化取向等方面存在很多相通之处,相对于和西方国家的交际而言要顺利得多,因此本章所讨论的文化背景差异主要指中国和西方国家在文化上的差异。

3.交际双方进行的是实时口语交际

跨文化交际可以通过多种途径进行,既可以是借助媒介的单向交际(如广播、电视、报刊、杂志等),也可以是现场的双向交际;既可以是物化形式符号的交际(如商品、画报、实物、影像、演出等),也可以是语言文字的交际;既可以是书面交际(如信函、公文等的来往),也可以是口语交际。本章主要着眼于双方面对面的交谈,即实时的口语交际。另外,还包括伴随口语交际而来的文字传播方式的交际,即书面语交际。

---

① 吴为善,严慧仙.跨文化交际概论.北京:商务印书馆,2009

4. 交际双方进行的是直接的言语交际

就目前的情况来看，每年都有大量外语毕业生从事对外交流的工作。这些毕业生通晓两种语言，主要以翻译的角色从事跨文化交际，而翻译又是外语教学的一项重要内容，因此，外语教学界成为当前我国跨文化交际研究的主要集中地，并主要依靠“翻译”这个媒介来解决跨文化交际中的文化差异。

但是，本章所研究的跨文化交际却与之不同。具体来说，跨文化交际无需借助“翻译”这个中介的直接交际，而是更加侧重语用规范，希望能够通过了解目标文化的行为规范和文化取向来处理直接交际中面临的各种文化因素，保证交际的顺利开展。

（二）跨文化交际与同文化交际的差异

同文化交际（intra-cultural communication）是与跨文化交际相对应的概念。所谓同文化交际，是指具有相同文化背景的人之间的交际，包括同种族、同民族、同语言文化群体之内的交际，是具有相同文化背景和文化习俗的人在共同的交际规则指导下进行的交际。①

跨文化交际与同文化交际的根本差异在于同文化交际基本上不存在文化差异和文化冲突问题。由于跨文化交际的主体是来自不同文化背景的人，因此，跨文化交际要解决的是跨文化语境（cross-cultural context）中的问题，需要处理的主要是交际与文化之间的关系。概括来说，二者的差异体现在以下几个方面。

(1)跨文化交际的一个突出特点是，文化不同，交际者的语言、社会、历史、生活环境、风俗习惯等各方面都会存在差异。例如，中美文化就存在很大的差别。中国人讲求自谦尊人，美国人却主张对等互尊，甚至自我显示（self-assertive）；中国人观察和分析事物习惯于从大到小，美国人却习惯于从小到大；中国人喜好相互关切，美国人却讲求维护独立自主。

(2)跨文化交际是在观念和信号系统不同的人群之间的交际，因此，此有彼无和此无彼有的信息极易导致交际信息的失落、误解，甚至文化冲突。例如，中国人常说“平时不烧香，临时抱佛脚”，意思是“平时不烧香拜佛，需要时才去求佛保佑或搭救”，体现出佛教对汉语言和中国文化的深刻而又广泛影响。但是，对于不了解这一文化背景的人来说，理解这句话的喻义是相当困难的。即使将其直译成英语“To offer no incense to Buddha when

① 毕继万. 跨文化交际与第二语言教学. 北京：北京语言大学出版社，2009

things go well and beseech his help only when in need.",外国人也难以理解为什么其喻义为"seek help from persons with whom one does not ordinarily maintain contact,or do nothing until the last minute"。

(3)在跨文化交际中,交际规则、思维方式和价值观念不同的信息很容易产生文化误解,甚至文化冲突。例如,中国人有尊老敬老的传统,并常用"您真是老当益壮,老骥伏枥呀!"这句话来比喻年岁已高却仍有雄心壮志的人,在中国文化中是敬语。《汉英双语现代汉语词典》(修订本)和《汉英词典》将其解释为"You are old, but nonetheless vigorous and active. So you are really an aged hero who still cherishes high aspirations."但西方国家的老人如果听到这样的话只会产生强烈反感并做出愤怒的反应,因为在西方文化中忌讳说别人"老"。

因此,排除文化误解和文化冲突所造成的干扰是跨文化交际顺利进行的前提,只有这样尽可能地减少文化融合过程中的冲突与碰撞,才能使跨文化交际达到预期的目的。

二、跨文化交际的方式

每个民族都有自己独特的文化,从而使世界成为一个丰富多彩的民族之林。每种文化既体现出自己的个性,同时又折射出人类的共性。因此,这些不同的文化在相互融合时主要有两种方式,一是碰撞,二是吸收。

(一)不同文化的碰撞

文化是一个民族宗教信仰、风俗习惯、思维模式、地理环境等因素的综合体现。因此,不同文化在融合过程中出现碰撞是不可避免的。例如,"十三"在汉语中就是一个普通的数字,没有什么特殊含义。但在西方国家,"thirteen"被视为凶数,具体表现在高楼的第 13 层被标记为"12A";飞机、火车、剧院等没有第 13 排;每月的 13 日都不宜从事庆典等喜庆活动,宴会上不能 13 个人同坐一桌,也不能有 13 道菜。究其原因,西方国家大都信奉基督教,而耶稣是被第十三个信徒出卖的,因此,西方人对"十三"惟恐避之不及。再如,在英语国家,"four"是公平、正义、力量的象征。但在中国、韩国、日本等亚洲国家,由于"四"与"死"谐音,因此"四"对许多中国人来说也是忌讳莫深。很多人在乘坐出租车时会由于车牌号码中有"4"而另觅其他车辆。此外,无论是选择电话号码、手机号码,抑或是门牌号,"4"总是极力避免的数字。

（二）不同文化的吸收

尽管各国文化之间存在巨大差异，但在文化多元性的影响下，不同文化之间也开始相互吸收、相互渗透。例如，在中国一些国际化都市，很多楼宇内都不设13层。另外，中国的一些年轻人也开始吸收西方文化，许多西方节日如万圣节、情人节、感恩节、圣诞节等在中国已开始拥有越来越多的受众。

不容忽视的一个现象是，越来越多的西方国家也开始吸收中国的文化。例如，中国生活、学习、工作的外国人的数量越来越庞大，他们学习、了解中国的许多传统文化与艺术，如书法、京剧、武术等，参与中国人的文化活动，在生活习惯、思维方式上与中国人的距离越来越小。

三、影响跨文化交际的因素

影响跨文化交际的因素主要可分为两类，即语言因素与非语言因素。前面章节已对语言因素的影响进行了较多阐述，因此下面对非语言因素进行讨论。概括来说，对跨文化交际具有影响的非语言因素有以下几种。

（一）体态语

体态语又称“身势语”或“身体语言”，是人类交往的最初形式，通常包括手势、面部表情、头部动作、目光以及其他任何可以传递信息的肢体动作，是一种信息量最大、最直观、也最为人们所熟悉一种非语言交际行为。

著名身势学家埃克曼（Ekman）和弗里森（Friesen）以功能为标准，将体态语划分为以下五类（陈俊森、樊葳葳、钟华，2006）。

1.象征性体态语

象征性体态语（symbolic body language）有着特定的语言符号与其对应。当有些话能说但又不想说出时，就可使用象征性体态语。例如，当某些交际无法实现时（如潜水或对足球比赛进行场边指导时），也可以用体态语来替代要表述的语言，从而使交际顺利进行。再如，在电影院看电影时发现了坐在邻近座位上的一个朋友，就可以用一个象征性的动作打招呼。同样，当急于去某地的途中碰见了一个同事时，为了避免因过多的交谈而耽误时间，就可使用象征性体态语。可见，象征性体态语具有极强的独立性，它不仅可以独立存在，更能够脱离其他的肢体动作而进行较为明确和完整的表达。此外,象征性动作通常被单独地应用于谈话中,而不成串地使用。

手势是一种重要的象征性体态语。例如,在交际中人们常用V字形和OK形的手势。但需要特别说明的是,相同的手势在不同的国家可能代表不同的含义,同时,在表达相同的含义时,不同的国家也可能使用不同的手势。例如,中国人表示“再见”的手势是手掌与手指随手腕前后摆动,这在美国人看来是“过来”的意思,美国人通常左右摆动手掌和手指来表示“再见”。再如,美国人习惯竖起食指来表示数字“1”,中国人也是如此,但在欧洲的许多国家,人们习惯竖拇指来表示“1”。可见,非语言交际符号与其代表含义之间存在任意性。

2.说明性体态语

所谓说明性体态语(indicative body language)是指与说话直接相关,帮助进一步表达语言意思的肢体动作。说明性体态语需要每时每刻都与语言行为联系起来,这是它与象征性体态语的区别。换句话说,只有在说话者谈话或重复谈话内容时说明性体态语才会出现。

3.适应性体态语

所谓适应性体态语(adaptive body language)是指交际者为了消除内心某种情绪而对自身身体或身旁物品发出的非言语行为,如拨弄头发、揉衣角、咬嘴唇、摸索书包带子、搓手等。适应性体态语一般都是发出者无意识的行为,故不表示任何含义,但它们却常常被细心的接受者理解为“窘迫”、“紧张”、“不安”等,具有一定的掩饰内心真实世界的功能。例如,改变发型来改变自己的外表形象不是适应性行为,只有当手对头发的动作不起美容作用的时候,才属于适应性行为。再如,脱衣服不是适应性行为,而摆弄纽扣却是。可见,适应性体态语与其他体态语的最大不同,就是它是一种修饰性行为。

4.情感性体态语

可以显露交际者内心情感与情绪的非言语行为就是情感性体态语(affective body language)。按照伊扎德(Ezard)的看法,主要情感包括九类,即激动、震惊、反感、欣喜、愤怒、痛苦、屈辱、鄙夷、害怕。

面部表情是对外传播内心感觉和感情的主要途径,因而也是情感性体态语的主要表现形式。例如,非语言交际中的目光交流因受到文化的影响,在不同国家有不同的情况。中国人为了表示礼貌、尊敬或服从而避免长时间直视对方，常常眼睛朝下看。但是在英美人的眼中，缺乏目光交流就是缺乏诚意、为人不诚实或者逃避推托，也可能表示羞怯，因此英语国家的人比中国人目光交流的时间长而且更为频繁。可见，在跨文化交际中要就面部表情的影响有所认识。

5. 调节性体态语

顾名思义，调节性体态语（regulatory body language）就是调节语言交际和保证对话流畅进行的动作。调节性体态语主要包括：调节话轮转接和缓冲动作两种。

（二）客体语

第一印象在交际过程中的重要作用是不言而喻的。初次见面时，对方的衣着、长相、体态、打扮以及一些随身物品都决定着对方对其的第一印象，从而决定交际能否最终成功。从交际角度上看，虽然“以貌取人”一直都不被提倡，但不可否认的是外表的确可以传递出很多信息。具体来说，化妆品、修饰物、服装、饰品、家具以及其他耐用物品等既有实用性又有交际性，这些信息就属于客体语。

（三）副语言

副语言又称“辅助语言”，是指伴随话语发生或对话语有影响的有声现象，是一些超出语言特征的附加现象，如说话时的音高、语调、音质等都属于此范畴。此外，诸如喊、叫、哭、笑、叹气、咳嗽、沉默等也可以看作是副语言现象。[①] 例如，声音沙哑表示说话人没有休息好，说话时声音发抖表示说话人有些紧张，说话尖刻表示讽刺，语气酸溜溜的表示嫉妒，刻意放慢语速表示强调或暗示，说话时略带鼻音可能说明有些生气，压低声音谈话表示内容较为机密，说话时结巴表示说话人比较紧张或是正在说谎等。副语言本身带有一定的含义，但是，这种含义并非通过词汇、语法、语音等表达出来而是伴随语言而发生的，且对语言的表达产生了一定的影响。因此，学习并掌握副语言现象对于精准理解说话者的意图具有十分重要的意义。

需要注意的是，副语言在不同文化中的含义可能有所不同。例如，沉默就是一种典型的副语言现象。中国人常说“沉默是金”，这是因为在中国、韩国、泰国等亚洲国家，沉默可以表示顺从、赞成、默许、敬畏等意思，被赋予了积极的含义，在某些情况下甚至被视为一种美德。但是，在英美国家的人看

① 严明.跨文化交际理论研究.哈尔滨：黑龙江大学出版社，2009

来，沉默一般带有负面的消极含义，常常用来表示反对、冷漠、藐视等含义，是一种不礼貌的行为，有时甚至会引人反感。因此，在与英美国家的人进行交谈时，应尽量避免使用沉默作答，否则可能造成对方的误解。

（四）时间信息

时间信息就是人们通过对时间的理解和使用而传达出来的信息。它是人际交流过程的一个重要因素，每时每刻都存在于物质世界。罗伯特·莱温（Robert Levine）曾经做过一项调查，他通过观察和计时总结出不同国家的生活节奏情况，如表10-1所示。

表10-1　生活节奏排名表

	国　家	美国城市
最快	1.瑞士 2.爱尔兰 3.德国 4.日本 5.意大利	1.波士顿 2.布法罗 3.纽约 4.盐湖城 5.哥伦布
最慢	27.叙利亚 28.萨尔瓦多 29.巴西 30.印度尼西亚 31.墨西哥	32.孟斐斯 33.圣何塞 34.什里夫波特 35.萨克拉曼多 36.洛杉矶

（资料来源：冒国安，2004）

通过上表我们可以看出，不同的国家对于时间的掌控各不相同，同一国家内不同地区的情况也不相同。

（五）空间信息

空间信息是反映地理空间分布特征的信息，它与人口和文化有着十分密切的关系。爱德华·霍尔（Edward Hall）在《隐藏的空间》（*The Hidden Dimension*）一书中用“空间社会学”（Proxemics）这个词来表示人类对空间的使用，即人们在谈话交流中与他人保持的空间距离，以及人们对家、办公室、社会团体里的空间的组织方式。同时，霍尔还使用“近体距离”这一概念来表示人和人之间的距离并将其分为以下四种类型。

1. 私密距离

私密距离指从接触点到人之间18英寸以内的距离。在私密距离的范围内，身体接触十分常见。由于人体的感官系统在私密距离内一般处于较兴奋状态，很容易被外界环境激发，因此处于不舒服状态的人很容易情绪不稳定，也很容易出现反抗、攻击等行为。

2. 个人距离

个人距离的范围是18英寸到4英尺。在这个距离内，人们的感觉最舒服、最放松、最自然，因此人们在非正式场合，如学习、工作或是聚会中习惯性地保持这一距离。在这一距离内，人们同样可以进行日常的非语言交际行为，如握手、牵手等。

破坏个人距离常常给交际带来不良影响。如果我们在与他人交谈时，过于增大个人距离会使对方感觉受到冷淡或被拒绝。相反，如果将个人距离降至私密距离，很有可能会给他人带来紧迫感。

3. 社会距离

社会距离的范围是4英尺到12英尺。粗略地说，社会距离保持在离他人一臂之长的地方，这个距离相对较为安全。人们在一些较为正式的场合一般保持这一距离，如谈论生意或是正式会面等。处于这一距离时，人们通常不会进行过于私密的交流。

4. 公众距离

公众距离的范围是12英尺或是更远，是以上所有距离中最为安全的一种。由于这种距离已经超出了个人所能参与的范围。因此，在这一距离内，人们通常不会发生谈论或是交流，如人们在安静的公园里读书时经常使用的就是公众距离。因此，如果在可以选择其他距离的情况下仍然选用公众距离，就示其无意进行交流活动。

中国文化属于聚拢型，讲究人与人之间关系亲近。欧美文化属于离散型，主张个人的独处。因此，在跨文化交际中要特别注意中西方空间信息上的差异。例如，欧美人在乘坐电梯时，如果空间允许，他们往往会与陌生人保持尽可能远的距离。但中国由于人口稠密，个人所能拥有的空间也就是十分狭小的，这就使初到中国的西方人感到拥挤不堪，毫无空间。再如，在英美国家，人们在并肩同行时，通常会保持三四英寸的距离。在中国，异性同行时通常也会保持类似距离，但是同性之间则会更为亲近，近体距离也会更短。此外,在中国,家人、朋友、同事等在一起聚餐时,为了热闹,往往习惯性地挤坐在一起,有时还将桌子拼起来或加座。但是在英语国家中,在拥挤的车辆中、饭馆及其他公共场合,人们会避免挤坐在一起,即使是与家人挤坐在一起。可见,不同文化中的近体距离有所差异。

第三节 跨文化交际能力的培养

跨文化交际的参与者来自不同的文化背景,因此,学会使用科学、客观的态度和方法来处理文化融合过程中遇到的问题从而提高自身的跨文化交际能力具有强烈的现实意义。概括来说,培养跨文化交际能力可以从以下几个方面入手。

一、了解自我

(一)了解自身文化

每个人都生活在一定的文化之下,这些文化影响着人们对周围事物的评判标准。当人们接触到其他文化时,用本民族的价值观、社会规范和行为模式来加以衡量是一种习惯性的反应。因此,应了解自身文化的特点,尤其是本民族文化的优点与缺点,这有助于冲破本民族文化的围墙,克服狭隘倾向,从而提高跨文化交际能力。

(二)了解自己的交际风格

交际风格是指交际者在交际过程中所体现出的自身特点,具体包括以下几个因素。

(1)交际渠道,如言语的交际渠道、非言语的交际渠道等。

(2)交际形式,如巧妙对答的形式、仪式化的形式、辩论形式等。

(3)交际者感兴趣的话题种类,如股票、商务、艺术、家庭、职业、文学。

(4)交际者希望交际对象参与的程度。

(5)交际者赋予信息的实际内容和情感内容的多少。

在交际过程中,人们通常很快就能察觉出对方的交际风格。一个不容忽视的现象是,人们往往很少留意自己的交际风格,这就对交际的顺利展开带来障碍。例如,一个交际者自认为是个开放型的人,但交际对象却认为他是内向型的人,这种情况下,交际很容易出现问题。所以,了解自己的交际风格对交际的顺利开展大有裨益。

（三）了解自己的情感态度

在交际前，人们往往会产生一种由预先印象或定式带来的情感态度。这种情感态度易干扰交际者的态度，使交际者带着有色眼镜看人处事，从而导致误解，或使交际者难以做出客观的判断。可见，交际者自身的情感态度也会对交际的质量产生重要影响。若能事先意识到这一点，交际者就可以尽量避免这种先入为主的情感态度，从而降低负面情绪对交际的影响。

（四）自我观察

交际中的双方通常不会向对方询问自己的交际风格如何，或要求对方对此做出评价。在这种情况下，想要了解自己的交际风格与情感态度就需要采取自我观察的方法。通过自我观察，交际者不仅可以对自己的交际风格、情感态度形成一个正确的认识，还可以通过对方的反应来进行印证，并在以后的交际中发扬好的方面，改正或避免不好的方面，逐渐提高跨文化交际的能力。

做到了上述四点，交际者就能更多地了解自己，这对自身跨文化交际能力的提高大有帮助。

二、掌握目的文化的信息系统

跨文化交际的顺利进行首先需要交际者掌握该种文化的信息系统，包括学习语言、认识语言和文化的关系以及掌握非语言交际系统。

（一）学习目的文化下的语言

语言是文化的载体，同时也是文化的重要体现方式。因此，要想与其他文化中的人们进行交际，首先要学习对方的语言。当然，世界上语言种类如此之多，全部学会是不现实的，但是，学会世界上通用的语言、了解目的地的日常用语还是很有必要的。英语是一种国际性的通用语言，它不仅是许多国家、地区的官方语言，也是商务往来、国际会议等场合中的通用语言，还是大多数国家学校教育中的主要外语。因此，学习英语是提高跨文化交际能力的一个重要砝码。

（二）认识语言和文化的关系

语言与文化之间存在着密不可分的关系，这种“你中有我、我中有你”的紧密联系集中表现在习语上。习语是各民族成员在长期的语言运用过程中高度提炼而成的表达法，具有结构严谨、言简意赅、寓意深刻的特点，承载着厚重的民族传统与文化内涵。可见，习语是语言的重要组成部分，学习一国的语言必然要学习一国的习语。同时，只有了解习语的文化内涵才可能正确理解和使用习语，也才能在交际过程中进行更深层次的沟通，从而促进交际目的的达成。另外，交际者的成长环境、教育背景也是影响其理解和使用词汇、习语的一个重要因素，因此交际者必须时刻注意这一点，从而选择合适的词句表达和交际策略。

（三）正确理解和使用非言语符号

在交际过程中，人们常使用语言符号。但是，大量的非语言符号（如目光、体态、味道等）对交际也有着重要影响。由于这些非语言符号在不同的文化中有着不同的含义，误用或误解非言语符号很容易引起误会和矛盾。因此，正确理解和使用目标文化中非言语符号的含义是跨文化交际者必须掌握的本领，否则就会对交际的顺利进行带来障碍。

三、培养移情能力

“移情能力是情感能力的重要组成部分，主要指摆脱民族中心主义的束缚，不以本民族的价值观念看待和评判其他文化，设身处地为他人着想。”[①] 萨莫瓦（Samovar）曾将移情的过程分为以下六个步骤。

（1）承认世界的多元性和文化的差异性。

（2）认识自我。

（3）悬置自我。

（4）以他人的角度看问题。

（5）做好移情的准备。

（6）重塑自我。

一般情况下，人们受到母语文化观念的影响较大，因此在处理问题时习惯用母语文化的标准来观察和对待其他文化，而跨文化交际的一个重要障碍就是对目的语文化不正确的态度。可见，移情能力是跨文化交际能力中不可或缺的一部分，是否具备一定的移情能力对交际的质量有着直接影响。

在培养移情能力的过程中，常常会遇到各种障碍，概括来说主要包括

① 严明．跨文化交际理论研究．哈尔滨：黑龙江大学出版社，2009

“文化冰山”、文化优越感、文化模式化和文化偏见。下面就对这四个阻碍因素进行介绍。

(一)“文化冰山”

文化就如同一座“冰山”,“水面”上的语言、生活方式、行为举止和交际方式等是表面现象,很容易被识别和发现。相比较而言,“水面”下的交际规则、思维方式、交际动机与态度以及价值观念等潜藏因素虽然不易被发现、感知,但这些因素却决定着外显出来的语言、行为举止、生活方式和交际方式。因此,如果不了解或认不清“水下”的那些因素,就很难认识和判别人们的交际行为。“文化冰山”对认知造成的困难如图 10-1 所示。

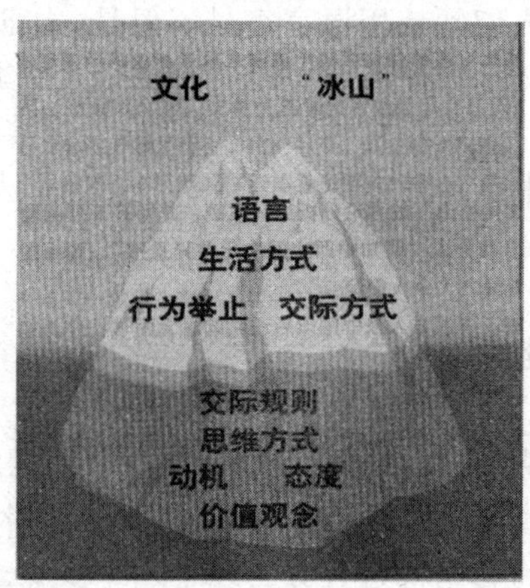

图 10-1 “文化冰山”对认知造成的困难示意图

(资料来源:毕继万,2009)

(二)文化优越感

所谓“文化优越感”是指将母语文化的风俗习惯、交际规则、思维方式和价值观念作为衡量和判断世界一切文化的唯一标准,凡是与之一致的才是正确的,其余都是错误的和不好的。文化优越感有如下几种表现。

(1)一些人将本群体置于其他所有群体之上;将本阶层置于其他所有阶层之上。他们一致认为本群体、本国和母语文化最好,也最道德。

(2)一些人将本人、本种族、本民族或本群体置于宇宙的中心,并以此作为标准去衡量其他所有文化。

(3)部分有文化优越感的宗教团体不断强调本宗教优于其他宗教,甚至认为本宗教是惟一合法的宗教。

(4)对其他文化持敌视态度。这种态度会影响持有者对一切事物的看法，如文化传统、种族特征、风俗习惯、衣着穿戴、饮食习惯、艺术欣赏等。

文化优越感极易造成凡事都以自我为中心的盲目自大，即人们总会不自觉地以自己的文化为中心，认为自己文化的行为标准也是所有文化的标准。因此，文化优越感的消极影响也是显而易见的，它往往导致人们对其他文化产生偏见，无法客观地看待其他文化，不利于人们获取跨文化意识的意愿与要求。

值得一提的是，由于文化优越感往往能够满足持有这种态度的人们一种虚荣心，因而也常被一些居心叵测的政治家用来当作政治外交的手段，用以蛊惑人心，达到自己的政治目的，给他人、他国带来巨大的危害。因此，时刻警惕文化优越感的侵蚀是非常必要的。

（三）文化模式化

简单来说，文化模式化是指一旦认定某种文化具有某种特征，就认为该文化下的所有人和事物都具有这种特征。例如，受文化模式化毒害的人们常常认为所有远东人都机敏、狡猾、含蓄、难以捉摸；所有犹太人都思维敏捷、嗜财如命；所有爱尔兰人都性情暴躁，易于发怒；所有英国人都礼貌、保守、勤奋、爱喝茶；所有意大利人都感情丰富，情感外露；所有德国人都固执、勤劳、循规蹈矩、爱喝啤酒；所有美国人都富有、友善、无拘无束、注重物质利益；所有日本人都个子矮小、牙齿突出、性情狡诈；所有黑人都既迷信又懒惰。

总之，文化模式化总是按照固有的成见和先入为主的态度，事先在心里设计好一种模式，并将其设法生搬硬套在其他文化头上。这种思维方式不仅机械死板，有时还通过夸大的手法将其他文化进行硬性分类，将其他文化的一切现象都强行纳入自己设计的模式之中。在培养移情能力的过程中，应努力避免文化模式化的不良影响。

（四）文化偏见

文化偏见也是一种不客观的对待其他文化的态度，具有以下三个主要特点。

（1）文化偏见是在文化模式化基础上形成的，持这种观点的人依据其过于简化、过于概括和夸大其辞的错误观念观察和看待任何一个文化群体。

（2）文化偏见论者所持的态度不是针对某一个具体的人，而是对某一整个文化群体的看法。

（3）文化偏见论者往往态度固执、缺乏理性。当发现某一文化群体的形象与自己的想象不同时，他们不仅对与自己观点矛盾的事例视而不见，还会专门搜集能够证实自己观点的事例，或者找各种理由来坚守自己的态度和看法。

四、树立正确心态

在跨文化交际的过程中遇到一些碰撞与冲突是不可避免的。只有树立积极正确的心态，才能正确看待这些矛盾，从而更好地促进自己文化的发展。因此，应从以下几个方面做起。

（一）保持客观态度

民族文化对一个人的影响是深远的。可以说，每个人都对本民族的文化有着深厚的感情。但是，在跨文化交流的过程中，一方面，既要传承对本民族文化的热爱；另一方面，也要以一种客观的态度来对待本民族文化与其他文化。具体来说，既要客观看待、评价每一种文化的优点与缺点，又要避免缺乏客观分析就全盘肯定或否定某一种文化；既不能因为对本民族文化热爱有加就不能容忍别人说一点缺点，也不能毫无根据地将其他文化一概否定，说得一无是处，而是要在冷静分析、理性思考的基础上公正地看待跨文化交流过程中的现象。否则，文化的融合就无法实现。

（二）避免自我否定

每种文化都有其独特性，每个民族都有自身的优势，跨文化交流提供了了解他国文化的机会，通过文化的交融与碰撞，可以感受、发现其他文化的优点，吸取他国的长处。但是，在这一过程中应避免自我否定的倾向，不能因为看到他国文化的优势就否定本民族文化，更不能因此妄自菲薄、崇洋媚外，这不仅会使自己丢失本民族文化中的优秀东西，也会使自己失去客观公正的心态和独立选择的能力，无法学习和吸收外来文化的营养而是会接受一些其他文化中落后的和腐朽的东西，从而对自己文化的发展产生不利的影响。

（三）既要吸收也要传播

在全球经济一体化的今天，文化领域的相互交融已渗透到社会生活的方方面面。不同文化之间的碰撞与吸收既能客观、全面地认识他国文化，又能以新的洞察力重新审视、认识本民族文化，从而在国际交往中做到知己知彼，提高国际理解力和国际竞争力，积极有效地推进我国与世界各国之间的交流与合作，促进我国社会的发展。更为重要的是，在介绍西方文化中优秀的人类文化的同时，也不能忽视中华民族的文化精粹，并且通过学习国外文化，应该对自己民族的文化有更深刻的认识，将本民族中的优秀文化传递给外国群众，促进国际文化的双向交流，为世界文化的繁荣发展做出巨大贡献。

五、学会处理冲突

跨文化交际的参与者在语言、文化、习俗等方面都存在着巨大的差异，因此跨文化的误解、冲突是很正常的现象。要想使跨文化交际顺利地进行下去，交际者就必须学会如何处理冲突。下面是美国人处理冲突的五种方法，这些方法可以作为借鉴并用来处理跨文化交际中遇到的文化冲突。

（一）合作

合作是指通过富有建设性的方法来满足交际双方需要和目的的一种冲突处理方法。与折中不同的是，合作通常是以积极的态度来看待冲突、解决冲突，从而实现交际关系的融洽。

（二）和解

和解是指交际者放弃自己的立场、观点，接受他人的思想，从而与对方达成一致的方法。和解在处理冲突时十分有效。显而易见的是，和解与竞争正好相反，它要求交际者本身对“谁胜谁负”持无所谓的态度，或者意味着交际者本身较为软弱。

（三）折中

折中是指交际双方为解决冲突而找到一个双方都能接受的途径。这种方法虽然能使交际双方都感到满意，但同时也意味着双方都要做出一定的牺牲或让步，是介于竞争与和解之间的一种冲突解决方法。

（四）退避

概括来说，退避包括两种。一种是身体上的退避，如远离冲突。另一种是心理上的退避，如沉默不语或在预感可能发生冲突时绕开话题等。退避是避免冲突的一种常用、简单的方式。

（五）竞争

竞争是指交际者通过言语侵犯、威胁、胁迫或剥削等方式将自己的意志强加于对方，从而使对方认同、接受自己的观点、行为、价值观等。竞争的最显著特点就是强硬。

参考文献

[1]卢红梅.华夏文化与汉英翻译.武汉:武汉大学出版社,2006

[2]罗常培.语言与文化.北京:北京出版社,2004

[3]张镇华.英语习语的文化内涵及其语用研究.北京:外语教学与研究出版社,2007

[4]王恩科,李昕,奉霞.文化视角与翻译实践.北京:国防工业出版社,2007

[5]李成洪.英语教学与跨文化传播.沈阳:东北大学出版社,2013

[6]尹明,周昆华.英语口语习语的文化内涵及其语用.北京:高等教育出版社,2012

[7]金惠康.跨文化交际翻译续编.北京:中国对外翻译出版公司,2003

[8]成昭伟,周丽红.英语语言文化导论.北京:国防工业出版社,2011

[9]徐子健.国际商务文化差异管理.北京:对外经济贸易大学出版社,2009

[10]王菊泉,郑立信.英汉语言文化对比研究.上海:上海外语教育出版社,2004

[11]吴为善,严慧仙.跨文化交际概论.北京:商务印书馆,2010

[12]黄勇.英汉语言文化比较.西安:西北工业大学出版社,2007

[13]杨丰宁.英汉语言比较与翻译.天津:天津大学出版社,2006

[14]王武兴.英汉语言对比与翻译.北京:北京大学出版社,2003

[15]郭富强.汉英翻译理论与实践.北京:机械工业出版社,2009

[16]张全.全球化语境下的跨文化翻译研究.昆明:云南大学出版社,2010

[17]张春柏.英汉汉英翻译教程.北京:高等教育出版,2003

[18]包惠南,包昂.中国文化与汉英翻译.北京:外文出版社,2004

[19]吕煦.实用英语修辞.北京:清华大学出版社,2004

[20]闫传海,张梅娟.英汉词汇文化对比研究.西安:西安交通大学出版社,2008

[21]白靖宇.文化与翻译(修订版).北京:中国社会科学出版社,2010

[22]李建军.新编英汉翻译.上海:东华大学出版社,2004

[23]李建军.文化翻译论.上海:复旦大学出版社,2010

[24]宿荣江.文化与翻译.北京:中国社会出版社,2009

[25]张维友.英汉语词汇对比研究.上海:上海外语教育出版社,2010

[26]闫文培.全球化语境下的中西文化及语言对比.北京:科学出版社,2007

[27]平洪,张国扬.英语习语与英美文化.北京:外语教学与研究出版社,1999

[28]汪德华.中国与英美国家习俗文化比较.杭州:浙江大学出版社,2011

[29]沈银珍.多元文化与当代英语教学.杭州:浙江大学出版社,2006

[30]陈俊森,樊葳葳,钟华.跨文化交际与外语教育.武汉:华东科技大学出版社,2006

[31]萨莫瓦.跨文化传通.北京:三联书店,1988

[32]连淑能.英汉对比研究.北京:高等教育出版社,2010

[33]费尔南德·莫塞.英语简史.北京:外语教学与研究出版社,2000

[34]戴维·克里斯特尔.现代语言学词典.北京:商务印书馆,2000

[35]王德春.普通语言学.上海:上海外语教育出版社,2011

[36]殷莉,韩晓玲等.英语习语与民俗文化.北京:北京大学出版社,2007

[37]毕继万.跨文化交际与第二语言教学.北京:北京语言大学出版社,2009

[38]严明.跨文化交际理论研究.哈尔滨:黑龙江大学出版社,2009

[39]董印其.论语言发展与社会发展的关系.和田师范专科学校学报,2004,(1)

[40]侯琳.语言与职业浅议.职业圈,2007,(23)

[41]黄瑞红.性别差异在语言中的表现.浙江工业大学学报,2003,(2)

[42]肖莉,刘芳.交际中的男性女性语言.和田师范专科学校学报,2010,(4)

[43]陈栋.简述如何处理普通话与方言的关系.青年文学家,2013,(4)

[44]张国强,徐军.英汉语音对比初探.河池学院学报,2005,(1)

[45]于静敏,张丽梅.试论英汉姓名的文化内涵及其翻译方法.作家,2011,(6)

[46]杨晓军,廖莉莎.东西方地名文化比较及翻译策略.湘潭师范学院学报,1999,(5)

[47]李亚娣,包慧,胡一楠.中西方地名的取定及其文化承载.武警学院

学报,2012,(7)

[48]康路,吕爱晶.中西地名文化内涵对比及其翻译.湖南城建高等专科学校学报,2003,(2)

[49]李志媛.英语习语和汉语成语中"白色"的文化涵义对比.魅力中国,2009,(9)

[50]卞浩宇,高永展.论中西饮食文化的差异.南京林业大学学报,2004,(2)

[51]蔡华.试论中西饮食文化的差异.邵阳学院学报,2007,(4)

[52]孙波.中西饮食文化差异对比分析.海外英语,2011,(11)

[53]周大鸣.文化多元性与全球化背景下的他者认同.学术研究,2012,(6)

[54]A. Johnson. *Common English Proverbs*. Longman, 1971

[55]Whorf, B. L. *Language, Thought and Reality*. Edited by John B. Carroll. Cambridge, MA: MIT Press, 1956

[56]Ungerer, F. & Schmid, H. J. *An Introduction to Cognitive Linguistics*. Beijing: Foreign Language Teaching and Research Press, 2001